Unterrichtspraxis BIOLOGIE

Strukturierung · Materialien · Informationen

Band 18: **Wechselbeziehungen im Lebensraum See**

Autor:
Harald Kähler

Herausgeber:
Joachim Jaenicke · Harald Kähler

Aulis Verlag
Deubner & Co KG

Die Deutsche Bibliothek – CIP-Einheitsaufnahme

Kähler, Harald:
Wechselbeziehungen im Lebensraum See / Autor: Harald Kähler.
Hrsg.: Joachim Jaenicke ; Harald Kähler. - Köln : Aulis-Verl. Deubner, 2000
(Unterrichtspraxis Biologie ; 18)
ISBN 3-7614-2199-0

Unterrichtspraxis Biologie · **Reihenübersicht:**

1 Zellen · Bakterien · Viren
2 Bau und Lebensweise von Blütenpflanzen
3 Bau und Lebensweise von blütenlosen Pflanzen
4 Stoffwechsel bei Pflanzen*
5 Bau und Lebensweise von Wirbeltieren
6 Bau und Lebensweise von Haustieren
7 Bau und Lebensweise von wirbellosen Tieren
8 Stoffwechsel beim Menschen
9 Sinnesorgane des Menschen*
10 Hormon- und Nervenphysiologie beim Menschen*
11 Menschliche Sexualität und Entwicklung*
12 Mensch und Gesundheit
13 Mensch und Umwelt
14 Grundlagen der Vererbungslehre
15 Grundlagen der Abstammungslehre
16 Grundlagen der Verhaltenslehre*
17 Wechselbeziehungen im Lebensraum Wald
18 Wechselbeziehungen im Lebensraum See*
19 Wechselbeziehungen im Lebensraum Moor*

* Bereits erschienen

Abkürzungen:

UE = Unterrichtseinheit
AMA = Arbeitsmittel für Arbeitsprojektion
L = Lehrer / Lehrerin
SuS = Schüler und Schülerinnen

Best.-Nr. 8388

Umschlaggestaltung: Atelier Warminski, Büdingen:
Satz und Reproduktion: DTP-Studio Koch, Oberweißbach
Zeichnungen: E. M. Scharf
Druck und Verarbeitung: Hans Kock, Buch- und Offsetdruck, Bielefeld
ISBN 3-7614-2199-0

Titelfotos (Dr. *Jaenicke*)
oben links: Schülerin mikroskopiert
oben Mitte: Moosblattzellen
oben rechts: Arbeitsprojektion eines Zellmodells
Mitte links: Stute mit Fohlen
Mitte: Blätter der Rotbuche im Gegenlicht
Mitte rechts: Feld mit Klatschmohn
unten links: Dukatenfalter auf Gänseblümchen
unten Mitte: Gartenteich
unten rechts: Gewässeruntersuchung

Inhalt

Vorwort

Mit der Buchreihe **Unterrichtspraxis Biologie** sollen den Lehrerinnen und Lehrern Unterrichtshilfen für den Biologieunterricht in den Klassen 5 – 10 aller Schulformen gegeben werden. Diese Unterrichtshilfen verstehen sich als Anregung für die Planung und Durchführung eines zeitgemäßen Biologieunterrichts.

Jeder Band dieser Buchreihe impliziert mehrere Unterrichtseinheiten zu dem jeweiligen Themenbereich. Der vorliegende Band „Wechselbeziehungen im Lebensraum See" enthält sechs Unterrichtseinheiten. Jeder Unterrichtseinheit werden Lernvoraussetzungen, ein Sequenzvorschlag inhaltlicher Schwerpunkte mit möglicher Zeitplanung sowie sachinformative Hinweise vorangestellt. Die Sachinformationen implizieren sachanalytische Aspekte, die aus Gründen der Übersicht im Glossarstil dargestellt werden. Sie können und wollen jedoch kein Schülerbuch ersetzen.

Eine didaktische und methodische Akzentsetzung mit unterrichtlichen Hinweisen erfolgt in den **Informationen zur Unterrichtspraxis**. Sie bilden mit den dazugehörigen **MATERIALIEN** den Schwerpunkt einer jeden Unterrichtseinheit. Dabei werden Lernschritte i.S. der Differenzierung alternativ angeboten. Die Strukturierung von Lernprozessen in Lernschritte erfolgt nach einem problemorientierten Ansatz i.S. naturwissenschaftlicher Erkenntnisgewinnung bei einem induktiv erarbeitenden Unterrichtsverfahren: *Beobachtung eines biologischen Phänomens → Problem → Bildung von Vermutungen* (Hypothesen) → *Falsifikation bzw. Verifikation der Vermutungen → Ergebnis → Vertiefung* und *Ausweitung → Erkenntnis*. Von den resultierenden unterrichtlichen Phasen (*Einstieg mit Problemsituation → Lösungsplanung → Erarbeitung → Ergebnis → Festigung*) sind nur **Einstiegs-** und **Erarbeitungsmöglichkeiten** angegeben. Durch diesen Verzicht auf Stundenbilder bleibt der Freiraum für die Kolleginnen und Kollegen erhalten. Die Lernschrittsequenz ist nur als Vorschlag i.S. einer Anregung zu verstehen. Sie soll in übersichtlicher Form die Vorbereitung und Durchführung von Unterricht erleichtern. Daher wurde auch aus zeitökonomischen Gründen auf didaktische und methodische Begründungen sowie auf Lernzielformulierungen verzichtet, zumal diese Kriterien Gegenstand von Lehrplänen und Richtlinien sind.

Die Gliederung erfolgt übersichtlich in zwei Spalten: Die erste Spalte impliziert die Lernschritte, die zweite die zugehörigen Unterrichtsmittel. In der zweiten Spalte werden alle notwendigen Medien aufgeführt unter Integration der zugehörigen **MATERIALIEN** als Kopiervorlagen sowie der Medientasche. Die MATERIALIEN können als „Materialgebunde AUFGABEN", „EXPERIMENTE", „MODELLE", oder als „**A**rbeits**m**ittel für die **A**rbeitsprojektion" (AMA) konzipiert sein. Alle MATERIALIEN können jedoch unterrichtlich wie materialgebundene AUFGABEN verwendet werden. Die in der Kopfleiste angegebene Materialien-Form stellt die primär konzipierte dar, kann jedoch nach individuellem Ermessen auch verändert eingesetzt werden. Die materialgebunden AUFGABEN stellen nicht nur eine Arbeitsunterlage im Unterricht dar, sondern können als Hausaufgabe, in Arbeitstests oder als Bestandteil von Klassenarbeiten verwendet werden. Durch Kombination von mehreren materialgebundenen Aufgaben lässt sich z.B. eine Klassenarbeit erstellen.

Die in der Medienspalte aufgeführten Filme und Diareihen werden in der Rubrik **Medieninformationen** in der Regel durch Annotationen, Kurzfassungen und unterrichtliche Anmerkungen detaillierter dargestellt. Dies gilt ebenso für empfohlene, vertiefende, leicht zugängliche Fachliteratur wie Zeitschriftenartikel und Bücher.

Autor und Herausgeber sind sich dessen bewusst, dass Unterricht in freier Natur von hoher didaktischer und emotionaler Bedeutung ist, zugleich aber eine Beeinträchtigung bzw. Störung eben des Lebensraumes nicht auszuschließen ist, dessen Schutz und Erhaltung hochrangiges Ziel von Unterricht ist. So muss der Fachlehrer bzw. die Fachlehrerin mit Fingerspitzengefühl und hohem Verantwortungsbewusstsein von Unterrichtssituation zu Unterrichtssituation entscheiden, wie viel an Belastung dem aufgesuchten Biotop zugemutet werden kann. Auf jeden Fall müssen die diesbezüglichen Rechtsvorschriften beachtet und berücksichtigt werden.

Herausgeber und Autoren möchten mit dieser Buchreihe den Kolleginnen und Kollegen schüler- und praxisorientierte Hilfestellungen leisten bei der Planung und Durchführung eines zeitgemäßen Biologieunterrichtes.

Noch eine Bitte: Kein Autor, kein Herausgeber und kein Verlag sind gegen Fehler unterschiedlicher Art sowie gegen subjektive Betrachtung und Unzulänglichkeit gefeit. Daher bitten wir alle Benutzer von Unterrichtspraxis BIOLOGIE herzlich um Kritik; entsprechende Hinweise werden wir dankbar aufnehmen.

Die Herausgeber

Dr. Joachim Jaenicke *Dr. Harald Kähler*

I. Unterrichtseinheit (UE): Der See, ein stehendes Gewässer

Lernvoraussetzungen:

Kenntnisse im Umgang mit einfachen Geräten; Durchführung chemischer Nachweisreaktionen (kann auch im Verlaufe der UE erlernt werden); Durchführung einfacher physikalischer Versuche (kann auch im Verlaufe der UE erlernt werden).

Gliederung:

Die Pfeile geben die hier vorgeschlagene Unterrichtssequenz inhaltlicher Schwerpunkte an. Diese Sequenz sollte eingehalten werden, da die inhaltlichen Schwerpunkte folgerichtig aufeinander aufbauen.

1. See, Weiher, Tümpel, Teich …

↓

2. Stehendes und fließendes Gewässer im Vergleich

↓

3. Wasser, ein Milieu mit besonderen Eigenschaften

↓

4. Gliederung eines See

Zeitplan:

Für diese Unterrichtseinheit muss man 5 Unterrichtsstunden veranschlagen; steht am Anfang dieser Unterrichtseinheit eine Exkursion zu einem Gewässer, kommt die dafür benötigte Zeit hinzu.

I.1 Sachinformation

Fließende Gewässer:

An dieser Stelle sollen einige wichtige Unterschiede zwischen einem stehenden Gewässer (hier: See) und einem fließenden Gewässer (hier: Fluss) zusammengestellt werden.

1. Charakteristisch ist die gerichtete Strömung des Wassers, das bei genauerer Betrachtung ein differenziertes Strömungsmuster erkennen lässt. Durch diese Dynamik wird eine weitgehend vollständige Durchmischung des Wasserkörpers erreicht; Unterschiede hinsichtlich chemischer (Sauerstoffgehalt, Salzkonzentration u. a.) und thermischer Gegebenheiten werden nivelliert. Seetypische Ausbildungen von Faktorengradienten (→ Leben im Süßwasser) sind nicht zu beobachten, allenfalls dort, wo die Fließgeschwindigkeit sehr niedrig ist (z. B. in Altarmen).
2. Hohe Strömungsgeschwindigkeiten und auch Fels- bzw. Steingrund erschweren bzw. behindern die Besiedlung durch Sprosspflanzen. An anderer Stelle gedeihende Sprosspflanzen sind an die Strömungsbedingungen angepasst durch die Ausbildung langer bandförmiger, flutender Blätter, die sich durch eine relativ hohe Reißfestigkeit auszeichnen. Für Seen typische Schweb- und Schwimmpflanzen haben in Flüssen kaum Lebensmöglichkeiten.
3. Durch die mehr oder weniger heftige Strömung besteht in einem Fluss die Gefahr der Verdriftung (in der Regel flussabwärts), der auch größere Wirbellose unterworfen sein können. In einem See dagegen sind lediglich die Plankter der Gefahr unfreiwilligen Wegtransports ausgesetzt. Dabei ist der Driftweg vertikal.
4. Kleine Freiwasserschwimmer fehlen, wenn die Strömungsgeschwindigkeit ein bestimmtes Maß überschreitet. Größere Tiere zeigen spezielle Anpassungen (strömungsgünstige Gestalt, spezielle Anheftungsorgane, spezielle Verhaltensweisen) gegen das Verdriften.
5. Flüsse können hohen Wasserstandsschwankungen ausgesetzt sein, die im Uferbereich für sehr wechselhafte Wasserverhältnisse sorgen.
6. Der Kreislauf der Stoffe orientiert sich im See an der vertikalen Gliederung in Nähr- und Zehrschicht. In einem Fluss kommt eine dritte Koordinate in Richtung auf die Flussmündung hinzu: Der Stoffkreislauf „rollt spiralförmig" in Richtung auf die Flussmündung zu.
7. Die Zeit des Wasseraustausches (man spricht auch von der Erneuerungszeit) in einem Fluss ist ungleich kürzer als in einem See: Im Chiemsee werden 1,3 Jahre veranschlagt, im Großen Plöner See 8-10 Jahre; dagegen sind es in der Binnenalster nur 20 Stunden.

Leben im Süßwasser:

Das Leben im Süßwasser ist durch folgende Bedingungen geprägt:

1. Die hohe Lösungsfähigkeit des Wassers für anorganische und organische Stoffe: Diese Eigenschaft und die permanenten Strömungsvorgänge in natürlichen Gewässern ermöglichen eine Verteilung aller Stoffe (Nährstoffe, Sauerstoff, Kohlenstoffdioxid u. a.). Zudem können Lebewesen diese Stoffe, da gut verteilt, über die gesamte Körperoberfläche aufnehmen. Andererseits können Aussscheidungsprodukte ebenfalls über die gesamte Körperoberfläche abgegeben werden.
2. Die niedrige Salzkonzentration des Mediums: Gewebe und Körperflüssigkeiten der Süßwasserorganismen haben eine ungleich höhere Konzentration an Ionen und auch eine andere Ionenzusammensetzung im Vergleich zum Medium. Die Aufrechterhaltung dieses Zustandes ist Süßwassertieren möglich durch Ausscheidung großer Mengen salzarmen Urins, durch Verminderung des Wassereinstroms, durch selektive Aufnahme und Abgabe von Ionen und durch Salzaufnahme über die Nahrung.
3. Die hohe Dichte des Mediums: Wasser hat eine 775 mal größere Dichte als Luft. Dadurch ist ein ungleich höherer Auftrieb für Organismen möglich, deren Dichte mit 1,05 g/ml nur wenig höher als die des Wassers ist. Folglich können Lebewesen den gesamten Freiwasserraum eines Gewässers nutzen (so weit die Faktorengradienten dies zulassen). Die hohe Tragfähigkeit des Wassers macht bei den pflanzlichen und tierischen Bewohnern Stützgewebe und -organe entbehrlich. Das hier eingesparte Material kann in den Dienst der Fortbewegung gestellt werden, die wegen der relativ hohen Viskosität des Mediums wesentlich mehr Energie erfordert als auf dem Lande.
4. Die Ausbildung vertikaler Faktorengradienten im Wasserkörper: Das gilt z. B. für den hydrostatischen Druck, für die Temperatur und die Lichtintensität, aber dann auch sekundär für chemische Faktoren wie Sauerstoff, Salzgehalt. Diese multifaktorielle Gradientenbildung schafft eine Vielzahl unterschiedlich attraktiver Lebensbereiche, die Wanderungsbewegungen von Organismen und deren ungleiche Verteilung im Wasserkörper bewirken.

See:

Seen sind zu kennzeichnen als stehende Binnengewässer natürlichen Ursprungs. Sie sind in bestimmten Bereichen so tief, dass dort fotoautotrofe Pflanzen keine positive Fotosynthesebilanz aufrechterhalten und somit auch nicht leben können. Seen haben also, und das im Unterschied zu → Weihern, eine lichtlose Tiefenzone, in der Pflanzen nicht vorkommen (außer, dass sie in diese Zonen verdriften bzw. absinken).

Extraktion:

Verfahren, bei dem aus einem Stoffgemisch bestimmte Anteile durch geeignete Lösungsmittel „herausgezogen" werden.

Stehende Gewässer:

Unter diesem Gewässertyp versteht man solche, deren Wasser nicht fließt und somit auch nicht bzw. in nur geringem Umfang erneuert wird. Zwar verfügen die meisten stehenden Gewässer über einen Zufluss und einen Abfluss, doch die Erneuerung ist nur geringfügig. Während in einem Fluss die mittlere Dauer der Wassererneuerung pro km eines Flussabschnitts bis zu einer Stunde betragen kann, muss man bei einer gleichlangen Strecke eines Sees Wochen, Monate oder Jahre veranschlagen. Bei stehenden Gewässern kann man zwischen → Seen, → Weihern, → Teichen und → Tümpeln unterscheiden.

Teich:

Den Teich kann man als künstliches Gegenstück zum Weiher kennzeichnen, er ist eine Anlage des Menschen (mittelhochdeutsch spricht man von „tich", das urverwandt ist mit dem litauischen „diegti" und so viel wie „Ausstich" bedeutet). Meistens kann der Wasserstand eines Teiches durch Zu- und Abfluss reguliert werden. Je nach Nutzungszweck unterscheidet man zwischen Dorf-, Garten-, Lösch-, Klär- oder Fischteichen. Letztgenannte können beträchtliche Größenmaße erreichen (größter europäischer Fischteich in Südböhmen: 490 Hektar).

Tümpel:

Tümpel sind natürliche Gewässer, die nur periodisch, in unregelmäßigen Abständen, oft nur wenige Handbreit tiefes Wasser führen. Diese Wasseransammlungen können auf starke Niederschläge, auf Schmelzwasser, auf Überschwemmungen und auch auf den Austritt von Grundwasser zurückgehen. Nach einigen Wochen oder auch Monaten können sie wieder austrocknen. Dann bleibt eine von zahlreichen Rissen und Spalten durchzogene Schlammfläche zurück, in der viele Kleinlebewesen durch Dauerformen überleben.

Wasser-Eigenschaften:

Wassermoleküle haben einen ausgeprägten Dipolcharakter, d.h. die Wasserstoffatome haben lokal eine positive, das Sauerstoffatom lokal eine negative Ladung. Dieser Dipolcharakter bestimmt die physikalischen und chemischen Eigenschaften des Wassers. Die Moleküle des Wassers ziehen sich gegenseitig stark an, man spricht von Wasserstoffbrückenbindungen. Sie sind verantwortlich dafür, dass der Siedepunkt des Wassers mit 100 °C ungewöhnlich hoch ist. Wassermoleküle bilden auch mit anderen Molekülen, wie z.B. mit den biologisch bedeutsamen Aminosäuren oder Zuckern, Wasserstoffbrücken und sind somit von umfassender Bedeutung für den Stoffwechsel der Organismen.

Die **Dichte des Wassers** nimmt mit steigendem Gehalt an gelösten Stoffen annähernd linear zu:

Salzgehalt in o/oo	Dichte des Wassers in kg/l (bei 4 °C)
1	1,00000
2	1,00085
3	1,00169
10	1,00818
35	1,02822

Diese Dichteunterschiede können mitverantwortlich sein für die im Vertikalprofil der stehenden Gewässer beobachtbaren stabilen Schichtungen. Wie bei anderen Stoffen auch nimmt die Dichte des Wassers mit steigender Temperatur ab. Allerdings liegt die größte Dichte des Wassers nicht bei der Schmelztemperatur, sondern bei 3,94 °C. Man spricht daher von der Dichteanomalie des Wassers. Sie lässt sich folgendermaßen erklären: Beim Schmelzen des Eises nimmt die Dichte zunächst zu, da die lockere Gitterstruktur des Eises aufgegeben wird zugunsten einer engeren Clusteranordnung: Wassermoleküle lagern sich zu linearen, flächigen oder räumlichen Überstrukturen (Clustern) zusammen. Die Räume zwischen den Clustern werden durch einzelne Wassermoleküle ausgefüllt. Beim weiteren Erwärmen überlagert sich diesem Vorgang die für alle Flüssigkeiten typische thermische Ausdehnung. Die Lage des Dichtemaximums hängt u. a. vom Salzgehalt des Wassers ab. Die Dichteanomalie ist von hervorragender Bedeutung für das winterliche Verhalten von Wasserkörpern. Diese frieren von oben her zu, die oben liegende Eisdecke schützt die tieferen Partien vor der für Lebewesen tödlichen Eisbildung. Im Frühjahr kann die oben liegende Eisdecke relativ schnell aufgetaut werden; eine am Gewässerboden liegende Eisdecke könnte wegen der geringen Wärmeleitfähigkeit

des Wassers bei weitem nicht so schnell auftauen.
Die **Oberflächenspannung des Wassers** (Wasser gegen feuchte Luft) beträgt bei 20 °C $72{,}8 \cdot 10^{-3}$ N $\cdot$ m^{-1} und ist damit relativ hoch. Sie kommt denjenigen Tieren zugute, die sich im Grenzbereich von Luft und Wasser aufhalten. Sie benutzen die Grenzflächenlamelle als Anheftungs- und Lauffläche, wie z. B. Wasserläufer.
Die **Wärmeeigenschaften des Wassers** sind u. a. dadurch zu kennzeichnen, dass Wasser einen hohen Wert für die spezifische Wärme hat: 4,186 kJ/kg/grad. Ein erwärmter Wasserkörper speichert folglich eine hohe Wärmemenge, die er nach und nach abgeben kann. Auf der anderen Seite muss eine beträchtliche Wärmemenge aufgewendet werden, um einen Wasserkörper auf eine höhere Temperatur zu bringen. Die Wärmeleitfähigkeit des Wassers dagegen ist recht gering. Sie ist mit 0,00569 J/cm/sec/K allerdings deutlich höher als die von Luft (0,000238). Ein Wärmetransport durch Wassermoleküle ist also über größere Strecken bedeutungslos, wirksamer und wichtiger ist der durch Wasserbewegungen bewirkte Wärmetransport, wie z.B. bei der Herbstzirkulation.
Die **optischen Eigenschaften** des Wassers: In Mitteleuropa werden im Sommer durchschnittlich 3 % des auftreffenden Sonnenlichts reflektiert, im Winter sind es etwa 14 %. Das in den Wasserkörper eindringende Licht wird je nach Wellenlänge zerstreut und absorbiert. Das Ausmaß von Streuung und Absorption ist zunächst wellenlängenabhängig. Dann wirken sich gelöste anorganische und besonders organische Stoffe und Partikel (Kleinstlebewesen, Reste von Lebewesen, Bodenteilchen) aus. Von den optischen Eigenschaften des Wassers hängt auch seine Farbe ab. Reines Wasser erscheint in größerer Schichtdicke und bei Betrachtung von oben blau, weil nach den *Rayleigh*schen Gesetz kurzwelliges Licht (entspricht u. a. blauem Licht) viel stärker gestreut wird als langwelliges. Das zur Wasseroberfläche zurückkehrende Licht wird selektiv absorbiert, dabei das kurzwellige (entspricht blauen Lichtanteilen) weniger als das langwellige.
Die **Viskosität des Wassers**, man spricht auch von dynamischer Zähigkeit, ist der Widerstand, den das Wasser dem freien Fließen oder anderen Formveränderungen entgegensetzt. Diese Eigenschaft des Wassers ist von biologischer Bedeutung, wenn Organismen sich in Wasser bewegen. Dann kommt es zu beträchtlichen Reibungswiderständen und Staueffekten, die dem Lebewesen einen vergleichsweise hohen Energieaufwand bei der Fortbewegung aufzwingen. Der Energieaufwand kann reduziert werden durch Absenkung der Fortbewegungsgeschwindigkeit und durch eine strömungsgünstige Form des Lebewesens (Stromlinienform).
Die Viskosität des Wassers nimmt mit steigender Temperatur deutlich ab.

Weiher:

„Ein Weiher ist ein See ohne Tiefe" heißt es nach dem Schweizer Limnologen *F. A. Forel.* Licht dringt überall bis zum Grund durch. Somit kann der gesamte Weiherboden von festsitzenden Pflanzen besiedelt werden (in einem See ist dies nur in der Uferregion möglich). Damit hängt zusammen, dass der gesamte Gewässerboden oberhalb der Kompensationsebene liegt (also oberhalb der Gewässertiefe, in der die Fotosynthese der Produzenten gerade ihren Eigenbedarf an für die Atmung benötigter Biomasse deckt). In der Regel wird die Wassertiefe eines Weihers 2 Meter nicht überschreiten. Die Größe der Wasserfläche spielt keine Rolle bei der Zuordnung zu einem Gewässertyp. Im Gegensatz zu einem → Teich ist ein Weiher natürlichen Ursprungs.

Zonierung eines Sees:

Grundsätzlich unterscheidet man die Freiwasserzone, das **Pelagial**, und die Bodenzone, das **Benthal**. Die Benthalregion untergliedert sich in die Uferzone, das **Litoral**, und die Tiefenzone, das **Profundal**. Die Grenze zwischen beiden Zonen liegt in jener Gewässertiefe, wo für die meisten Pflanzen wegen der geringen Lichtintensität eine positive Fotosynthesebilanz (es wird durch Fotosynthese mehr Biomasse aufgebaut als durch Atmungsprozesse abgebaut wird) nicht mehr möglich ist. Diese kritische Tiefe nennt man **Kompensationsebene**. Deren Lage hängt u. a. von der Wassertrübung ab. In klaren Seen kann sie bei 30 m liegen, zur Zeit der Wasserblüte dagegen in nur 1m Tiefe. Die Freiwasserzone wird durch die Kompensationsebene in die Nährschicht (**trophogene Schicht**), die die mikroskopisch kleinen Planktonalgen stellt, und in die Zehrschicht (**tropholytische Schicht**), unterteilt. Im Sommer kommt zu dieser durch den Produktionsfaktor Licht bedingten Vertikalzonierung eine weitere hinzu, die sich am Faktor Temperatur ablesen lässt. Oben liegt das winddurchmischte, warme Oberflächenwasser, man spricht hier vom **Epilimnion**, und darunter das kältere, geschichtete **Hypolimnion**. Beide Schichten sind getrennt durch eine Temperatur-Sprungschicht, die man **Metalimnion** nennt. Grundsätzlich muss angemerkt werden, dass alle Grenzen nie scharf sein können. So können einige Schwachlichtalgen und fotoautotrophe Bakterien im Profundal durchaus eine positive Fotosynthesebilanz aufweisen.

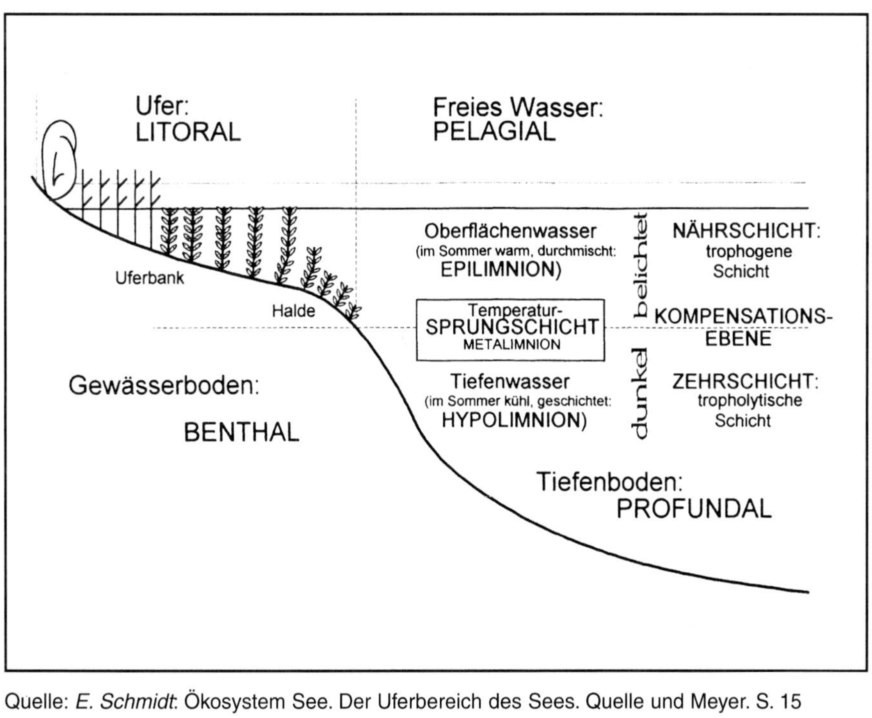

Quelle: *E. Schmidt*: Ökosystem See. Der Uferbereich des Sees. Quelle und Meyer. S. 15

I.2 Informationen zur Unterrichtspraxis

I.2.1 Einstiegsmöglichkeiten

Einstiegsmöglichkeiten	Medien
A.	
■ L schreibt an die Tafel: See, Teich, Tümpel, Weiher … ▶ **Problemfrage:** Wodurch unterscheidet sich ein See von einem Teich, einem Tümpel oder einem Weiher?	■ Tafel
B.	
■ L zeigt SuS eine Wasserpflanze und im Vergleich eine aufrecht stehende Landpflanze ▶ **Problemfrage:** Wodurch unterscheiden sich die Lebensbedingungen für eine Pflanze / ein Tier in einem Gewässer und auf dem Lande?	■ Wasserpflanze: z. B. Wasserpest Landpflanze: z. B. Topfpflanze wie Begonie

I.2.2 Erarbeitungsmöglichkeiten

Erarbeitungsschritte	Medien
***Unterrichtliche Anmerkung:** Für beide Einstiegsmöglichkeiten erscheint es zunächst sinnvoll, auf die Klassifizierung von Binnengewässern einzugehen. So kann dann deutlich werden, dass es in den nachfolgenden Unterrichtseinheiten um den Lebensraum See geht.*	
A./B.1. See, Weiher, Tümpel, Teich …	
■ L fordert zunächst Vorstellungen von den SuS ab: „Wodurch unterscheiden sich See, Weiher, Tümpel und …?“ ■ SuS bearbeiten in z.B. Partnerarbeit ein Arbeitsblatt zu diesem Thema	■ Tafel ■ Arbeitstransparent 1: Hier ein See – dort ein Teich ■ Material I./M 1 (Materialgebundene Aufgabe): See, Weiher, Tümpel, Teich …
A./B.2. Stehendes und fließendes Gewässer im Vergleich	
■ L fordert die SuS auf, wesentliche Unterschiede zwischen einem See und einem Fluss/Bach zu nennen ■ SuS experimentieren in Gruppen zur Klärung der zuvor aufgeworfenen Frage	■ Tafel ■ Material I./M 2 (Experiment): Stehendes und fließendes Gewässer im Vergleich ■ Materialien und Geräte lt. Liste
***Unterrichtliche Anmerkung:** Befinden sich beide Gewässerformen in unmittelbarer Nähe, mag folgender Vergleich als Einstieg in die Problematik geeignet sein: In den Randbereich eines Sees bzw. Flusses gießt man vorsichtig 250 ml Kirschsaft oder Kirschsirup und verfolgt dessen Verdriftung.*	

<table>
<tr><th>Erarbeitungsschritte</th><th>Medien</th></tr>
<tr><td colspan="2">A./B.3. Wasser, ein Milieu mit besonderen Eigenschaften</td></tr>
<tr><td colspan="2">Unterrichtliche Anmerkung: In diesem Unterrichtsschwerpunkt nun geht es um spezifische Besonderheiten des Milieus Wasser. Aus Zeitgründen, aber auch im Hinblick auf einige nur in begrenzter Anzahl zur Verfügung stehender Materialien bzw. Geräte sollten die geplanten Experimente arbeitsteilig durchgeführt werden.</td></tr>
<tr><td>■ L: Was macht die Besonderheit des Milieus Wasser aus?

■ SuS-Übungen zur Untersuchung der aufgeworfenen Frage

■ SuS tragen ihre Ergebnisse zusammen</td><td>■ Tafel

■ Material I./M 3 (Experiment): Der pH-Wert – eine Sache von sauer und nicht sauer
Material I./M 4 (Experiment): Sauerstoff – löst sich in Wasser und lässt sich nachweisen
Material I./M 5 (Experiment): Nitrate und Phosphate – im Dünger und im Wasser eines Sees gleichermaßen nachzuweisen
Material I./M 6 (Experiment): Hat Wasser für einige Tiere Balken?
Material I./M 7 (Experiment): Wasser – ein temperaturträges Element

■ Tafel</td></tr>
<tr><td colspan="2">A./B.4. Vom Ufer zum freien Wasser – Gliederung eines Sees</td></tr>
<tr><td colspan="2">Unterrichtliche Anmerkung: Nachdem nun die Besonderheiten im Milieu Wasser herausgearbeitet worden sind, soll der Blick wieder auf den zentralen Unterrichtsgegenstand See gelenkt werden. Dabei sind zwei Aspekte vorrangig: 1. Ein See darf nie isoliert betrachtet werden, sondern immer in seiner Verzahnung mit umgebenden Lebensräumen bzw. geografischen Gegebenheiten. 2. Die Untersuchung eines so komplexen Gebildes, wie es ein See darstellt, kann leichter untersucht werden, wenn man es zunächst strukturiert.</td></tr>
<tr><td>■ L: Welche Bereiche kann man im Lebensraum See unterscheiden?

■ SuS wiederholen die erarbeitete Strukturierung

■ L: Bevor wir uns näher mit dem Lebensraum See auseinander setzen, wollen wir untersuchen, wie ein See mit angrenzenden Lebensräumen und Bereichen zusammenhängt.

■ SuS arbeiten Verzahnung eines Sees mit seinem Umfeld heraus

■ Unterrichtsgespräch: Weitere mögliche Beziehungen eines Sees mit seinem Umfeld</td><td>■ Folienkopie des Materials I./M 8 (Die Aufgaben werden abgedeckt)

■ Material I./M 8 (Materialgebundene Aufgabe): Gliederung eines Sees

■ Material I./M 9 (Materialgebundene Aufgabe): Lebensraum See – innig mit seinem Umfeld verzahnt
■ Tafel</td></tr>
</table>

I./M 1	See, Teich, Tümpel, Weiher …	Materialgebundene AUFGABE

Arbeitsmaterial:

(A) Teich: Hier denkt man zunächst an Fischteiche. Dabei handelt es sich um ein vollständig ablassbares, flaches Gewässer. Es wird gespeist durch einen Bach, durch Quell-, Grund- oder auch Regenwasser. Während Seen, Flüsse oder Weiher natürlichen Ursprungs sind, werden Teiche künstlich angelegt. Neben Fischteichen kennt man auch Löschteiche, Parkteiche, Dorfteiche, Zierteiche …

(B) Tümpel: Kennzeichnend für Tümpel ist, dass sie sehr flach (wenige Dezimeter) sind und nicht ständig Wasser führen, oft nur ein paar Wochen oder höchstens einige Monate. Während der übrigen Zeit erinnert nur eine von Rissen durchzogene Schlammfläche daran, dass hier einmal Wasser gestanden hat. Tümpel entstehen z. B. dort, wo sich über wasserundurchlässigen Bodenschichten nach heftigen Regenfällen Wasser ansammelt, oder dort, wo nach Überschwemmungen Wasser zurückbleibt.

(C) Weiher und (D) Seen: Beide Gewässerformen sind natürlich vorkommende, stehende Gewässer, die sich nicht im wesentlichen durch ihre Größe unterscheiden. Der entscheidende Unterschied sei durch die nachfolgenden Skizzen verdeutlicht:

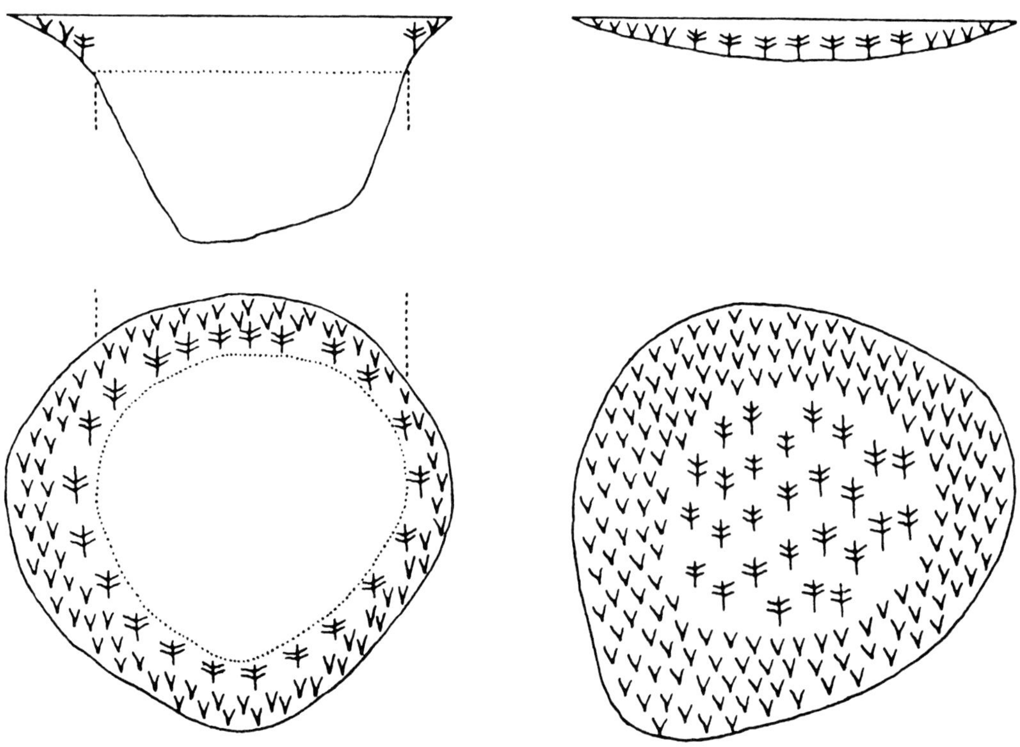

See **Weiher**

Aufgaben:

a) Wodurch unterscheiden sich Tümpel von den Gewässerformen Teich, Weiher und See?
b) Wodurch unterscheiden sich Teiche von den Gewässerformen See, Weiher und Tümpel?
c) Stelle vergleichend gegenüber See und Weiher! Nimm dabei die Abbildung zur Hilfe!

I./M 2	Stehendes und fließendes Gewässer im Vergleich	EXPERIMENT

Arbeitsmaterial:

Versuchsprotokoll

Thema:

Material und Geräte: 30 Liter-Aquarium; Aquarienheizung; Wasserstrahlpumpe; 3 Thermometer; Stativmaterial; 2 ca. 30 cm lange Glasrohre; Gummischläuche (auf die Glasrohre passend); Pipette; Methylenblau-Lösung (oder eine andere Farbstoff-Lösung).

Durchführung:
A. Das Aquarium wird 15 cm hoch mit Wasser gefüllt. Die Aquarienheizung wird auf 26 °C eingestellt und dann in der Mitte des Aquariums eingespannt (bzw. mit Hilfe ihres Saugfußes dort an der Aquarienwand befestigt). Die 3 Thermometer werden mit Hilfe von Stativmaterial in der Mitte des Aquariums (5 cm von der Heizung entfernt) sowie an dessen beiden Enden so befestigt, dass sie ca. 10 cm in das Wasser eintauchen.
In Abständen von 10 Minuten wird an allen drei Thermometern die Temperatur abgelesen. Die Messung wird über einen Zeitraum von 40 Minuten fortgeführt.
Parallel zur Temperaturmessung wird folgendes Zusatzexperiment durchgeführt: Mit Hilfe der Pipette werden 5 ml der Farbstoff- Lösung angesaugt. Diese Lösung lässt man 2 - 4 cm neben dem Heizstab vorsichtig (Pipettenausflussöffnung 1 - 2 cm an die Wasseroberfläche heranbringen) in das Aquarienwasser einlaufen. Die Verteilung des Farbstoffs im Aquarienwasser wird beobachtet.

B. Der unter A skizzierte Versuchsaufbau wird folgendermaßen ergänzt: An beiden Enden des Aquariums wird je ein 30 cm langes Glasrohr 7 - 10 cm tief eingetaucht und mit Hilfe von Stativmaterial fixiert. Das eine Glasrohr wird über einen Schlauch mit dem Wasserhahn verbunden, das andere über einen Schlauch mit dem Abflussbecken. Sodann saugt man über den letztgenannten Schlauch Wasser an, so dass nach dem Heber-Prinzip Wasser in das Abflussbecken abläuft. Gleichzeitig öffnet man den Wasserhahn so weit, daß die zulaufende Wassermenge gleich der ablaufenden ist. Unter diesen Bedingungen bleibt der Wasserstand im Aquarium weitgehend konstant. In 10 Minuten-Abständen wird die Temperatur an allen drei Thermometern abgelesen.

Auch bei diesem Versuchsansatz wird der unter A beschriebene Zusatzversuch mit der Farbstoff-Lösung durchgeführt.

Aufgaben:

a) Führe die beschriebenen Untersuchungen durch! Notiere deine Messergebnisse bzw. Beobachtungen!
b) Vergleiche mit Hilfe deiner Versuchsergebnisse die Lebensbedingungen in einem stehenden Gewässer mit denen in einem Fließgewässer! Nenne mögliche weitere Unterschiede!
c) Finde ein Thema für die durchgeführten Experimente!

I./M 3	Der pH-Wert – eine Sache von sauer und nicht sauer	EXPERIMENT/Material-gebundene AUFGABE

Arbeitsmaterial:

Versuchsprotokoll

Thema: pH-Wert von Wasser

Material und Geräte:: pH- Teststreifen; Zitronensaft (oder anderen sauren Saft), Kernseifen-Lösung; destilliertes Wasser; Bechergläser.

Durchführung:
a) Im Fachraum: Gib in ein Becherglas den Saft einer Zitrone, verdünne diesen mit der doppelten Menge Wasser und halte in die so zubereitete Lösung ein Stück pH-Teststreifen. Wiederhole den Test mit einer Seifen-Lösung, indem du ein Becherglas zunächst zur Hälfte mit Leitungswasser füllst, in diesem Wasser ein würfelzuckergroßes Stück Kernseife auflöst und dann ein Stück pH-Teststreifen eintauchst. In einem dritten Test überprüfst du Leitungswasser auf seinen pH-Wert.

INFO: Wässrige Lösungen wie Seewasser, Teichwasser, Leitungswasser, Säfte, Blut oder Speichel sind entweder sauer wie z. B. Zitronensaft oder alkalisch wie z. B. Kernseifen-Wasser. Wie stark sauer bzw. wie stark alkalisch eine Lösung ist, lässt sich durch den PH-Wert ausdrücken:

pH-Wert:	1 - 2	3 - 4	5 - 6	7	8 - 9	10 - 11	12 - 13
Lösung:	sehr stark sauer	stark sauer	schwach sauer	neutral	schwach alkalisch	stark alkalisch	sehr stark alkalisch

b) Im Gelände: Entnimm dem Uferbereich des von dir untersuchten Sees (Teiches) eine Wasserprobe und teste sie auf ihren pH-Wert.

INFO: Einige Wasserpflanzen zeigen an, ob ein Gewässer sauer oder alkalisch ist. Anzeiger für ein saures Gewässer sind z.B. der Igelkolben oder die Teichsimse, in eher alkalischem Wasser gedeihen Krebssschere, Wasserlinse oder Wassernuss:

Wasserlinse

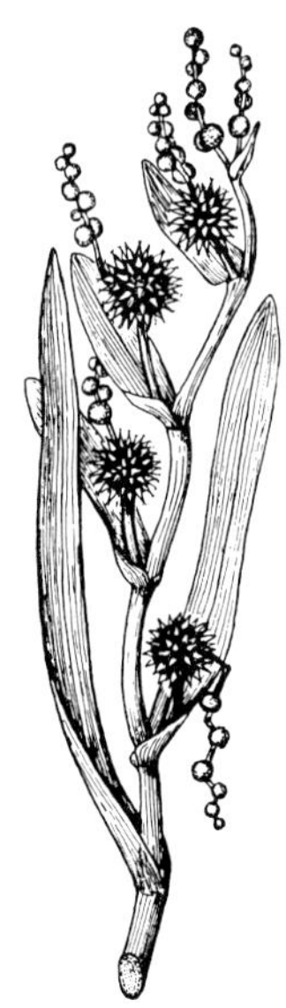

Ästiger Igelkolben

Quelle: Kabisch u. a. Tümpel, Teiche und Weiher. Landvolk-Verlag S. 17

Aufgaben:

a) Führe die unter a) und b) beschriebenen Untersuchungen durch!
b) Überprüfe, ob du in dem Uferbereich, dem du eine Wasserprobe entnommen hast, auch solche Wasserpflanzen findest, die den von dir ermittelten pH-Wert anzeigen können!

I./M 4	Sauerstoff – löst sich in Wasser und lässt sich nachweisen	EXPERIMENT

Arbeitsmaterial:

Versuchsprotokoll

Thema: Sauerstoffgehalt im Wasser

Material und Geräte: Sauerstoff-Testkit (z. B. Aquamerk, Visicolor); Glucose; Gluco-Teststreifen (zum Nachweis von Glucose); 50 ml-Bechergläser; 400 ml-Becherglas; Waschflasche; Sauerstoff-Stahlflasche; Gläser mit Schraubverschluss (z. B. Marmeladengläser).

Durchführung:
Versuch 1: Zwei 50 ml-Bechergläser werden zur Hälfte mit Leitungswasser gefüllt, in dem einen Becherglas löst man eine Spatelspitze Glucose auf, das andere Becherglas bleibt unverändert. Nun taucht man in beide Flüssigkeiten je einen Gluco-Teststreifen und notiert eventuelle Farbveränderungen. Die dem Teststreifen beiliegende Bedienungsanleitung wird herangezogen, um die Farbeffekte zu bewerten.

Versuch 2: In einem 400 ml-Becherglas wird Leitungswasser abgekocht, d. h. 15 Minuten lang auf Siedetemperatur gehalten. Dann lässt man das so behandelte Wasser abkühlen, nachdem man das Becherglas mit einer Glasplatte abgedeckt hat. Von dem abgekochten Wasser untersucht man eine kleine Probe mit Hilfe des Sauerstoff-Testkits auf ihren Sauerstoffgehalt.

Versuch 3: Von dem abgekochten Wasser gibt man ca. 50 ml in die Waschflasche, schließt diese an die Sauerstoff-Stahlflasche an und leitet 2 Minuten lang Sauerstoff durch das Wasser. Anschließend untersucht man das so behandelte Wasser mit Hilfe des Sauerstoff-Testkits auf seinen Sauerstoffgehalt.

Versuch 4: Von verschiedenen Stellen des Uferbereichs eines Sees oder eines anderen stehenden Gewässers werden in verschraubbaren Gläsern Wasserproben genommen. Die einzelnen Proben untersucht man mit Hilfe des Sauerstoff-Testkits vor Ort oder im Fachraum auf ihren Sauerstoffgehalt.

INFO: Untersucht man den maximalen Sauerstoffgehalt einer Wasserprobe bei verschiedenen Temperaturen, kommt man zu folgenden Werten:

Temperatur in °C	0	5	10	15	20	25	30
Sauerstoffgehalt in mg Sauerstoff pro l Wasser	14,6	12,7	11,2	10,1	9,1	8,3	7,5

Aufgaben:

a) Führe die Versuche 1 – 4 durch und notiere deine Beobachtungen bzw. Ergebnisse!
b) Wodurch unterscheiden sich Sauerstoff und Glucose, was haben sie gemeinsam?
c) Was geschieht mit dem im Wasser gelösten Sauerstoff, wenn man das Wasser abkocht?
d) Wie sind die unterschiedlich hohen Sauerstoffkonzentrationen an verschiedenen Stellen eines Gewässers zu erklären?
e) Fasse die in der Tabelle aufgeführten Messergebnisse in wenigen Sätzen zusammen!
g) Zu welcher Jahreszeit könnte der von dir in e) formulierte Zusammenhang für Lebewesen eines Sees bedeutsam sein?

I./M 5	Nitrate und Phosphate – im Dünger und im Wasser eines Sees gleichermaßen nachzuweisen	EXPERIMENT/Material-gebundene AUFGABE

Arbeitsmaterial:

Versuchsprotokoll

Thema: Nitrate und Phosphate – Nachweis und Bedeutung

Material und Geräte: Testkit für Nitrat und Phosphat (z. B. Aquamerk, Visicolor); Ammoniumphosphat; Ammoniumnitrat; Stickstoff-Phosphor-Dünger; 50 ml-Bechergläser; 1000 ml-Messkolben; Gläser mit Schraubverschluss (z. B. Marmeladengläser); Abdampfschale; Drahtnetz; Dreifuß; Bunsenbrenner; Waage (mg-Anzeige); Wasserprobe eines Sees.

Durchführung:
Versuch 1: In ein 50 ml-Becherglas gibt man Leitungswasser und bestimmt mit Hilfe der Testkits den Nitrat- und Phosphatgehalt .

Versuch 2: In ein 50 ml-Becherglas gibt man destilliertes Wasser und bestimmt mit Hilfe der Testkits den Nitrat- und Phosphatgehalt.

Versuch 3: In einen 1000 ml-Messkolben gibt man ca. 950 ml destilliertes Wasser, dann 40 mg Ammoniumnitrat (entspricht 31 mg Nitrat), schüttelt so lange, bis sich das Salz aufgelöst hat, und füllt dann bis zum Eichstrich auf. Dann wird der Nitratgehalt bestimmt.

Versuch 4,: Eine Abdampfschale wird auf ein Drahtnetz, das einem Dreifuß aufliegt, gestellt und zu zwei Drittel mit Wasser aus einem See gefüllt. Die Flamme des Gasbrenners wird klein gestellt. Die Lösung wird vollständig eingedampft.

Versuch 5: In ein 50 ml-Becherglas gibt man Wasser aus einem See und bestimmt mit Hilfe des Testkits den Nitrat- und Phosphatgehalt.

INFO 1: In einem Buch über Pflanzen heißt es u. a.: „... Salze wie z. B. Nitrate, Phosphate benötigt die Pflanze zum Wachsen. Man nennt daher diese Salze auch Nährsalze. Fehlt ein Nährsalz oder ist es in zu geringer Menge vorhanden, kommt es zu Mangelerscheinungen bei der Pflanze: Die Pflanze wächst langsamer, bleibt kleiner und verkümmert schließlich. Liegen die Nährsalze dagegen in großer Menge vor, gedeiht die Pflanze vorzüglich. In einem See führt ein großer Gehalt an Nährsalzen dazu, dass krautige Pflanzen wie z. B. Seerosen üppig heranwachsen; einzellige Pflanzen, man spricht auch von Algen, vermehren sich sehr rasch in einem nährsalzreichen Gewässer, so dass sie das Wasser grün bis grünblau färben."

INFO 2: ... in jedem Jahr bringt der Landwirt Mineraldünger (Nitrate, Phosphate) auf seinen Grünflächen und Äckern aus. Er weiß, dass der Ertrag auf seinen Feldern ganz eindeutig vom Gehalt des Bodens an Phosphaten und Nitraten abhängt ...

Aufgaben:

a) Führe die Versuche 1 – 4 durch und notiere deine Beobachtungen bzw. Ergebnisse!
b) Wodurch unterscheiden sich Leitungswasser und destilliertes Wasser?
c) Erkläre die Beobachtung in Versuch 4!
d) Welche Bedeutung haben Phosphate und Nitrate für Pflanzen (INFO 1)?
e) Erkläre mit Hilfe von INFO 2 den relativ hohen Nitratgehalt des Trinkwassers!

I./M 6	Hat Wasser für einige Tiere Balken?	EXPERIMENT

Arbeitsmaterial:

Versuchsprotokoll

Thema: Hat Wasser für einige Tiere Balken?

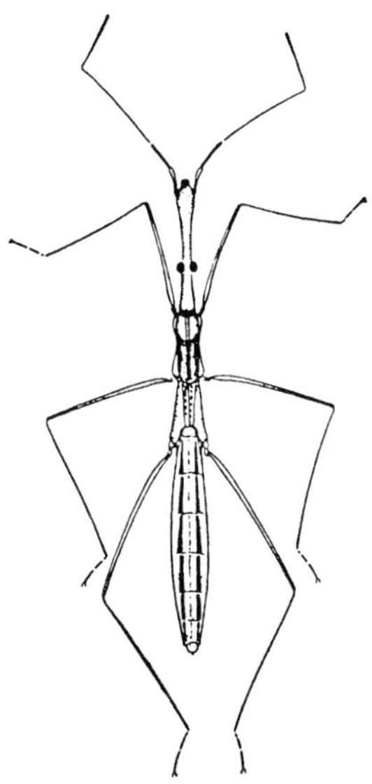

Teichläufer

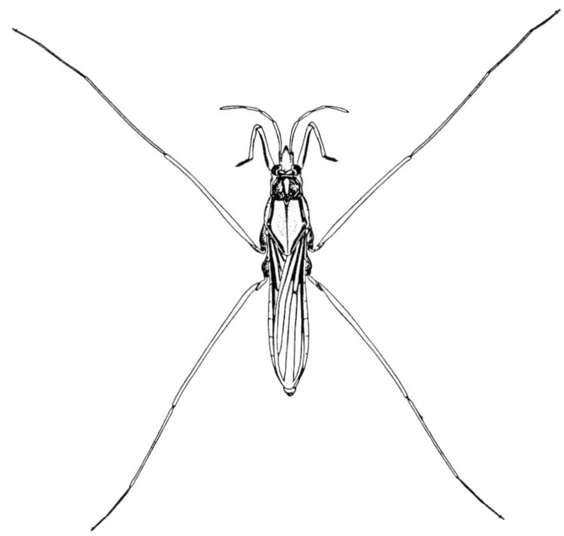

Wasserläufer

Quelle: *Engelhardt*: Was lebt im Tümpel, Bach und Weiher? Franckh-Kosmos 1982 S. 159

Wasserläufer leben vorzugsweise auf der Oberfläche stehender oder fließender Gewässer. Ruckartig gleiten sie auf der Wasseroberfläche dahin. Ihre langen Beine sind weit vom Körper abgespreizt und berühren gleich Auslegern mit nahezu ihrer ganzen Länge die Wasseroberfläche. Wenn sie wiederholt weite Sprünge vollführen, lassen sich an der Absprung- und Landestelle Eindellungen der Wasseroberfläche beobachten. Wie ist zu erklären, dass die Tiere nicht in das Wasser „einbrechen“?

Material und Geräte: Brennspiritus; Ether; 3 Petrischalen; Stecknadeln; Rasierklingen; Eisennagel; Streichhölzer, bei denen der Zündkopf abgetrennt worden ist; Papiertaschentuch.

Durchführung:
Versuch 1: Eine Petrischale wird zu zwei Dritteln mit Wasser gefüllt. Auf die Wasseroberfläche legt man vorsichtig einen Nagel bzw. ein Streichholz. Dann drückt man das Streichholz für 5 Sekunden auf den Boden der Schale.

Versuch 2: Eine Petrischale wird zu zwei Dritteln mit Wasser gefüllt. Eine Stecknadel und eine Rasierklinge werden mit einem etherbefeuchtetem Papiertaschentuch abgewischt und dann vorsichtig auf die Wasseroberfläche gelegt.

Versuch 3: Eine Petrischale wird zu zwei Dritteln mit Ether gefüllt. Eine Stecknadel und eine Rasierklinge werden mit einem etherbefeuchtetem Papiertaschentuch abgewischt und dann vorsichtig auf die Etheroberfläche gelegt.

Aufgaben:

a) Führe die Versuche 1 – 3 durch und notiere deine Beobachtungen!
b) Erkläre das unterschiedliche Verhalten von Streichholz und Nagel in Versuch 1!
c) Vergleiche das unterschiedliche Verhalten von Nagel (Versuch 1) und Nadel (Versuch 2) und leite daraus eine besondere Eigenschaft des Wassers in dem Bereich ab, wo Wasser an Luft grenzt! Wie müssen Tiere beschaffen sein, für die Wasser „Balken“ hat?
e) Erkläre die unterschiedlichen Ergebnisse in Versuch 2 und 3!

I./M 7	Wasser – ein temperaturträges Element	EXPERIMENT

Arbeitsmaterial:

Versuchsprotokoll

Thema:

Material und Geräte: 2 gleich große Glasgefäße wie z. B. 600 ml-Bechergläser; 2 Thermometer; 3 Stative mit Muffen und Klemmen; Frischhaltefolie o. ä.; Föhn;

Durchführung:
Der grundsätzliche Aufbau des Experiments ist in der nachfolgenden Skizze wiedergegeben. Zusätzlich sei angemerkt: Sowohl das leere als auch das mit Wasser gefüllte Glasgefäß werden mit Frischhaltefolie nach oben hin abgedichtet. In die Mitte der Folienabdeckungen wird ein so großes Loch gestochen, dass die Thermometer gerade hindurch passen. Mit Hilfe des Stativmaterials werden die Thermometer so in die Glasgefäße abgesenkt, dass ihre Spitze ca. 5 cm über dem Glasboden steht.
Der Föhn wird nun so in ein Stativ gespannt, dass sein Luftstrom horizontal auf das 20 cm entfernte Glasgefäß gerichtet ist. Zunächst wird das leere Glasgefäß erwärmt (das andere Glasgefäß darf nicht im Heißluftstrom des Föhns stehen!). In Abständen von 3 Minuten wird am Thermometer die Temperatur abgelesen. Nach 15 Minuten wird die Messung mit dem wassergefüllten Glasgefäß wiederholt. Während dieser Zeit wird sowohl beim wassergefüllten als auch beim leeren Glasgefäß die Temperatur abgelesen.

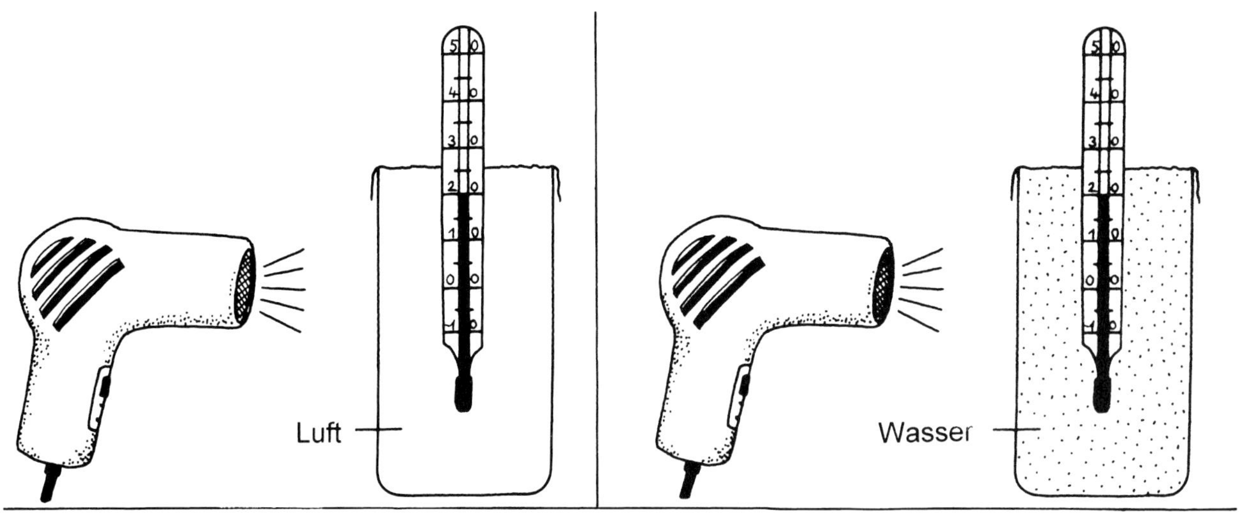

Aufgaben:

a) Führe die Versuche durch und halte die Messergebnisse in Zeit-Temperatur-Tabellen fest!
b) Werte deine Messergebnisse aus, indem du Aussagen zur „Temperaturträgheit" von Luft und Wasser triffst!
c) Wodurch unterscheiden sich die Lebensbedingungen auf dem Lande von denen in einem Gewässer hinsichtlich des Umweltfaktors Temperatur?
d) Nenne das Thema für die durchgeführten Experimente!

I./M 8	Gliederung eines Sees	Materialgebundene AUFGABE

Arbeitsmaterial:

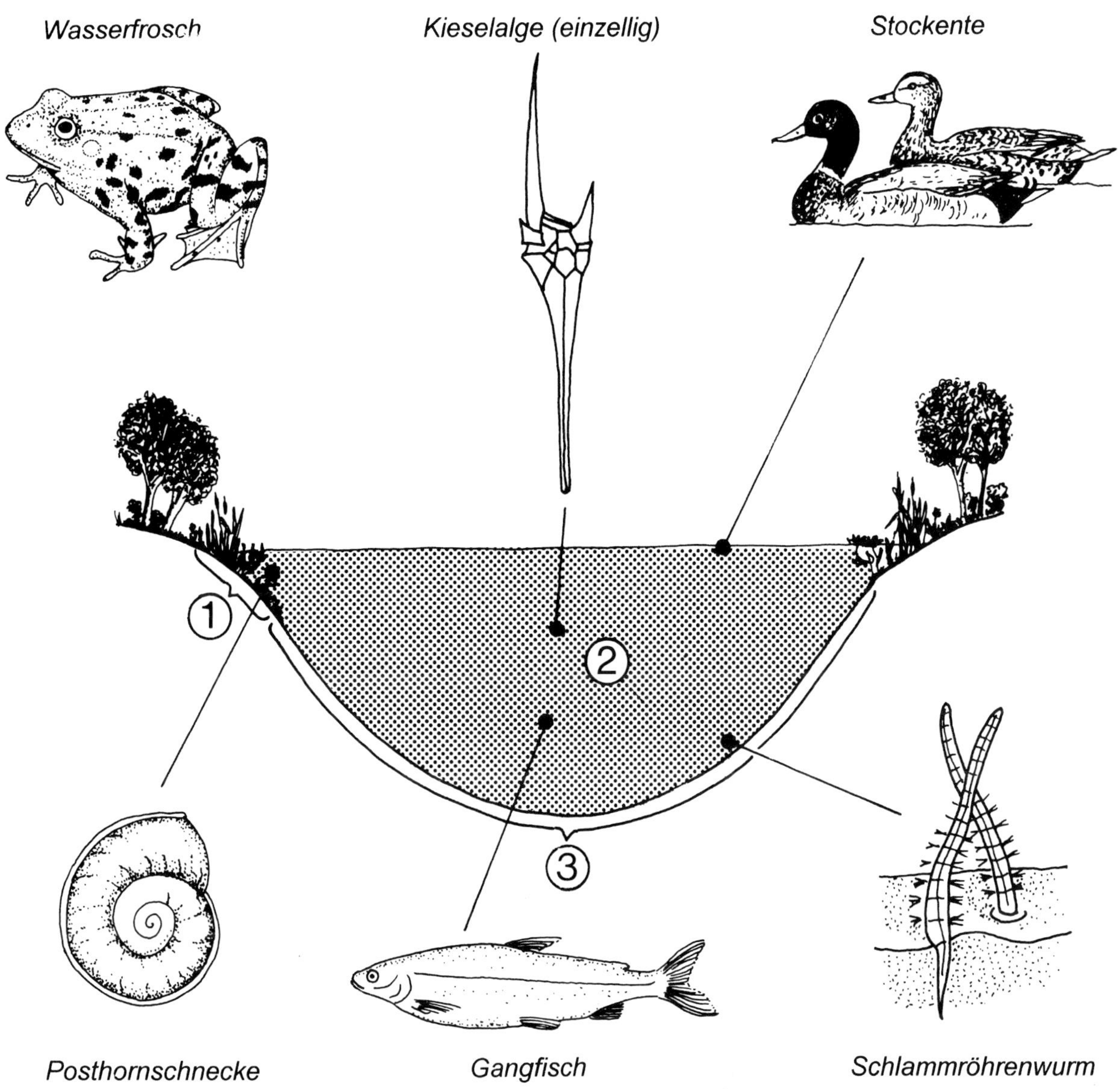

Quelle: Diverse Quellen, abgeändert

Aufgaben:

a) Benenne die Bereiche eines Sees (1-3) mit einem der folgenden Begriffe: A Seeboden, B Uferzone, C freies Wasser!
b) In welchen Bereichen eines Sees leben die beispielhaft vorgestellten Tiere?

I./M 9	Lebensraum See – innig mit seinem Umfeld verzahnt	Materialgebundene AUFGABE

Arbeitsmaterial:

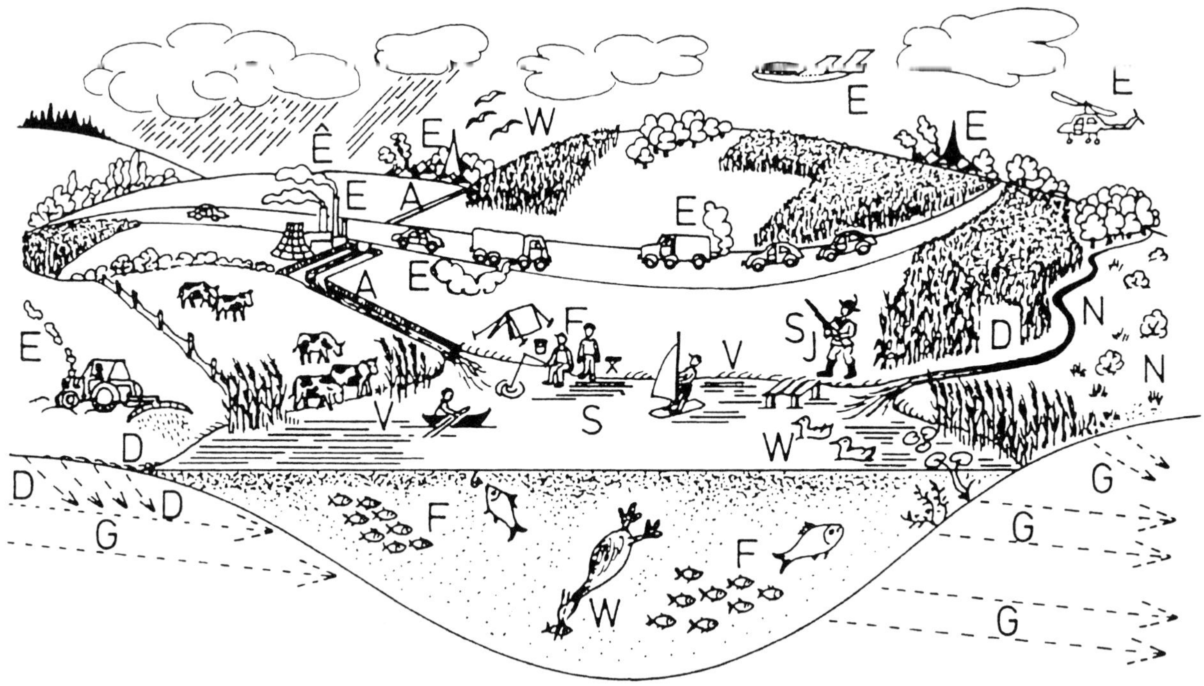

Quelle: *E. Schmidt*: Ökosystem See. Der Uferbereich des Sees. Quelle u. Meyer S. 18

(1) Aus Verkehr, Industrie oder Haushalten gelangen Stoffe in die Atmosphäre, werden dort verdriftet und gelangen auf diesem Wege in den See
(2) Abwässer aus Industrie, Landwirtschaft oder Haushalten werden in den See geleitet
(3) Entwässerungsgräben, oberirdisch oder unterirdisch zufließendes Wasser führen dem See Dünger und andere Stoffe zu
(4) Menschen und Tiere treten Pflanzen herunter, knicken Zweige um
(5) Im Uferbereich nistende Vögel werden durch Menschen aufgeschreckt oder gar verjagt
(6) Durch z. B. Mülldeponien oder Futterstellen am See werden Wasservögel (z. B. Möwen) in Massen angelockt; dadurch kann sich die Zahl der fischfressenden Vögel erhöhen
(7) Jungfische werden in den See gesetzt (Besatzfische), größere Fische werden entnommen; beim Angeln gehen Bleistücke (Senkblei) verloren und sinken auf den Seeboden, lösen sich dort teilweise; Anfütterungsmittel für Jungfische kommen auch anderen Tieren zugute
(8) Durch das Grundwasser werden Stoffe in den See hineingetragen und aus dem See weggeführt
(9) Bei der Jagd werden Vögel geschossen, das dabei verwendete Bleischrot sinkt auf den Seeboden und löst sich teilweise

Aufgaben:

a) Ordne den in der Abbildung durch große Buchstaben (A – W) dargestellten Beziehungen zwischen einem See und seinem Umfeld jeweils die passende Textaussage (1 – 9) zu!
b) Nenne weitere mögliche Beziehungen!

I.2.3 Lösungshinweise zu den Aufgaben der Materialien

I./M 1

a) Tümpel sind sehr flach und führen nicht ständig Wasser.
b) Teiche sind vom Menschen angelegte Gewässer, die in der Regel völlig ablassbar sind.
c) Beide Gewässerformen sind natürlichen Ursprungs. Seen sind jedoch ungleich tiefer, so dass besonders tief gelegene Bereiche des Seebodens nicht bewachsen sind.

I./M 2

a) Ansatz A: An den drei Thermometern werden deutlich unterschiedlich hohe Temperaturen abgelesen; relativ hohe Temperaturen in Nähe der Heizquelle, niedrigere Temperaturen in größerer Entfernung von der Heizquelle. Der einpipettierte Farbstoff breitet sich relativ langsam aus.
Ansatz B: An allen drei Thermometern werden wenig unterschiedlich hohe Temperaturen abgelesen, ein leicht abnehmendes Temperaturgefälle mag mit zunehmender Entfernung von der Heizquelle beobachtet werden. Der einpipettierte Farbstoff verteilt sich relativ rasch in Fließrichtung und dann auch zu den Seiten hin.
b) In einem stehenden Gewässer wird es eher unterschiedlich warme Zonen geben, was für Organismen unterschiedliche Lebensbedingungen bedeutet. In einem fließenden Gewässer dagegen wird warmes Wasser zu kaltem getragen und mit diesem vermischt, so dass insgesamt ein relativ einheitlich temperierter Wasserkörper vorliegt. Auch die Stoffe betreffende Durchmischung ist in einem See wesentlich geringer als in einem Fließgewässer. Solche Stoffe können sein: Sauerstoff, Nährsalze, Schadstoffe.
c) Vergleich von stehendem und fließendem Gewässer hinsichtlich der Durchmischung von Wärme und Stoffen.

I./M 3

a) Zitronensaft: sauer, pH-Wert um 3 - 5; Seifenlösung: alkalisch, pH-Wert um 11; Leitungswasser annähernd neutral, pH-Wert um 6 - 8; das Wasser eines Sees könnte einen pH-Wert von 8 haben, auch andere Werte sind denkbar.
b) Das Ergebnis dieser Aufgabe kann nicht vorhergesagt werden; es hängt von der Spezifität des Gewässers und dem aufgesuchten Uferbereich ab.

I./M 4

Versuchsprotokoll A
a) Versuch 1: Der Gluco-Teststreifen zeigt nur in dem Becherglas Glucose an, in das zuvor Glucose hineingegeben worden war.
Versuch 2: In dem abgekochten Wasser lässt sich kein Sauerstoff nachweisen.
Versuch 3: In dem Wasser, durch das Sauerstoff hindurchgeleitet worden war, lässt sich Sauerstoff nachweisen.
Versuch 4: Hier hängt das Ergebnis der Nachweisreaktion vom jeweiligen Sauerstoffgehalt der Gewässerprobe ab.
b) Glucose ist ein Feststoff, Sauerstoff ein Gas. Beide Stoffe lösen sich in Wasser und lassen sich in ihrer wässrigen Lösung nachweisen.
c) Beim Abkochen von Wasser wird der gelöste Sauerstoff „herausgetrieben“, d. h. er entweicht.
d) Sie sind auf unterschiedlich hohen Sauerstoffverbrauch bzw. auf unterschiedlich hohe Sauerstofffreisetzung zurückzuführen.
e) Mit steigender Temperatur nimmt die Menge des maximal in Wasser löslichen Sauerstoffs ab.
f) Im Sommer führt die Erwärmung des Wassers zu einer Abnahme der Menge maximal löslichen Sauerstoffs im Seewasser.

I./M 5

a) Versuch 1: Es sind nur geringe Mengen nachweisbar.
Versuch 2: Beide Stoffe sind nicht nachweisbar.
Versuch 3: Es lässt sich ein Nitratgehalt ermitteln, der etwa dem der Einwaage entspricht.
Versuch 4: In der Abdampfschale bleibt das Salz als weiße Substanz zurück.
Versuch 5: Das Ergebnis hängt von der Spezifität des Sees ab.
b) Leitungswasser enthält gelöste Stoffe, destilliertes Wasser (theoretisch) keine.
c) Gelöste Stoffe kann man, wenn keine Farbigkeit vorliegt, als solche nicht erkennen. Erst wenn das Lösungsmittel (hier: Wasser) verdampft ist, wird der gelöste Stoff sichtbar.
d) Nitrate und Phosphate werden von Pflanzen benötigt, damit sie wachsen und gedeihen können.
e) Nitrate aus der Düngung gelangen über das Grundwasser in das Trinkwasser.

I./M 6

a) Versuch 1: Das Stück Streichholz schwimmt. Nachdem es 5 sec unter Wasser auf dem Grunde der Petrischale gedrückt worden ist, steigt es wieder an die Wasseroberfläche auf. Der Nagel sinkt auf den Boden der Petrischale.
Versuch 2: Beide Gegenstände bleiben auf der Wasseroberfläche liegen.
Versuch 3: Beide Gegenstände sinken auf den Boden der Petrischale.
b) Der Nagel hat eine größere Dichte als Wasser, er sinkt folglich auf den Boden. Das Streichholz hat eine geringere Dichte als Wasser und schwimmt folglich.
c) Wasser bildet im Grenzbereich zu Luft eine stabile Oberfläche aus, man könnte von einem „Häutchen“ sprechen. Kleine Gegenstände mit großer Oberfläche bleiben auf diesem „Häutchen“ liegen, gleich schwere Gegenstände von kompakter Form (z. B. eine Kugel) würden untergehen.
d) Solche Tiere müssen relativ klein sein und mit großer Fläche der Wasseroberfläche aufliegen.
e) Ether bildet im Grenzbereich zu Luft kein so stabiles „Häutchen“ aus wie Wasser. Die Rasierklinge und die Stecknadel gehen also unter.

I./M 7

a) Das Thermometer in dem mit Luft gefüllten Becherglas steigt wesentlich rascher an als das im mit Wasser gefüllten Becherglas.
b) Luftmengen erwärmen sich bei konstanter Wärmezufuhr schneller als gleich große Wassermengen. Wasser kann daher als relativ temperaturträge charakterisiert werden.
c) Auf dem Lande kommt es schneller und häufiger zu relativ großen Temperaturänderungen als im Wasser. Dort herrscht relative Temperaturkonstanz bzw. Temperaturänderungen benötigen größere Zeiträume.
d) „Untersuchung der Temperaturträgheit von Luft und Wasser" (o. a.)

I./M 8

a) 1: Uferzone; 2: Freies Wasser; 3: Seeboden
b) Wasserfrosch und Posthornschnecke im Bereich der Uferzone; Kieselalge und Stockente im freien Wasser; Gangfisch und Schlammröhrenwurm im Bereich des Seebodens.

I./M 9

a) 1 - E; 2 - A; 3 - D; 4 - F; 5 - V; 6 - W; 7 - F; 8 - G; 9 - S/J.

b) Weitere Beziehungen: Kühe nutzen Seeufer als Tränke, treten Ufervegetation herunter; Camping-Platz in Ufernähe, Vögel werden verjagt.

I.3 Medieninformation

I.3.1 Audiovisuelle Medien

FWU-Film 3200419: (auch als Video erhältlich): Der See, 15 min, f

Annotation: *Die im See lebenden Organismen sind über Nahrungsketten miteinander verbunden, sie sind aber auch stark abhängig von äußeren Einflüssen, wie Lichteinfall oder Sauerstoffgehalt des Wassers. Im Film werden diese Wechselbeziehungen dargestellt; dadurch entsteht ein Bild vom komplexen Ökosystem See.*

FWU-CD-ROM 6600100: Der See

Annotation: *Die Reise beginnt, indem der Benutzer in die faszinierende Unterwasserwelt eines Sees eintaucht. Mit einem Photoapparat kann er auf die Suche nach Tieren in ihren Lebensräumen gehen, er kann einen naturnahen Teich anlegen und pflegen oder einen See untersuchen. Auch erfährt der Benutzer Wissenswertes über Seen in Deutschland. Neben diesem spielerischen, interaktiven Zugang zum „See" bietet das Programm einen systematischen Einstieg z. B. über das Lexikon.*

FWU-Film 3200419: Der Bach, 15 min, f

Annotation: *Naturnahe Bäche sind in unserer Landschaft selten geworden. Im Zuge von Flurbereinigungsmaßnahmen waren Begradigungen üblich. Die vielgestaltigen Ökosysteme dieser Fließgewässer wurden dadurch zerstört. Der Film zeigt die Funktion von Bächen als Landschaftsbestandteile und stellt auch Renaturierungsmaßnahmen zur Diskussion.*

I.3.2 Zeitschriften

Anmerkung: *An dieser Stelle vorgestellte Aufsätze können auch für die nachfolgenden Unterrichtseinheiten bedeutsam sein.*

Moers, E.: Leben im Mühlenteich. Unterricht Biologie, 1996, Heft 216, S. 14 - 17, Friedrich Verlag

Anmerkung: *In sehr elementarer Form (der Aufsatz zielt auf die Arbeit in der Primarstufe) werden Tiere aus dem Lebensraum Mühlenteich vorgestellt.*

Ober, G.: Die Kiesgrube – Lebensraum aus zweiter Hand. Unterricht Biologie, 1986, Heft 113, S. 41 - 44, Friedrich Verlag

Anmerkung: *Als Alternative zum Lebensraum See wird hier der anthropogene Lebensraum Kiesgrube vorgestellt. Der Aufsatz liefert zahlreiche praktikable Anregungen.*

Seidel, R.: Das große Weiherspiel. Unterricht Biologie, 1996, Heft 216, S. 27 - 31 (Beihefter), Friedrich Verlag

Anmerkung: *Dieses Spiel, für SuS der Sekundarstufe I konzipiert, fragt Wissen zum Lebensraum Weiher ab.*

I.3.3 Bücher

Anmerkung: *An dieser Stelle aufgelistete Bücher können auch für die nachfolgenden Unterrichtseinheiten wertvolle Fundstellen sein.*

Angel, H. u. P. Wolseley: Kosmos-Familienbuch – Lebensraum Wasser. Franckh'sche Verlagsbuchhandlung, Stuttgart 1983

Anmerkung: *Dieses reichlich und vorzüglich bebilderte Buch mag man einzelnen Schüler/innen an die Hand geben, um einzelne Sachgebiete für z. B. ein Referat aufzuarbeiten und vorzubereiten.*

Haller, B. u. W. Probst: Botanische Exkursionen. Band II. Exkursionen im Sommerhalbjahr. G. Fischer Verlag, Stuttgart 1981

Anmerkung: *Interessante Informationen (die wichtigsten Seentypen) und Abbildungen (Funktionsgestalten von Unterwasserpflanzen; die wichtigsten Seentypen) findet man unter dem Kapitel VII. Ufer, Auen, Sümpfe, Moore.*

Joger, U. (Hrsg.): Praktische Ökologie. Verlag Moritz Diesterweg, Frankfurt, 1989

Anmerkung: *Dieser Band aus der Reihe „Laborbücher" beschäftigt sich auf rund 40 Seiten mit dem Lebensraum See. Dabei wird zum einen Hintergrundinformation angeboten, zum anderen werden viele Lebewesen dieses Lebensraums durch Abbildungen und Erläuterungen vorgestellt. Abschließend werden Bestimmungsschlüssel angeboten.*

Kabisch, K. u. J. Hemmerling: Tümpel, Teiche und Weiher. Landbuch Verlag Hannover 1982

Anmerkung: *Dieser Band bietet eine Fülle von Detailinformationen und gelungene, ja im Einzelfall hervorragende Abbildungen.*

Kelle, A. u. H. Sturm (Hrsg.): Pflanzen leicht bestimmt. Dümmler Verlag, Bonn,1979

Anmerkung: *Auf den 24 Selten des Kapitels „Pflanzen des Süßwassers und seiner Ufer" werden bedeutsame Vertreter dieses Lebensbereichs durch klare Abbildungen und treffende Beschreibungen, auch hinsichtlich ökologischer Besonderheiten, vorgestellt.*

Kelle, A. u. H. Sturm (Hrsg.): Tiere leicht bestimmt; Dümmler Verlag, Bonn,1977

Anmerkung: *Auf 24 Selten werden zahlreiche Vertreter wirbelloser Tiere und auch solche der Wirbeltiere durch Bild und Text (auch in ihren ökologischen Besonderheiten) charakterisiert.*

Miegel, H.: Praktische Limnologie. Verlag Moritz Diesterweg, Otto Salle Verlag, Verlag Sauerländer, Frankfurt a. M., 1981

Anmerkung: *Dieser Band in der Reihe „Laborbücher Biologie" bietet zahlreiche Untersuchungs- und Experimentieranleitungen für die unterrichtliche Erarbeitung der Ökosysteme Tümpel, See, Fließgewässer und zahlreiche Kleingewässer. Zudem ermöglicht ein jeweils vorangestellter Theorieteil eine grobe Einarbeitung in die Thematik. Zahlreiche Abbildungen einzelner Arten bzw. Gruppen gestatten es, diesen Band auch als Bestimmungsbuch einzusetzen.*

Müller, J.: Lebensgemeinschaft Süßwassersee. Aulis Verlag Deubner & Co KG, Köln 1963

Anmerkung: *Konzeptionell mag das Bändchen neueren Ansprüchen nicht ganz gerecht werden, die aufgezeigten Bestimmungswege jedoch, unterstützt durch einfache Abbildungen, können auch unerfahrenen SuS in die Hand gegeben werden bei der ersten Orientierung im Lebensraum See.*

Oberholzer, A.: Tiere in Bach und Weiher. Schroedel Schulbuchverlag, Hannover, 1989

Anmerkung: *Es handelt sich um ein Bestimmungsheft (23 Seiten) für die Hand des Schülers, der sich erstmals mit der Tierwelt in Bach und Weiher auseinander setzen möchte. Die großen, klaren und didaktisch angemessen reduzierten Abbildungen ermöglichen dem Sekundarstufen-I-Schüler eine erste Bestimmung häufiger Tiere in Bach und Weiher.*

Schäfer, M. u. W. Tischler: Ökologie. In der Reihe: Wörterbücher der Biologie, UTB, G. Fischer Verlag, Stuttgart 1983

Anmerkung: *Für den Biologieunterricht bedeutsame (und natürlich auch darüber hinausgehende) Termini der Ökologie werden kurz und prägnant erläutert. Im (etwas zu seltenen) Einzelfall kommen Abbildungen hinzu.*

Schmidt, E.: Ökosystem See. Quelle & Meyer Verlag, Heidelberg, 1974 neuere Auflage liegt bereits vor

Anmerkung: *Dieser Band muss als das für den schulischen Bereich bestgeeignete Werk zum Thema „Ökosystem See" herausgehoben werden. Über grundsätzliche Aussagen hinaus wird eine Fülle von Einzelphänomenen beleuchtet und im Hinblick auf schulrelevante Aspekte erläutert.*

Schmidt, E.: Ökosystem See. Der Uferbereich des Sees. Quelle & Meyer Verlag, Heidelberg, 1996

Anmerkung: *Es handelt sich um den ersten Band (im zweiten Band, der zur Zeit der Drucklegung noch nicht erschienen war, werden der Freiwasserraum und die Tiefenzone behandelt) der zweibändigen Überarbeitung des o. a. Werkes von E. Schmidt. Dieser Band muss als Buch für den schulischen Bereich hervorgehoben werden, wenn es um die unterrichtliche Vorbereitung des Ökosystems See geht.*

Schwoerbel, J.: Einführung in die Limnologie. G. Fischer Verlag, Stuttgart, 1984

Anmerkung: *Dieses Bändchen der UTB-Reihe richtet sich mehr an den Studenten bzw. die Studentin der Biologie; für den schulischen Bereich kann allerdings wertvolle Hintergrundinformation entnommen werden.*

Wildemuth, K.: Lebensraum Wasser. In der Reihe Umwelt Service, WWF Schroedel, Schroedel Schulbuchverlag, Hannover, 1991

Anmerkung: *Dieser großformatige Band bietet zahlreiche Abbildungen, Informationen und auch Arbeitsblätter zu den Lebensräumen „Weiher" und „Bach" (auch für die anderen UE heranzuziehen).*

II. Unterrichtseinheit (UE): Das Leben im Uferbereich eines Sees

Lernvoraussetzungen:

Grobgliederung eines Sees; Beobachten, Beschreiben und Benennen von Pflanzen und Tieren; Umgang mit dem Mikroskop.

Gliederung:

Die Pfeile geben die hier vorgeschlagene Unterrichtssequenz inhaltlicher Schwerpunkte dieser Unterrichtseinheit an. Es sind aber auch andere Sequenzen denkbar.

1. Zonen des Uferbereichs

↓

2. Pflanzen im Uferbereich – vielfältige Anpassungen

↓

3. Vögel im Uferbereich

↓

4. Insekten im Uferbereich

↓

5. Der Uferbereich als Kinderstube für Tiere

Zeitplan:

Die skizzierte Unterrichtseinheit ist in 6 - 8 Stunden zu unterrichten. Der Zeitanteil mikroskopischer Übungen bestimmt den zeitlichen Gesamtaufwand. Nicht kalkuliert wurde der Zeitbedarf für eine Exkursion an einen See oder ein vergleichbares Gewässer, da müssten 1 - 3 weitere Stunden eingeplant werden.

II.1 Sachinformation

Anpassungserscheinungen bei Pflanzen:

A. **Wasserpflanzen mit Schwimmblättern oder ganz untergetaucht:** Wurzel oft zurückgebildet; Stengel mit wenig/keinem Festigungsgewebe, aber mit Aerenchym, d. h. Hohlraumsystem durch Interzellularräume sternförmiger Zellen (reicht von den Blättern bis in die Wurzeln), steht über Spaltöffnungen mit der Außenluft in Verbindung, fördert Auftrieb, erleichtert den Gasaustausch; wasserleitende Gefäße nicht ausgebildet; Schwimmblätter wie Luftblätter mit 4 Zellschichten, obere Epidermis mit Spaltöffnungen, untere Epidermis mit Hydropoten, durch die Wasser eindringen kann; Kutikula oben dick, unterseits dünn; z. T. Feilenhaare (z. B. bei Wasserrosen) als Stützelemente; Unterwasserblätter aus nur 2 Zellschichten; ohne Kutikula und Epidermis mit Spaltöffnungen; dünne Zellwände zum erleichterten Stoffaustausch (Salze, Sauerstoff, Kohlenstoffdioxid); keine Differenzierung in Palisaden- und Schwammgewebe; oft fädig zerteilte Blattfläche (Prinzip der Oberflächenvergrößerung); Samen durch Schleimhüllen, aufgeblasene Häute oder lange Fortsätze schwimmfähig; Überwinterung als Samen oder durch Winterknospen, die sich im Frühjahr durch Streckung zu neuen Pflanzen entwickeln.

B. **Sumpfpflanzen** a) Blätter und Stengel können auch unter Wasser Fotosynthese betreiben (Gemeine Teichsimse, Pfeilkraut, Igelkolben, Froschlöffel, Wasserknöterich u. a.)

b) Blätter alle oder teilweise aus dem Wasser herausragend, nur über Wasser Fotosynthese betreibend (Schilfrohr, Seggen, Rohrglanzgras u. a.). Hauptproblem ist die Versorgung der Wurzel mit Sauerstoff; diese wird ermöglicht durch Spaltöffnungen und Luftkanäle im Stengel und in den Blättern; Blätter bei Pflanzen, die teilweise unter Wasser liegen, stärker zerteilt und zarter als bei Landformen, die insgesamt gedrungen wirken und grobe, wenig zerteilte Blätter haben.

Atmung bei Wassertieren:

Grundsätzliche Probleme sind darin zu sehen, dass Wassertieren nur der im Wasser gelöste Sauerstoff zur Verfügung steht, nicht der chemisch in Wasser gebundene. Im Vergleich zur Luft jedoch enthält Wasser selbst bei höchster Sättigung nur 1/20 bis 1/30 der Sauerstoffmenge, die in einem gleich großen Volumen Luft enthalten ist. Weiterhin ist zu beachten, dass sich auf der einen Seite die Löslichkeit von Sauerstoff in Wasser mit steigender Temperatur verringert, auf der anderen Seite jedoch der Sauerstoffbedarf der Wassertiere mit steigender Temperatur zunimmt (RGT-Regel: Bei Erhöhung der Temperatur um 10 °C verdoppelt sich der Sauerstoffverbrauch bzw. -bedarf). Und nicht zuletzt wirkt sich bei der Sauerstoffaufnahme nachteilig aus, dass Sauerstoff in Wasser bedeutend (etwa um den Faktor 1/100000) schlechter diffundiert als in Luft.

Während bei Luftatmern die Atmungsorgane bzw. deren dünne Epithelien vor Austrocknung geschützt werden müssen und daher tief in den Körper versenkt werden (Lungen, Tracheen), besteht die Notwendigkeit eines Austrocknungsschutzes bei Wassertieren nicht. Einige Wassertiere können den Gasaustausch über ihre zarte Außenhaut bewältigen bzw. teilweise abwickeln (kleine Insektenlarven, viele Würmer). Andere Wassertiere vergrößern ihre respiratorische Oberfläche Haut durch zusätzliche Ausstülpungen: Kiemen. Man spricht von Blutkiemen (Fische, Amphibienlarven), wenn in die Ausstülpungen ein blutführendes Adernetz hineinragt, das den Transport der Atemgase übernimmt. Tracheenkiemen (viele Insektenlarven, z. B. Larven der Eintagsfliegen) liegen dann vor, wenn die Hautausstülpungen von einem feinen Geflecht luftführender Röhrchen durchzogen sind. Auf jeden Fall erfordert der Austausch des verbrauchten Atemwassers durch sauerstoffreiches wegen der Zähflüssigkeit des Mediums Wasser einen beträchtlichen Energieaufwand. So verwendet z. B. die Forelle 20 % des aufgenommenen Sauerstoffs für Atembewegungen.

Besondere Anpassungen an den relativ geringen Sauerstoffgehalt:

1. Es können Phasen anaeroben Stoffwechsels eingeschoben werden (Zuckmückenlarven, Schlammröhrenwürmer u. a.)
2. Ventilationsbewegungen sind stark vom Sauerstoffgehalt abhängig, so z. B. die Schlängelbewegungen beim Schlammröhrenwurm.
3. Die Sauerstoffausnutzung ist hoch, so z. B. beim Aal 80 %, beim Flusskrebs 60 % (vergleichsweise beim Menschen: 20 - 25 %).
4. Die respiratorische Oberfläche ist beträchtlich hoch, so z.B. beim Hecht 51 m^2 (beim Menschen: 50 - 80 m^2).
5. Atmosphärische Luft wird zusätzlich oder ausschließlich genutzt (Gleichwarme Tiere decken ihren Sauerstoffbedarf offensichtlich ausschließlich über atmosphärische Luft als Notatmung bei vielen Fischen; Darmatmung z. B. beim Schlammpeitzger; Wasserlungenschnecken atmen wie Landschnecken über die Mantelhöhle als Luftspeicher (bei Tiefenformen allerdings ist z. B. die Mantelhöhle bei der Schlammschnecke mit Wasser gefüllt); viele Wasserinsekten nehmen Luftblasen mit unter Wasser (→ physikalische Kieme).

Entwicklung bei Amphibien:

Amphibien leben als adulte Tiere, je nach Lebensform, im Wasser (Teichmolch) oder auf dem Lande (Erdkröte). Als Larven jedoch sind sie durchweg auf das Medium Wasser angewiesen.

Bei den meisten Arten findet äußere Befruchtung statt, also Befruchtung außerhalb des mütterlichen Organismus. Das Männchen umklammert das Weibchen vom Rücken her. Das Grasfroschweibchen presst darauf in ein oder zwei Schüben die gesamte Eimasse in die seichte Uferzone eines Gewässers. Währenddessen stößt das Männchen eine Spermawolke über den Laich. Es kommt zur Befruchtung. Die Eier sind etwa 1-2 mm groß (Durchmesser). In den Stunden nach der Eiablage quellen die Eihüllen und nehmen an Volumen zu. Nach ca 3 Wochen (Grasfrosch) verlässt die Larve (Kaulquappe) ihr Ei. Die frisch geschlüpften Larven hängen sich mit Hilfe des in Mundnähe befindlichen Haftorgans fest an Eihüllen oder benachbarten Pflanzenteilen. Zunächst liegen die Kiemen noch außen, dann wächst eine Hautfalte über die Kiemen und lässt durch ein Loch Wasser austreten. Die Kiefer verhornen, um die Mundöffnung herum bilden sich reihenweise kleine Hornstifte. Die nun freischwimmende Kaulquappe ernährt sich von Algen sowie pflanzlichen und tierischen Resten. Durch den Mund wird auch das Atemwasser aufgenommen, durch die Atemöffnung wieder abgegeben. Gegen Ende der Larvalentwicklung erscheinen allmählich die Hinterbeine. Erst kurz vor der Umwandlung (Metamorphose) brechen die Vorderbeine aus den Kiementaschen, in denen sie sich entwickelt haben, hervor. Inzwischen haben die Kaulquappen Lungen bekommen, die inneren Kiemen und der Schwanz werden rückgebildet, die Hornkiefer abgeworfen und die enge Mundöffnung erweitert zum großen Froschmaul. Im Zuge der Umstellung von Pflanzen- auf Fleischnahrung verkürzt sich der Darm. Währenddessen, man rechnet 2-4 Tage, nimmt das Tier keine Nahrung zu sich. Es schiebt sich halb aufs Land. Wenn der Schwanzstummel nur noch ganz klein ist, verlässt der junge Wasserfrosch erstmals das Wasser, die Umwandlung ist beendet. Die so beschriebene Entwicklung dauert 2-3 Monate, je nach Art, Temperatur und Ernährungslage. Der Wasserfrosch laicht erst im Juni ab. So kann es passieren, dass die Kaulquappe überwintern muss und erst im nächsten Frühjahr zum Frosch wird.

Eutrophierung durch Wasservögel:

Regelmäßige Fütterungen durch Menschen, denen das Wohl von Vögeln und anderen Tieren am Herzen liegt, belasten die Nährstoffbilanz eines Gewässers erheblich. Beschränkt sich die Zufütterung auf Brot, so werden nur Kohlenhydrate zugeführt, nicht die Eutrophierungselemente Phosphor und Stickstoff. Gehen die durch Brotfütterung angelockten Wasservögel auch auf dem Land auf Nahrungssuche und koten dann in den See, führt das zu einer Nährstoffanreicherung und letztlich Eutrophierungseffekten. Vögel, die sich durchweg auf dem Gewässer aufhalten und auch dort nach Nahrung suchen, beeinflussen die Nährstoffbilanz nicht: Sie nehmen pflanzenverfügbare Nährstoffe (N- und P-haltig) auf und geben sie nach ihrer Verdauung wieder an den See ab. Letztlich wird so der Kreislauf der Stoffe nur kurzgeschlossen, aber nicht quantitativ beeinflusst. Eher sind Eutrophierungseffekte zu erwarten, wenn tauchende oder gründelnde Wasservögel Ablagerungen aufwühlen und verwirbeln, so dass dort abgelegte Nährstoffe wieder in das freie Wasser gelangen und in den Nährstoffkreislauf einmünden.

Fische des Litorals:

A. **Ausdauerschwimmer des freien Wassers** sind meist torpedo- bzw. spindelähnlich gebaut und erzielen dadurch geringe Reibungswiderstände; ihr Rumpf ist starr, was eine nur geringe Wendigkeit ermöglicht: Große und kleine Maräne, Laube.

B. **Dauerschwimmer des Litorals** fressen Plankton und Bodentiere; sie sind sehr wendig, erreichen aber keine sehr hohen Geschwindigkeiten; auffällig ist ihre gedrungene, hochrückige Form, durch diese Sperrigkeit sind sie im ersten Ansatz fraßgeschützt: Brachsen, Güster, Karauschen, Bitterling, Rotfedern, Plötze.

C. **Pirschende Räuber des Litorals** sind besonders manövrierfähig durch ihre großen, seitlich sitzenden und differenziert beweglichen Brustflossen und können mit Hilfe der breiten Schwanzflosse gut beschleunigen; auch eine Tarnfärbung ist zu beobachten: Flussbarsch, Sonnenbarsch, Stichling, Kaulbarsch.

D. **Lauernde Räuber des Litorals** können besonders gut beschleunigen (hoher Anteil der Bewegungsmuskulatur an der Körpermasse) mit ihrer breiten Schwanzflosse als Ruderblatt. Der Körper ist pfeilförmig und mit Tarnfärbung ausgestattet: Hecht, Zander.

E. **Bodenfische** sind im Querschnitt abgeflacht, die Gestalt ist langestreckt bis wurmförmig (begünstigt das Eingraben), die Schwimmblase kann reduziert sein, relativ klein sind die Augen, gut entwickelt ist der Geruchssinn, Schuppen werden kaum ausgebildet: Aal, Schlammpeitzger, Steinbeißer, Quappe, Wels.

Laichwanderung:

Einige Amphibienarten suchen alljährlich ihr angestammtes Fortpflanzungsgewässer auf (Grasfrosch, Erdkröte, Bergmolch u. a.). So bewohnt z. B. die Erdkröte außerhalb der Laichzeit ein ca. 300 m^2 großes Revier in einer Garten-, Hecken- und Waldlandschaft. Im Frühjahr verlässt sie ihr dortiges Winterversteck und wandert zum angestammten Laichplatz. Auch wenn dieser bis zu 2000 m entfernt ist, erreicht sie ihn zielsicher. Nach der Eiablage zieht sie zurück in ihr Revier und verbringt dort zunächst den Sommer und dann den Winter. Die Frage der Orientierung bzw. des Wiederfindens ist bisher nicht abschließend geklärt.

Litoral:

Lebensbereich eines stehenden Gewässers (gilt auch im marinen Bereich), in dem das Licht noch den Untergrund erreicht. Man kann unterscheiden zwischen dem **Supralitoral** (Uferbereich oberhalb der Wasserstandsamplitude, steht niemals dauernd unter Wasser), dem **Eulitoral** (Bereich zeitweiliger Überschwemmungen) und dem **Sublitoral** (auch Infralitoral genannt, ständig unter Wasser bleibender Bereich, seine Grenze fällt mit der Niedrigwasserlinie zusammen). Während im nördlichen Flachland das Litoral bis zu einer Tiefe von maximal 7 m reicht, erstreckt es sich bei klaren Alpenseen bis zu einer Tiefe von 30 m.

Physikalische Kiemen:

Viele Wasserinsekten und -spinnen nehmen Luftblasen mit unter Wasser. Dadurch erfahren sie zum einen einen stärkeren Auftrieb, zum anderen dient die mitgenommene Luftblase als physikalische Kieme: Sinkt infolge Atemtätigkeit der Sauerstoffgehalt in der Luftblase unter den des im Wasser gelösten Sauerstoffs, diffundiert Sauerstoff aus dem Wasser in die Luftblase. Beim Stickstoff ist die Diffusionsrichtung umgekehrt. Folglich wird die Luftblase immer kleiner und muss erneuert werden: Die Tiere kommen an die Wasseroberfläche. Beispiele: Ruderwanzen, Gelbrandkäfer.

Röhricht:

Der Name „Röhricht“ leitet sich von „Rohr“, also vom Schilf ab. Röhricht an sich bezeichnet den Pflanzentypus hochwüchsiger, grasartiger Sumpfpflanzen im wechselfeuchten Flachwasserbereich.; Röhrichtpflanzen vertragen keine vollständige Überflutung, so dass die Hauptfläche für die Fotosynthese über dem Wasser liegt. Während die oberirdischen bzw. über die Wasseroberfläche hinausragenden Teile oft im Spätherbst absterben, überdauern bodennahe Sprossteile den Winter.

Schwimmen:

Die Dichte von Wasser ist etwa 800 mal größer als die von Luft und zudem fast so groß wie die der meisten Lebewesen. Der Auftrieb, den Lebewesen erfahren, ist daher beträchtlich. Zur Einhaltung einer bestimmten Schwimmhöhe brauchen Wassertiere nur wenig Energie aufzuwenden. Aufgrund der hohen Dichte des Wassers sind Flossen- und Ruderschläge sehr wirkungsvoll, auch das Rückstoßprinzip ist sehr wirkungsvoll im Medium Wasser. Die Fortbewegung im Wasser allerdings erfordert beträchtlichen Energieaufwand, dieses ist auf die hohe Viskosität (Zähflüssigkeit) des Mediums Wasser zurückzuführen. Der Energieaufwand bei der Vorwärtsbewegung ist zudem abhängig von der Form des Tieres und natürlich von seiner Fortbewegungsgeschwindigkeit. So ist es nicht verwunderlich, dass Wassertiere, die relativ schnell schwimmen, eine strömungsgünstige Form (Stromlinienform) zeigen und dass Wassertiere nicht die Fortbewegungsgeschwindigkeiten gleich großer Landtiere erreichen.

Vegetationszonierung der Ufervegetation:

Abfolge bestimmter Pflanzenformen von der Landseite zum offenen Wasser hin. Die Ausbildung und Artenzusammensetzung einzelner Zonen hängt u.a. vom Uferprofil, vom Untergrund, von der Lage zur Hauptwindrichtung, von der chemischen Beschaffenheit des Wassers und natürlich auch von Eingriffen durch den Menschen ab. Bei, einem größeren eutrophen See mit flachem Ufer kann ggf. folgende Zonierung möglich sein:

1. **Erlenzone:** Hier, im Überschwemmungsbereich eines Sees, hat die Erle andere Waldbäume wie Buche, Kiefer u. a. verdrängt. In der Bodenschicht findet man frische Böden liebende Waldpflanzen wie Buschwindröschen, Kriechender Günsel, Gundelrebe, Waldmeister, Waldziest, Großes Springkraut, Himbeere, Scharbockskraut u. a. Zum Wasser hin treten an ihre Stelle Sumpfpflanzen wie Sumpfdotterblume, Schwertlilie und Großseggen. In den Außenbereich des Erlenbestandes können sich Weiden einmischen. Fehlen in dem Bereich, der normalerweise Erlen ein gutes Gedeihen ermöglicht, eben diese Erlen, so wird diese Zone bestimmt durch Großseggen. Man spricht dann vom Seggenried.

2. **Röhricht:** Kennzeichnende Pflanze ist hier das Schilf (Phragmites). Hinzu kommen dort, wo im Sommer trockenere Bereiche anzutreffen sind, Wasserdost, Zottiges Weidenröschen oder Bittersüß.

3. **Schwimmblattzone:** Diese Zone, bestimmt durch Wasserrosen (zumeist Teichrosen), bildet sich nur dort aus, wo sich im Windschatten eine relativ ruhige Wasseroberfläche einstellt. Daneben können Bestände aus dem Schwimmenden Laichkraut, der Wasserpest, der Wasserfeder, des Wasserhahnenfußes auftreten.

4. **Tauchblattzone:** Diese Zone schließt häufig direkt an die Schilfzone an. Man findet hier u.a. Laichkräuter, z.B. das Durchwachsene Laichkraut und das Krause Laichkraut, das Gemeine Hornblatt, die Wasserfeder, das Zarte Hornblatt, den Teichfaden, die Wasserpest, das Ährige Tausendblatt u. a. Die Zusammensetzung der Tauchblattflora ist abhängig vom Ernährungszustand des Sees und natürlich auch von der Größe des Wasserkörpers. Viele Vertreter der oligotrophen Unterwasserpflanzen wie die Wasserlobelie oder das Gras-Laichkraut sind in Norddeutschland durch die zunehmende Eutrophierung verdrängt worden.

Wasserinsekten:

Wasserinsekten sind ökologisch gesehen „Wanderer zwischen zwei Welten“ (*Schmidt, E.*: Ökosystem See) und somit nicht eindeutig einem Bereich zuzuordnen. In dem zitierten Werk werden drei Typen von Wasserinsekten unterschieden.

A **Wasserwanzentyp:** Die Imagines sind an das Leben im Wasser angepasst und verlassen es kaum. Die Larven entsprechen dem Lebensformtyp der Imagines.

B. **Wasserkäfertyp:** Larve und Imago sind zwar an das Leben im Wasser angepasst, bilden jedoch unterschiedliche Lebensformtypen aus.

C. **Imago-Lufttier-Typ:** Hier leben nur die Larven im Wasser, die Imagines sind Lufttiere, die allenfalls zur Eiablage in das Wasser tauchen:

1. Eintagsfliegen, Steinfliegen, Köcherfliegen, Mücken sind in der Regel empfindlich gegenüber trockener Luft, fliegen daher nur in der Dämmerung; sie sind zumeist sehr kurzlebig, einige nehmen keine Nahrung auf; somit ist das Imaginalstadium fast reines Fortpflanzungsstadium.
2. Bremsen, Schwebfliegen und Libellen sind langlebige Hochleistungsflieger, sie nehmen regelmäßig Nahrung auf und sind auch tagsüber aktiv.
3. Schlammfliegen nehmen eine Zwischenstellung ein. Zwar sind sie schlechte Flieger und auch nur dämmerungsaktiv, auf der anderen Seite nehmen sie Nahrung (Nektar) auf und sitzen im Frühjahr oft in Scharen im Sonnenschein.

Quelle: Unterrichtliche Arbeiten mit dem Schulteich. Teil 1: Beobachten und untersuchen, IPTS Kiel

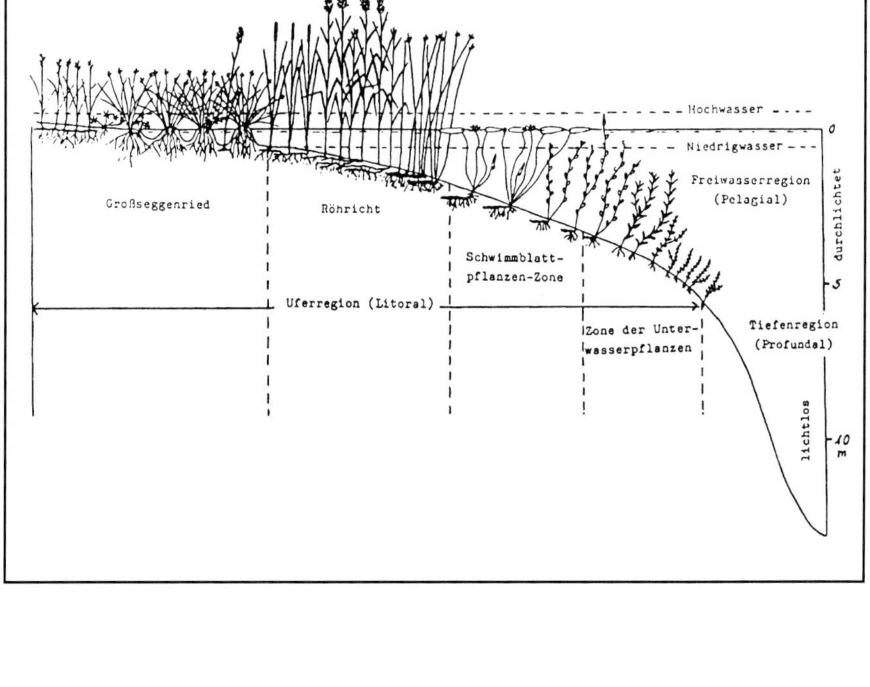

Wasservögel:

Wasservögel als einheitliche Gruppe gibt es nicht, wohl aber kann man unter dieser Bezeichnung verschiedene Lebensformtypen im Bereich des Ökosystems See zusammenfassen.

A. **Vögel, die zwar keine Anpassung an den Lebensraum See zeigen, wohl aber das Nahrungsangebot des Ufersaums nutzen:** Nebelkrähe, Rabenkrähe, Schwarzmilan, Lachmöwe. Die genannten Vögel brüten allesamt nicht im Lebensraum See.

B. **Vögel, die aus dem Luftraum heraus Fische jagen, ohne in jedem Fall im Lebensraum See zu brüten:** Graureiher, Zwergdommel (errichtet ihren Horst in tierreichen Auflichtungen des Röhrichts), Große Rohrdommel, Eisvogel, Seeschwalben, Schwarzer Milan (greift auch an der Wasseroberfläche stehende, lebende Fische an), Seeadler, Fischadler.

C. **Rohrsänger und andere Sommersingvögel, die nicht in jedem Fall am Seeufer brüten:** Bachstelzen (jagt am Ufer Insekten), Schwalben (jagen am Ufer Insekten), Drosselrohrsänger (brütet im Schilf) Teichrohrsänger (brütet im Schilf), Sumpfrohrsänger (brütet über mehr oder weniger trockenem Boden), Rohrammer, Kuckuck (Brutparasit beim Teichrohrsänger).

D. **Rallen und Wiesenwatvögel im Grenzbereich von Wasser und Land mit dichter Sumpfvegetation:** Rallen hühnerartiger Körper, lange, oft auffallend gefärbte Füße: Blesshuhn, Teichhuhn, Wasserralle, Zwergralle, Wiesenralle; Watvögel (im wiesennahen Grenzbereich, hohe Beine und langer Schnabel, z. B. Kiebitz, Bekassine, Rotschenkel und Kampfläufer).

E. **Schwimmvögel:** Schwäne (suchen ihre Nahrung meist gründelnd; starker Verbiss der Vegetation, beträchtlicher Kotanfall im Ruheplatzbereich), Graugänse (eher Brutvögel von Flachmoorufern), Stockente und Löffelente (weicheren Schnabel mit dichteren Lamellen als Schwäne und Gänse, können so Schwimmpflanzen durchseihen, Stockenten fehlen in dichten Schilfbeständen, wenig ertragreiche Nahrungsgründe werden bei Dunkelheit verlassen).

F. **Tauchvögel (die zur Nahrungssuche untertauchen):** Entstammen verschiedenen systematischen Gruppen (konvergente Entwicklung), schwerere Knochen, kleinere Luftsäcke, Lüftung des Gefieders kann gesenkt werden, liegen tief im Wasser (Ausnahme: Zwergtaucher), relativ kleiner Schwanz, häufig artspezifischer Tauchtiefenbereich: Haubentaucher (frisst überwiegend Fische, taucht in offenen Uferbereichen mit größerer Tiefe), Rothalstaucher, Haubentaucher (bevorzugt Fische von 10 - 15 cm Größe), Zwergtaucher (mehr im Röhrichtbereich, taucht nach Wasserinsekten und Jungfischen) Gänsejäger, Reiherente, Schellente, Tafelente.

II.2 Informationen zur Unterrichtspraxis

II.2.1 Einstiegsmöglichkeiten

Einstiegsmöglichkeiten	Medien
A.	
■ L Ich habe zwei Pflanzen aus dem Uferbereich eines Sees mitgebracht. Beschreibt und vergleicht diese beiden Pflanzen! ▶ **Problemfrage:** Wie ist es möglich, dass so unterschiedlich gebaute und unterschiedlich stabile Pflanzen in der Uferzone eines Sees wachsen?	■ Pflanze aus dem Röhricht, z. B. Breitblättriger Rohrkolben, und Pflanze aus der Schwimmblattzone, z. B. Schwimmendes Laichkraut
B.	
■ L schildert ein Streitgespräch zwischen Naturschützern (N) und Vertretern des Touristikverbandes (T): T: Wir wollen ja auch, dass der See sauber und gesund bleibt; nur wünschen wir, dass der Badestrand wesentlich erweitert wird ... N: Das ist das Schlimmste, was dem See passieren könnte ... ▶ **Problemfrage:** Warum ist es so wichtig für einen See, dass möglichst weite Uferbereiche unberührt bleiben?	■ Tafel
Unterrichtliche Anmerkung: *Es ist unbestritten, dass die vorgestellten Einstiegsmöglichkeiten lediglich Möglichkeiten zweiter Wahl sind. An den Anfang eines Unterrichtskomplexes „Wechselbeziehungen im Lebensraum See" sollte eine Exkursion an eben diesen Lebensraum gestellt werden. Weitere Arbeiten vor Ort sollten folgen. Doch in der Regel wird zu erwarten sein, dass der Schulalltag allenfalls eine Exkursion, wenn sie denn mehr als eine Unterrichtsstunde umfasst, zulässt; um weitere wird man kämpfen müssen. Anders und günstiger stellen sich die Möglichkeiten, vor Ort arbeiten zu können, dar, wenn sich eine Lerngruppe im Rahmen einer Projektwoche oder eines Schullandheimaufenthaltes mit dem Ökosystem See auseinander setzen kann.*	

II.2.2 Erarbeitungsmöglichkeiten

Erarbeitungsschritte	Medien
Unterrichtliche Anmerkung: *Beide Einstiegsmöglichkeiten, insbesondere die Möglichkeit A, lassen es als plausibel erscheinen, sich zunächst einmal mit dem Aufbau dieses Bereichs eines Sees zu beschäftigen. Sollte zuvor eine Exkursion an einen See möglich gewesen sein, sollten die SuS aufgefordert werden, über ihre diesbezüglichen Beobachtungen zu berichten.*	
A./B.1. Zonen des Uferbereichs	
■ L: Um die aufgeworfene Frage klären zu können, wollen wir uns den Uferbereich eines Sees etwas genauer ansehen.	

<table>
<tr><th>Erarbeitungsschritte</th><th>Medien</th></tr>
<tr><td>■ SuS erarbeiten mit Hilfe ihres Bio-Buches und eines Arbeitsblattes die Zonierung des Uferbereichs

■ L: ist die Ausbildung der Zonen überall gleich?

■ SuS-Übung: Röhrichtausbildung an verschiedenen Uferbereichen des Schöhsees</td><td>■ Material II./M 1 (Materialgebundene Aufgabe): Ufer eines Sees – Einteilung in unterschiedliche Zonen
■ Bio-Buch (in dem der Lebensraum See vertreten ist)
Anmerkung: Wünschenswert wäre natürlich, dass der Lerngruppe mindestens je eine Pflanze der aufgezeigten Zonen vorgestellt werden könnte.

■ Material II./M 2 (Materialgebundene Aufgabe): Röhrichtausbildung – nicht überall gleich</td></tr>
<tr><td colspan="2">Unterrichtliche Anmerkung: An dieser Stelle kann deutlich werden, dass biologische und somit auch ökologische Merkmalsausbildung nie stereotyp, sondern immer umwelt- bzw. faktorenbedingt angelegt ist.</td></tr>
<tr><td colspan="2">A./B.2. Pflanzen im Uferbereich – vielfältige Anpassungen</td></tr>
<tr><td>■ L.: Wir wollen nun Pflanzen der Uferzone kennen lernen und genauer untersuchen, warum sie in „ihrer“ Zone bestehen können.

■ SuS benennen diverser Uferpflanzen, fertigen Blatt- und Stengelquerschnitte an und untersuchen diese unter dem Mikroskop (bevorzugt: Wasserpest, Seerose)

■ Festigung: SuS bearbeiten Arbeitsblätter mit makro- und mikroskopischen Abbildungen von Uferpflanzen</td><td>■ Pflanzen der Uferzone (bevorzugt: Wasserpest, Seerose); Mikroskope und Zubehör

■ Material II./M 3 (Materialgebundene Aufgabe): Tauchblattpflanzen – besondere Anpassungen
■ Material II./M 4 (Materialgebundene Aufgabe): Seerosen – Pflanzen der Schwimmblattzone</td></tr>
<tr><td colspan="2">Unterrichtliche Anmerkung: Die Anpassungsleistungen der Pflanzen des Litorals können nur exemplarisch vorgestellt werden.</td></tr>
<tr><td colspan="2">A./B.3. Vögel im Uferbereich</td></tr>
<tr><td colspan="2">Als augenfällige und auf den ersten Blick dominierende Tiergruppe sollten die Vögel behandelt werden. Im Rahmen einer Projektwoche können die Schüler und Schülerinnen diesbezügliche Beobachtungen vor Ort anstellen und je nach Jahreszeit Paarung, Revierverhalten, Nahrungssuche und Nistbau einzelner Arten erfassen. Aus Zeitgründen und auch im Hinblick auf schulorganisatorische Zwänge wird man in der Regel mit einer Betrachtung aus zweiter Hand vorliebnehmen müssen.</td></tr>
<tr><td>■ L: Nun wollen wir an einem Beispiel untersuchen, ob auch Tiere an das Leben in der Uferzone angepasst sind.

■ SuS betrachten einen Film über die Stockente im Hinblick auf die aufgeworfene Frage und notieren Anpassungsmerkmale

■ SuS untersuchen anhand eines anderen Films, wie andere Vögel (Schwan, Teichhuhn, Zwergtaucher) an das Leben in der Uferzone angepasst sind.</td><td>■ FWU-Film 3600464: Die Stockente: Flug, Gefiederpflege, Nahrungsaufnahme

■ FWU-Film 3203510: Der See als Nahrungsraum für Vögel</td></tr>
</table>

Erarbeitungsschritte	Medien
■ SuS tragen beobachtete Anpassungsleistungen zusammen. ■ SuS erarbeiten, dass auch im Bereich des Verhaltens Anpassungsleistungen zu beobachten sind.	■ Tafel ■ Material II.M 5 (Materialgebundene Aufgabe): Enten und Schwäne – Nahrungssuche in unterschiedlichen Tiefen
Unterrichtliche Anmerkung: *An dieser Stelle kann das Nischenkonzept und damit verbunden das der Konkurrenzvermeidung thematisiert werden; dabei sollte allerdings auf eine Nennung der zentralen Begriffe verzichtet werden.*	
A./B.4. Insekten im Uferbereich	
Auf die Frage, wovon denn die Vögel der Uferzone leben, kommen in der Regel zunächst Vorschläge wie „von den Pflanzen", „von den Fischen". Nicht immer verfügt die Lerngruppe über Kenntnisse von Tiergruppen aus dem Bereich der Wirbellosen.	
■ SuS untersuchen Wasserprobe aus der Uferzone (die eine Vielzahl verschiedener Wirbelloser enthält) Zuordnung beobachteter Formen zu solchen auf einem Arbeitsblatt	■ Artenreiche Wasserprobe aus der Uferzone, Lupen, Binokulare, Zubehör
■ Vorführen eines Films über die Entwicklung von Stechmücken	■ FWU- Film 3203782: Stechmücken
■ Festigung der erworbenen Kenntnisse über die Stechmücke	■ Material II.M 6 (Materialgebundene Aufgabe): Mücken – Wasser- oder Landtiere ***Anmerkung:*** *An dieser Stelle kann die im Arbeitsblatt anklingende Frage thematisiert und auf andere Beispiele übertragen werden.*
■ SuS untersuchen, wie Insekten (eigentlich an das Leben auf dem Lande angepasst) mit dem Problem der Sauerstoffversorgung fertig werden	■ Material II.M 7 (Materialgebundene Aufgabe): ... zum Atmen an die Wasseroberfläche ***Anmerkung:*** *Es wäre wünschenswert, dass die SuS bei der Untersuchung der Wasserprobe z. B. einen Gelbrandkäfer beim Aufsteigen zur Wasseroberfläche haben beobachten können.*
■ L: Wir haben wiederholt Lebewesen eines Sees beobachtet. Dabei fiel sofort auf, dass sie sich bewegten. Mit der Bewegung von Wassertieren wollen wir uns nun beschäftigen.	
■ SuS vergleichen die Schwimmgeschwindigkeiten einiger Wassertiere und der biologischen Bedeutung ihrer Fortbewegung	■ Material II./M 8: (Materialgebundene Aufgabe): Geschwindigkeit – nicht nur eine Frage der Größe

Erarbeitungsschritte	Medien
A./B.5. Der Uferbereich als Kinderstube für Tiere	
Unterrichtliche Anmerkung: *Im vorangehenden Unterrichtsschritt wurde schon die Thematik berührt, dass einige Tiere, die wir im Lebensraum See antreffen, im Wasser selbst und auch im Uferbereich nur einen Teil ihres Lebenszyklus verbringen, den anderen Teil jedoch an anderer Stelle. Beispielhaft für Tiere, die ihr Jugendstadium im See verbringen und dadurch gleichwohl den See als „Kinderstube" nutzen, sollen hier die Frösche vorgestellt werden. Sie können, da geschützt, nur vor Ort beobachtet oder über Bildträger an die Lerngruppe herangetragen werden.*	
■ SuS untersuchen anhand eines Films die Entwicklung eines Grasfrosches	■ FWU-Film 3210003: Der Grasfrosch
■ Festigung des so erworbenen Wissens	■ Material II./M 9 (Materialgebundene Aufgabe): Uferzone – Kinderstube der Frösche
■ SuS untersuchen, wie weit sich einzelne Amphibienarten vom Laichgewässer entfernen	■ Material II./M 10 (Materialgebundene Aufgabe): Weite Wege – Amphibien unterwegs zu ihren Laichgewässern ***Anmerkung:*** *Mit der letzten Aufgabe dieses Materials wird die Aufmerksamkeit der Lerngruppe auf die Gefährdung der Amphibien während ihrer Laichwanderung gelenkt*
■ Unterrichtsgespräch über Möglichkeiten der SuS, am Schutz der Amphibien mitzuwirken	■ Tafel

II./M 1	Ufer eines Sees – Einteilung in unterschiedliche Zonen	Materialgebundene AUFGABE

Arbeitsmaterial:

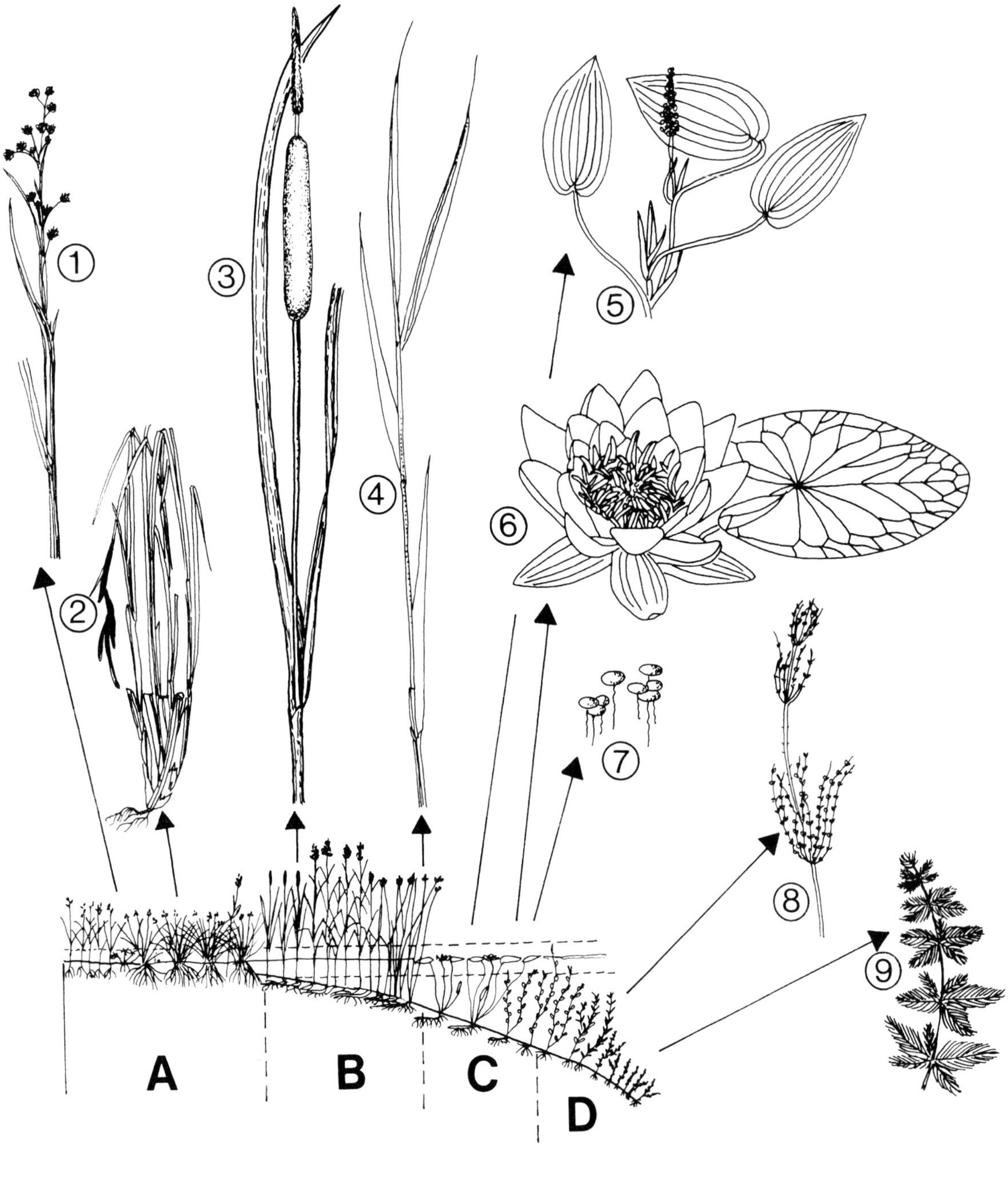

Quelle: 1) Lebensraum Wasser WWF/Schroedel; 2) *Joger* u. a.: Praktische Ökologie; 3) IPTS Kiel: Unt. Arbeiten m. d. Schulteich S. 33

Aufgaben:

a) Benenne die Uferzonen A - D mit je einem der folgenden Begriffe: 1. Schwimmblattzone; 2. Tauchblattzone; 3. Röhricht; 4. Seggenzone!

b) Benenne die abgebildeten Uferpflanzen 1 - 9 mit je einem der folgenden Namen: A Schneidried; B Kleine Wasserlinse; C Armleuchteralge; D Quirliges Tausendblatt; E Seerose; F Schwimmendes Laichkraut; G Schilf; H Steife Segge; I Breitblättriger Rohrkolben!

II./M 2	Röhrichtausbildung – nicht überall gleich	Materialgebundene AUFGABE

Arbeitsmaterial:

Am Schöhsee in Schleswig-Holstein untersuchte man im September 1970 die Röhrichtausbildung in verschiedenen Uferbereichen. Das Ergebnis dieser Untersuchung ist in der nachfolgenden Abbildung festgehalten:

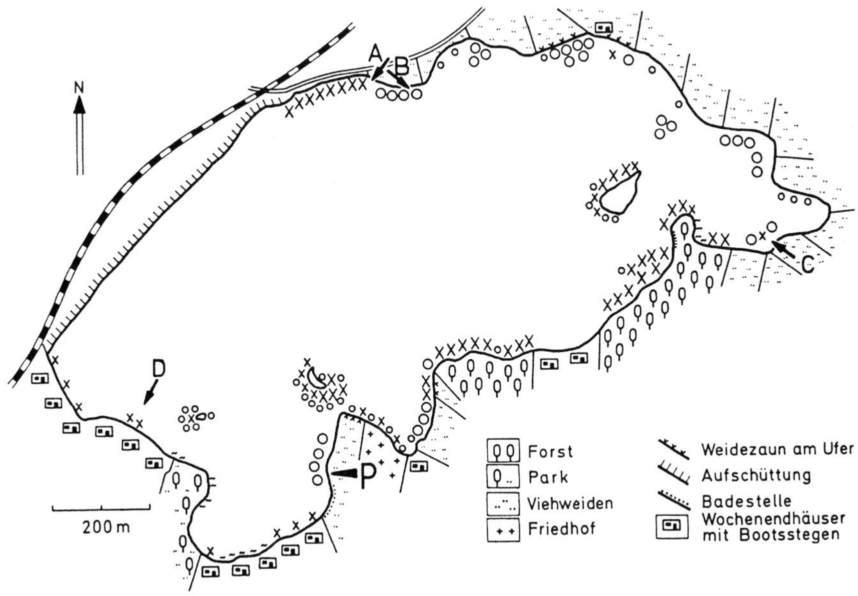

XXX
Schilf

OOO
Teichbinse Rohrkolben

ooo
Igelkolben Kalmus

Quelle: *E. Schmidt*: Ökosystem See. Der Uferbereich des Sees. Quelle und Meyer S. 31

Aufgabe:

a) Beschreibe die Röhrichtausbildung (welche Röhrichtpflanzen sind vertreten) am Nord-, Süd-, West- und Ostufer des Sees!
b) Gib mögliche Erklärungen für die unterschiedliche Röhrichtausbildung. Berücksichtige dabei auch die Legende für die Karte!

II./M 3	Tauchblattpflanzen – besondere Anpassungen	Materialgebundene AUFGABE

Arbeitsmaterial:

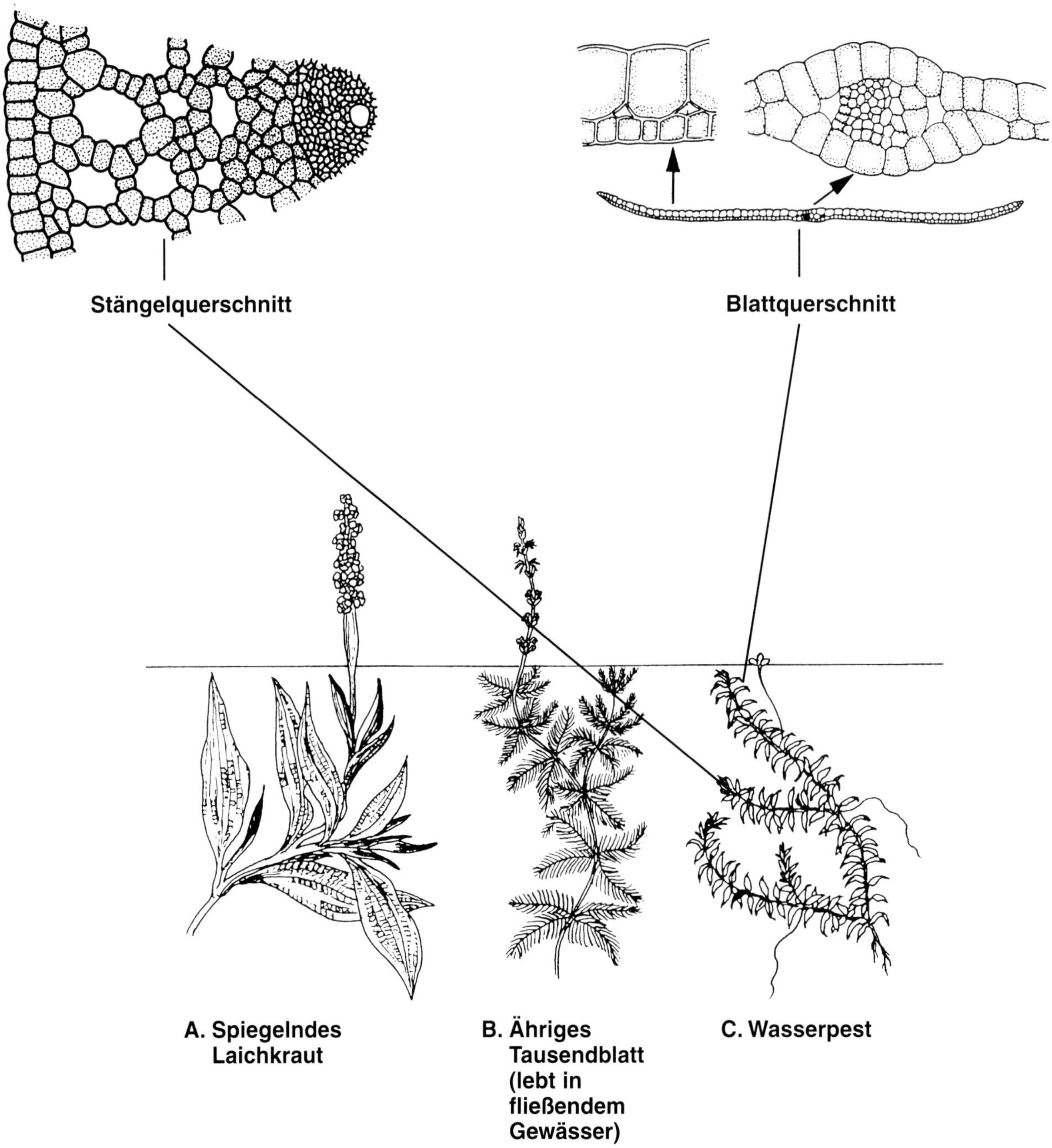

Quelle: *E. Schmidt*: Ökosystem See. Der Uferbereich des Sees. Quelle und Meyer S. 114/116/117

Aufgaben:

a) Kennzeichne in wenigen Worten die Lebensweise der drei abgebildeten Pflanzen A - C!

b) Beschreibe den Aufbau von Stengel bzw. Blättern bei der Wasserpest (C). Erkläre dann, inwiefern es sich um Anpassungen an das Leben unter Wasser handelt!

II./M 4	Seerosen – Pflanzen der Schwimmblattzone	Materialgebundene AUFGABE

Arbeitsmaterial:

Die Weiße Seerose hat 9 -12 cm große weiße Blüten. An diesen erkennt man 15 - 25 weiße Kronblätter und meist 4 blaugrüne Kelchblätter. Die Blüten öffnen sich gegen 7 Uhr und schließen sich um etwa 17 Uhr. Die 10 - 30 cm breiten Schwimmblätter sind herzförmig und lang gestielt, sie liegen dem Wasser auf. Es fällt auf, dass die Blattrippen am Blattrand untereinander verbunden sind. Die Sprossachse reicht bis auf den Gewässergrund und kann bis zu 6 m lang werden. Unverzweigte Wurzeln verankern die Pflanze im häufig sauerstoffarmen Boden. Man findet die Weiße Seerose in nährstoffreichen stehenden oder langsam fließenden Gewässern.

A. Gesamtansicht

B. Blattquerschnitt

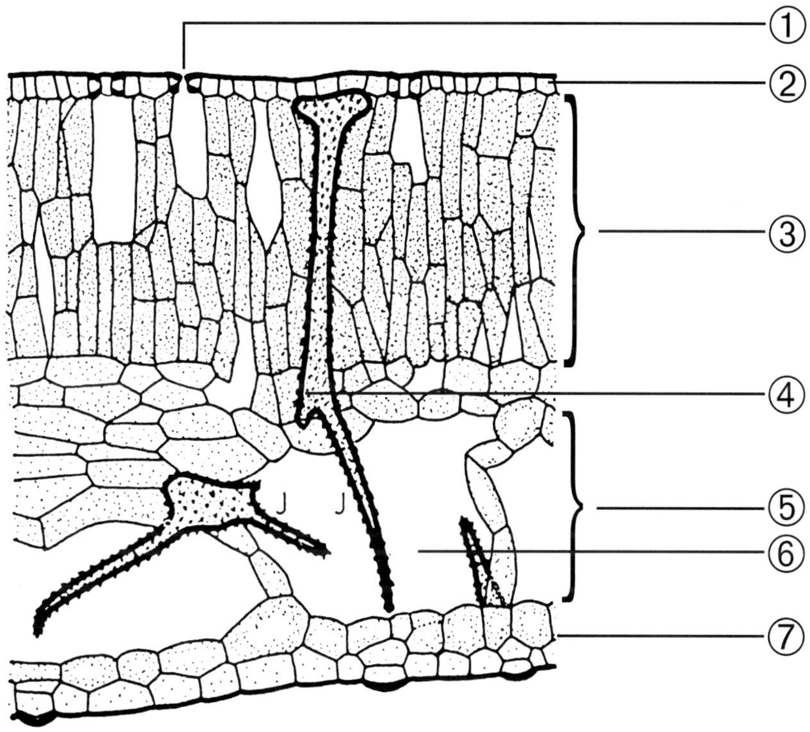

Quelle: *E. Schmidt*: Ökosystem See. Quelle und Meyer S. 33

Aufgabe:

a) Nenne mögliche Schwierigkeiten, mit denen die Weiße Seerose fertig werden muss. Nenne dann mögliche Schwierigkeiten von Landpflanzen, mit denen die Weiße Seerose spielend fertig wird!

b) Beschrifte die untere Abbildung (Blattquerschnitt der Seerose)!

c) Welche Blattmerkmale der Weißen Seerose können als Anpassung an ihre Lebensweise bewertet werden? Erläutere, inwiefern sich die Anpassungen als vorteilhaft für die Pflanze erweisen könnten!

II./M 5	Enten und Schwäne – Nahrungssuche in unterschiedlichen Tiefen	Materialgebundene AUFGABE

Arbeitsmaterial:

Im Ermatinger Becken, einer fast abgeschnürten Bucht des Bodensees, haben Vogelkundler beobachtet und notiert, bei welcher Wassertiefe bestimmte Enten und Schwäne bevorzugt nach Nahrung suchten (die gestrichelten Linien in der nachfolgenden Karte verbinden Punkte gleicher Wassertiefe; die Symbole weisen darauf hin, wo sich die jeweilige Vogelart bei der Nahrungssuche bevorzugt aufhielt):

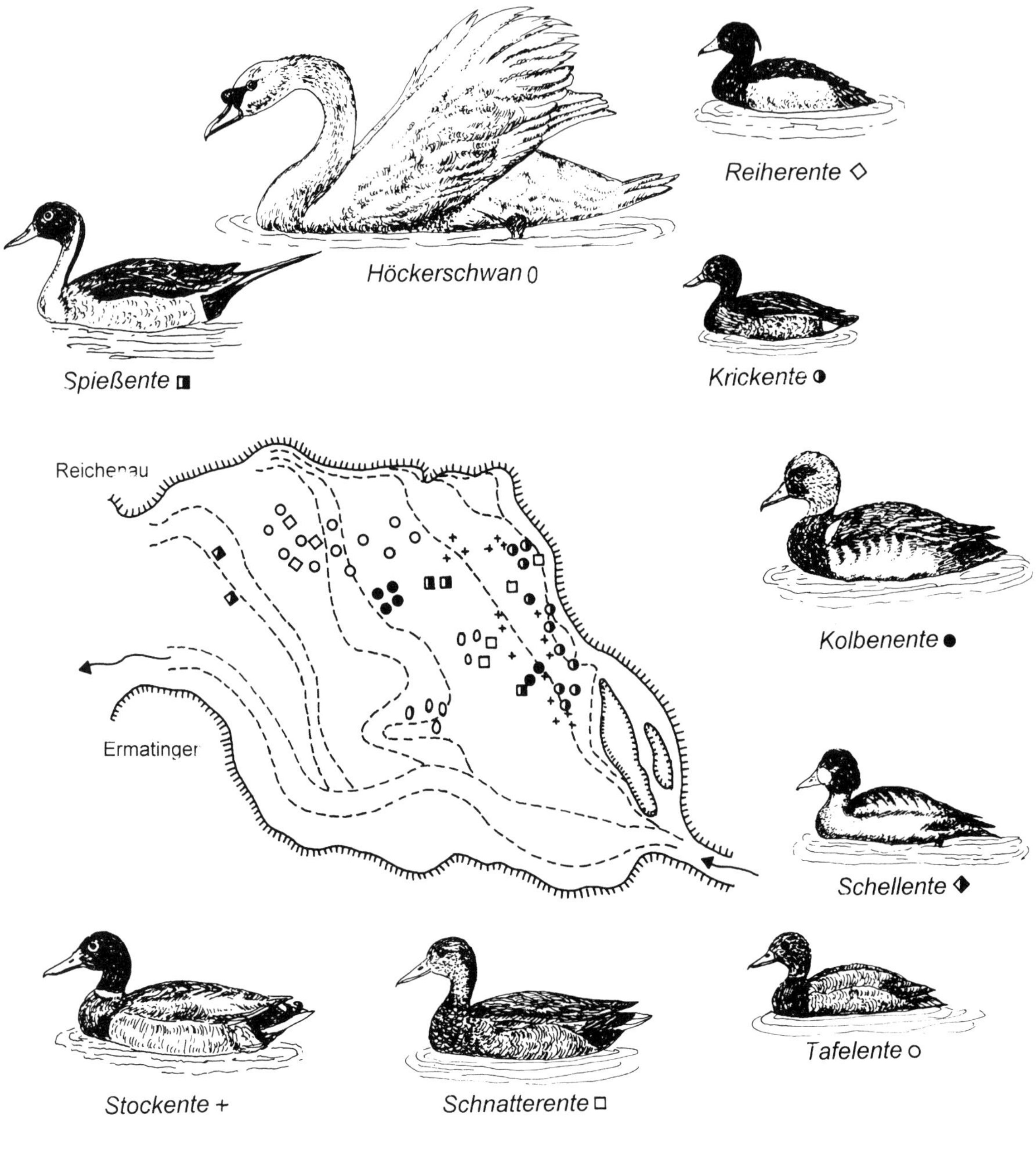

Quelle: *L. Kalbe*: Ökologie der Wasservögel, A. Ziemsen Verlag

Aufgabe:

a) Beschreibe kurz, bei welcher Wassertiefe die einzelnen Arten bevorzugt nach Nahrung suchen!
b) Ein künstlicher See soll angelegt werden. Der Bauleiter ordnet an: „Der künftige Seeboden ist so einzuebnen, dass überall eine Wassertiefe von 1,5 m erreicht wird“. Nimm Stellung zu dieser Anordnung!

II./M 6	Mücken- Wasser- oder Landtiere?	Materialgebundene AUFGABE

Arbeitsmaterial:

A. Entwicklungskreis bei Mücken (Culex spec.):

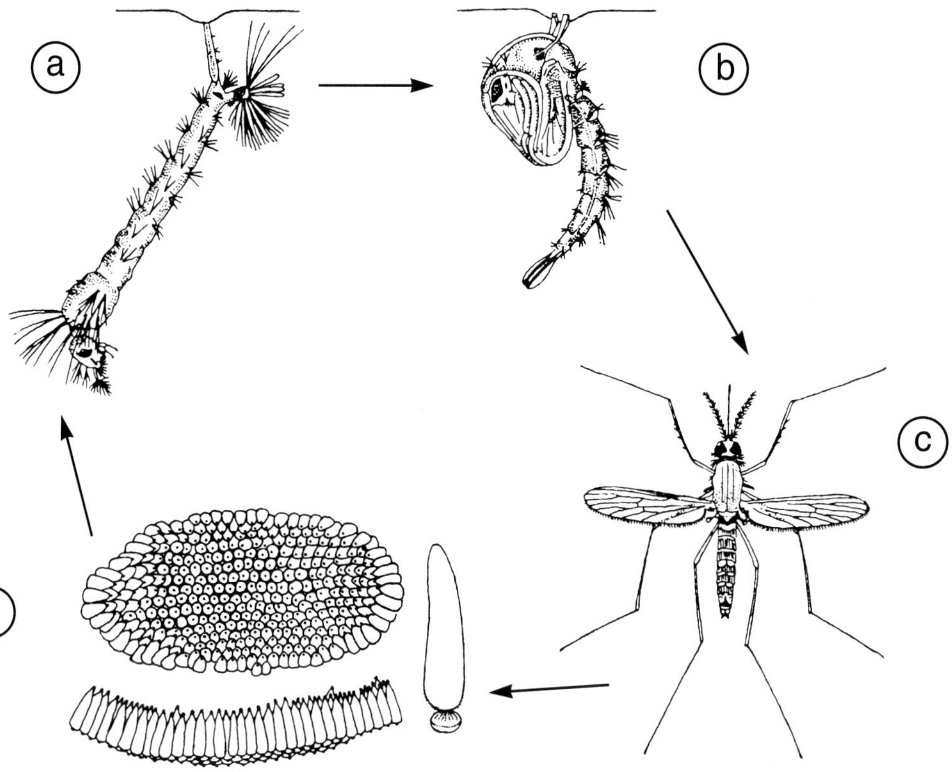

Quelle: *Kabisch* u. a.: Tümpel, Teich und Weiher. Landbuch Verlag S. 125

B. Entwicklungsstufen bei Mücken (Culex spec.):
1. Die Puppe lebt im Wasser und ist frei beweglich. Sie nimmt keine Nahrung zu sich. Atemluft „tankt" sie über ein Paar Atemröhrchen, die am Anfang des Brustabschnittes entspringen. Die Puppe ist zunächst durchsichtig, wird jedoch zunehmend dunkler. Endlich platzt an einer vorgebildeten Stelle des Brustabschnitts die Puppenhaut, das fertige Insekt schiebt sich heraus … 2. In Gräben, Tümpeln, stillen Uferzonen eines Sees setzt das Mückenweibchen 150 bis 300 Eier direkt auf dem Wasser ab. Sie ruhen auf einem Schwimmtrichter und sind zu einem kahnförmigen „„Schiffchen" verbunden. Der Kopf des Embryos (noch im Ei befindliche Larve) ist zum Wasser hin gerichtet, so dass die Larve nach dem Sprengen der Eihülle gleich in das nasse Element eintauchen kann … 3. Die Larve lebt vorwiegend von Kleinlebewesen, die sie einstrudelt oder mit ihrem Kiefer abweidet. Mit Hilfe ihres am Hinterende befindlichen Atemrohres „hängt" sie an der Wasseroberfläche und nimmt Atemluft auf. Nach 2 - 3 Wochen beginnt die Verpuppung … 4. Die ausgewachsene Mücke fliegt mit Hilfe ihres Flügelpaares und lässt sich zur Nahrungsaufnahme auf „Warmblütern" (Gleichwarme) nieder. Ihre Stechborsten bilden ein Saugrohr, mit dem sie feine Blutgefäße „anzapft". Mückenmännchen allerdings saugen kein Blut, hin und wieder nehmen sie etwas Wasser auf …

Aufgabe:

a) Ordne den Abbildungen in A jeweils einen Text in B zu!
b) Handelt es sich bei Stechmücken um Wasser- oder um Landtiere? Erläutere deine Aussage!
c) Nenne die Ansprüche, die Stechmücken an ihren Lebensraum stellen!

II./M 7	… zum Atmen an die Wasseroberfläche	Materialgebundene AUFGABE

Arbeitsmaterial:

Viele Wassertiere wie z. B. Fische atmen den im Wasser gelösten Sauerstoff mit Hilfe spezieller Atmungsorgane wie z. B. Kiemen ein. Auch über ihre Haut nehmen sie Sauerstoff auf. Ganz anders gehen einige Wassertiere wie z. B. der Gelbrandkäfer vor:

In bestimmten Abständen lässt sich der Käfer nach oben treiben, dabei ist das Hinterleibsende leicht aufwärts gestellt und durchbricht die Wasseroberfläche. Der Käfer biegt jetzt die Hinterleibsspitze nach unten, so dass nun Luft unter die Flügeldecken hindurch zu den auf dem Rücken liegenden Atemöffnungen (Stigmen) strömen kann. In dieser Stellung kann der Käfer rasch Luft schöpfen und somit die verbrauchte Luft gegen frische austauschen. Zusätzlich gelingt es dem Tier, unter den Flügeldecken Luft als „Vorrat" einzuschließen. Diesen Vorrat nutzt der Käfer bei langen Tauchzeiten, die bis zu 24 Stunden dauern können:

Luftraum (über 20 % der Luft bestehen aus Sauerstoff)

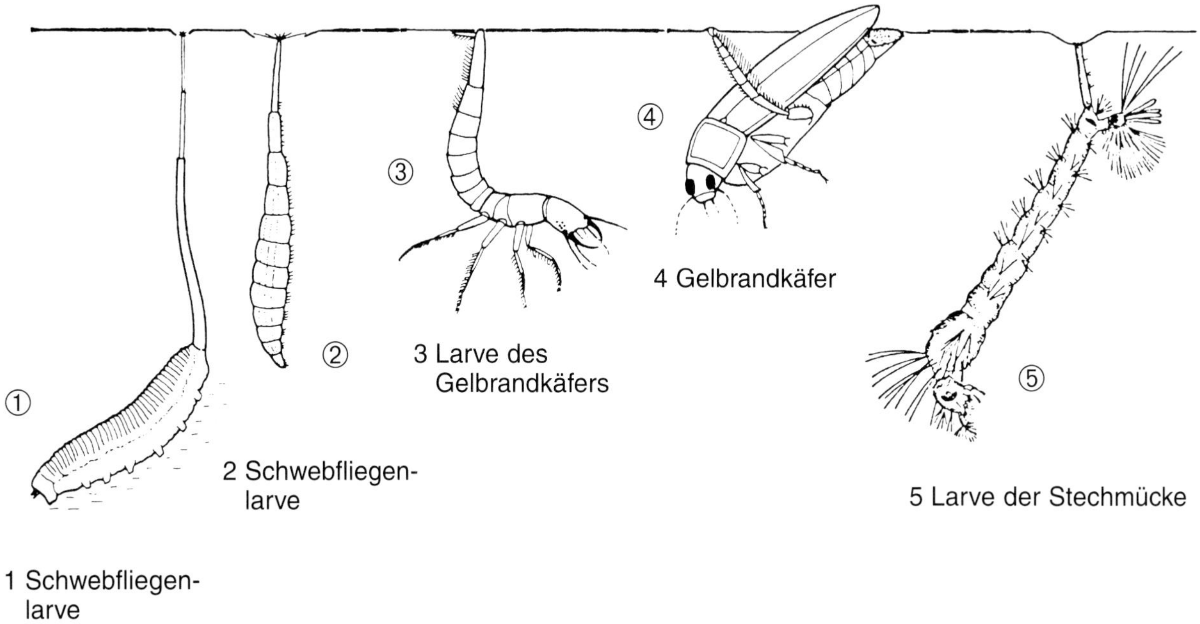

Wasser (hier finden Tiere nur 1/20 bis 1/30 der Sauerstoffmenge der Luft)

Quelle: *E. Schmidt*: Ökosystem See. Der Uferbereich des Sees. Quelle und Meyer S. 158

Aufgabe:

a) Was haben die abgebildeten Wassertiere gemeinsam in ihrem Verhalten bei der Atmung?
b) Welche Vorteile ziehen diese Wassertiere aus ihrem besonderen Atmungsverhalten?
c) Wie lässt sich erklären, dass der Gelbrandkäfer sich zur Wasseroberfläche treiben lässt?

II./M 8	Geschwindigkeit – nicht nur eine Frage der Größe	Materialgebundene AUFGABE

Arbeitsmaterial:

Tiere eines Sees schwimmen unterschiedlich schnell. In der nachfolgenden Tabelle sind die Schwimmgeschwindigkeiten einer Bakterienart und einiger Tiere zusammengestellt:

Lebewesen	Länge	Schwimmgeschwindigkeit absolut (cm/h, km/h)	Schwimmgeschwindigkeit relativ (Körperlänge/s)
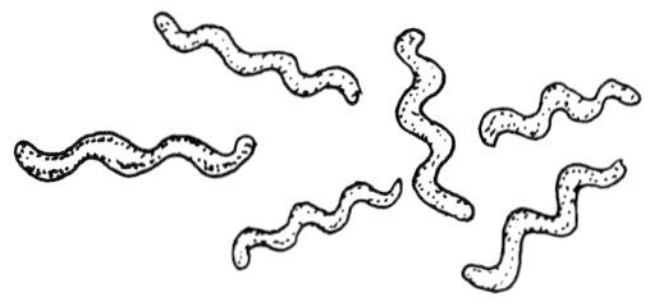 *Bakterium*	13 µm	40 cm/h	8
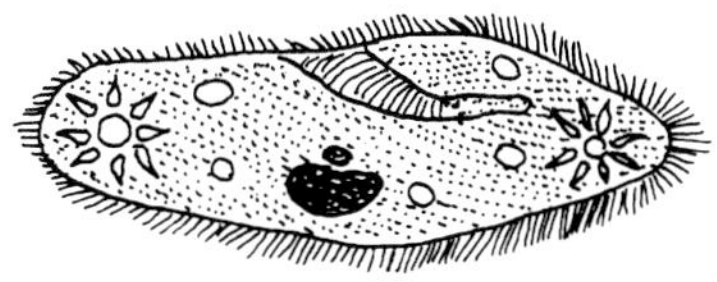 *Pantoffeltierchen*	220 µm	400 cm/h	5
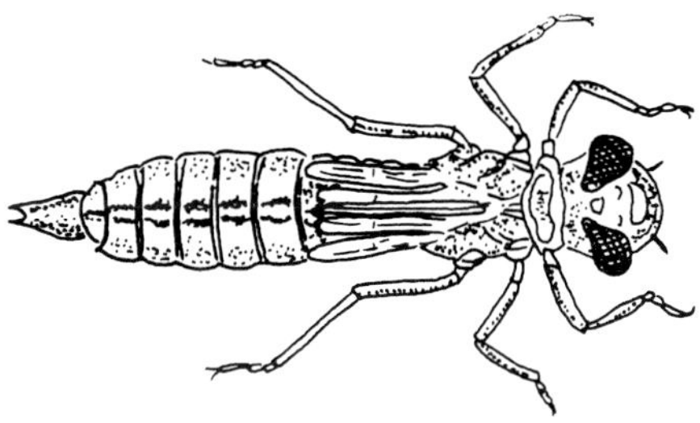 *Libellenlarve*	4,2 cm	1,8 km/h	12
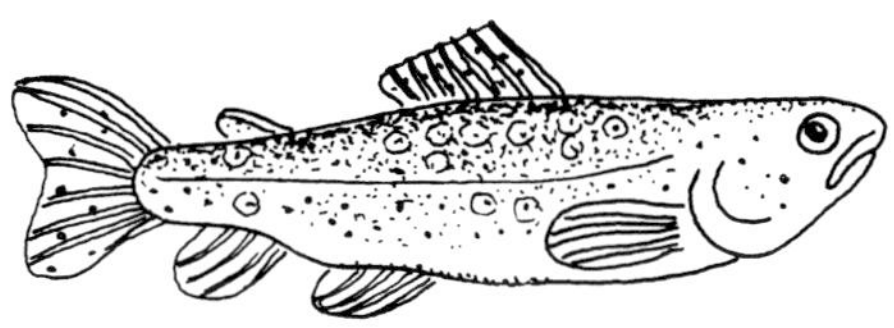 *Forelle (im Spurt)*	30 cm	35 km/h	30
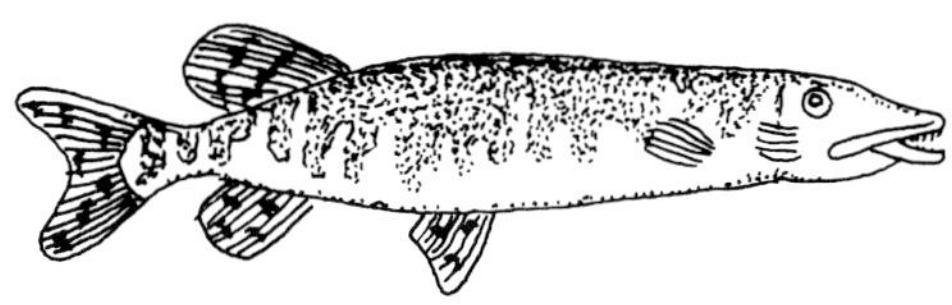 *Hecht (im Spurt)*	35 cm	25 km/h	20

Quelle: Diverse Quellen abgeändert

Aufgabe:

a) Vergleiche die absoluten und relativen Schwimmgeschwindigkeiten der aufgeführten Lebewesen!
b) Warum kann die Schwimmgeschwindigkeit sehr wichtig für ein Lebewesen sein?

II./M 9	Uferzone – Kinderstube der Frösche	Materialgebundene AUFGABE

Arbeitsmaterial:

Der Grasfrosch wird bis zu 10 cm lang. Die Körperform kann als gedrungen gekennzeichnet werden, die Schnauze ist stumpf. Die Schwimmhäute der Hinterbeine reichen nicht, wie beim Wasserfrosch, bis zur Spitze der längsten Zehe. Seine Haut ist gelbbraun bis rotbraun gefärbt, dunkle Flecken sind eingestreut. Meist ist ein dunkler Schläfenfleck ausgebildet.

In der nachfolgenden Abbildung sind verschiedene Entwicklungsstadien des Grasfrosches in ungeordneter Reihenfolge dargestellt:

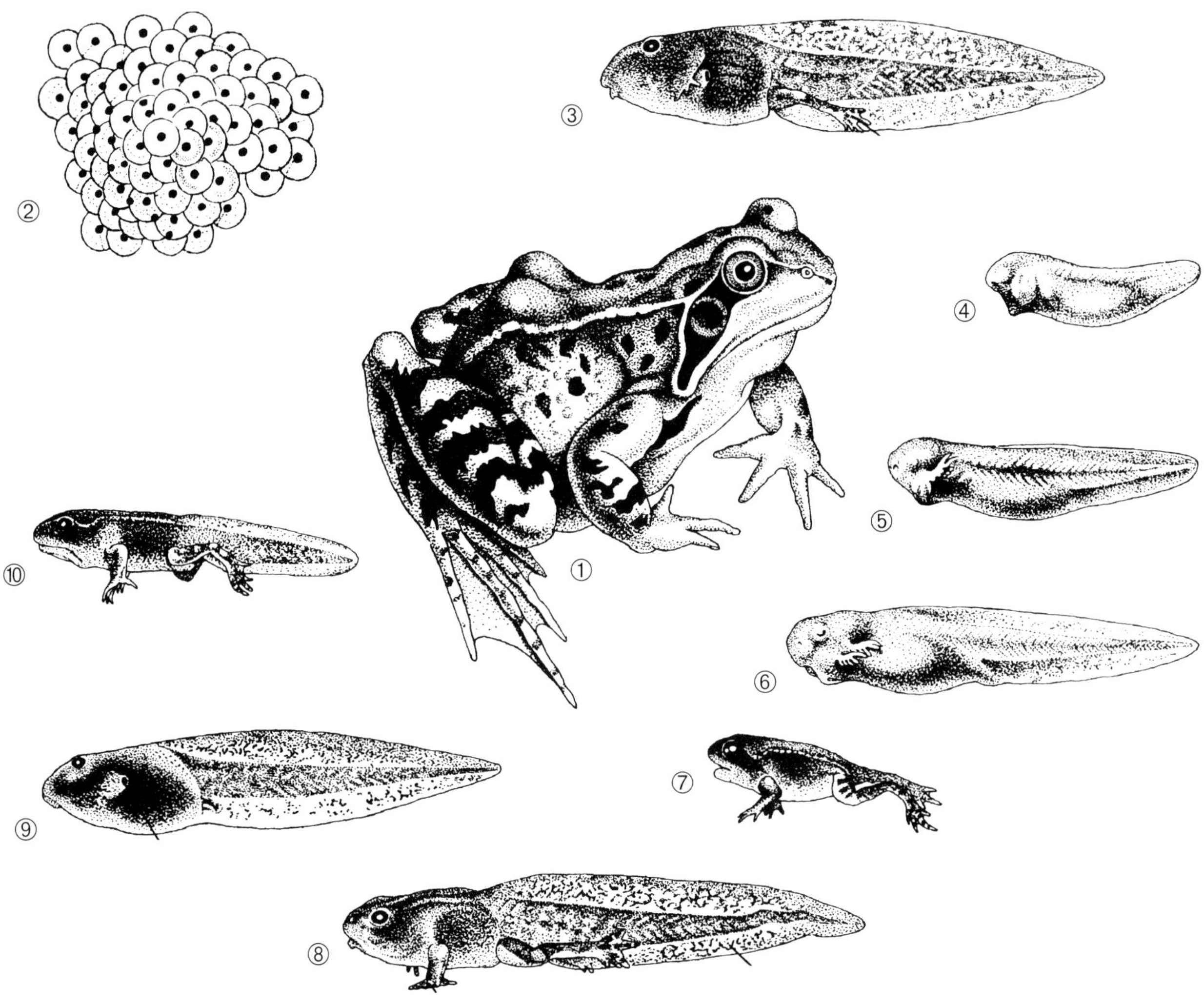

Quelle: *Kabisch* u. a.: Tümpel, Teiche und Weiher. Landbuch Verlag, S. 126

Aufgabe:

a) Ordne den Formen einen der folgenden Begriffe zu: A Laichballen; B Entwicklungsstadium der nicht geschlüpften Larve; C Entwicklungsstadium der geschlüpften Larve (Kaulquappe); D erwachsener Grasfrosch!
b) Bringe die abgebildeten Entwicklungsstadien des Grasfrosches in eine richtige Reihenfolge!
c) Kennzeichne die Entwicklungsstadien, die im Wasser leben, durch ein W, die landlebenden durch ein L sowie die Ernährungsweisen durch ein T (von Tieren lebend) bzw. durch ein V (vegetarisch)!
d) Nenne mögliche Gründe dafür, dass sich die Kaulquappen bevorzugt in der Uferzone und nicht im Bereich der Seemitte aufhalten!

II./M 10	Weite Wege – Amphibien unterwegs zu ihren Laichgewässern	Materialgebundene AUFGABE

Arbeitsmaterial:

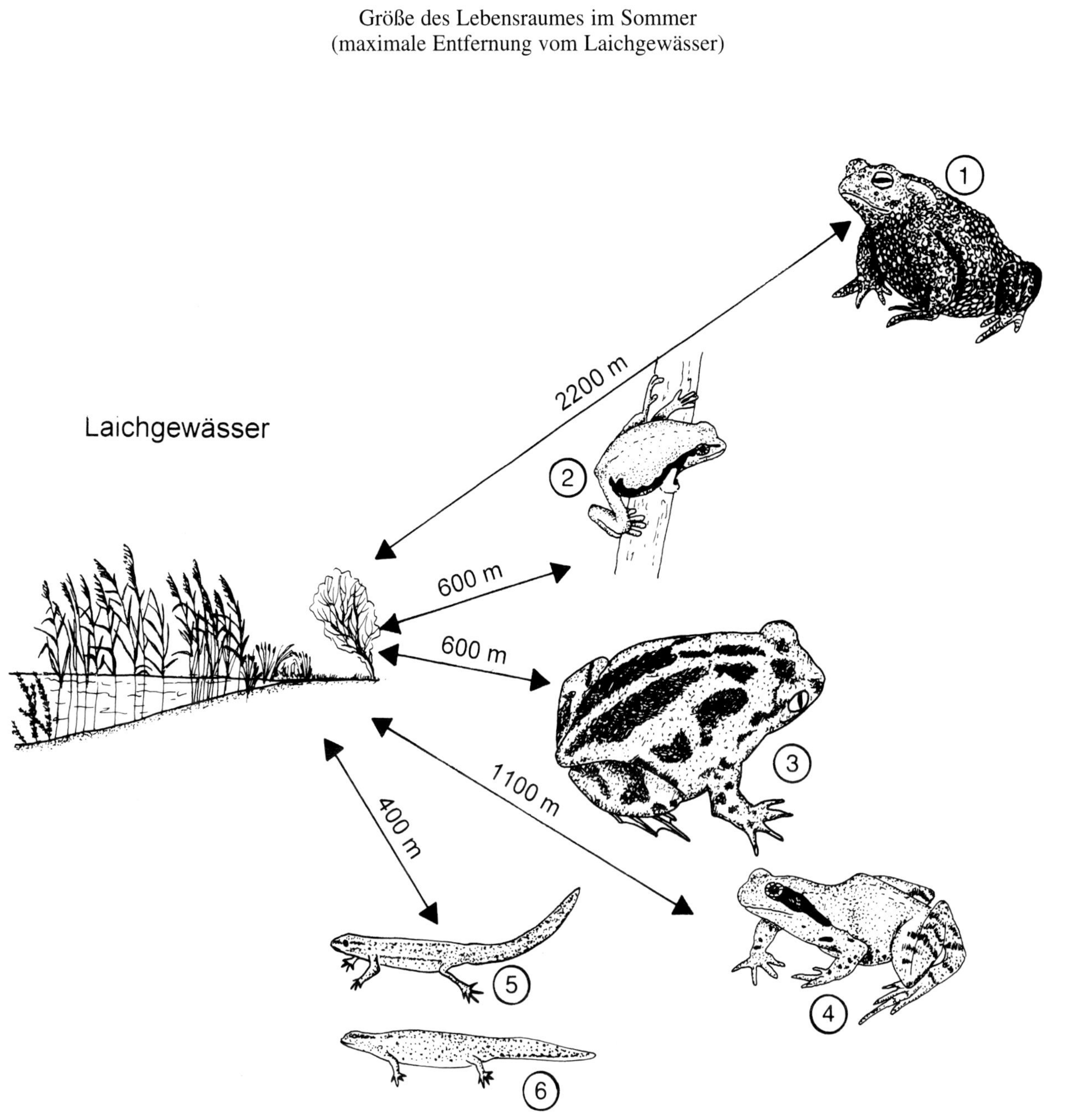

Quelle: Diverse Quellen, neu zusammengestellt

Aufgabe:

a) Ordne den abgebildeten Amphibien 1 - 6 jeweils einen der folgenden Namen zu: A Erdkröte, B Grasfrosch, C Laubfrosch, D Knoblauchkröte, E Teichmolch, F Fadenmolch.

b) Zu welchem Zweck suchen die abgebildeten Amphibien den Rand eines Gewässers auf?

c) Die abgebildeten Amphibien zeichnen sich durch eine sogenannte Ortstreue zu dem allsommerlich aufgesuchten Gewässer aus. Was versteht man unter einer solchen Ortstreue? Inwiefern kann ihnen eine solche Ortstreue zum Verhängnis werden?

II.2.3 Lösungshinweise zu den Aufgaben der Materialien

II./M 1

a) A Seggenzone, B Röhricht, C Schwimmblattzone, D Tauchblattzone
b) A: 1; B: 7; C: 8; D: 9; E: 6; F: 5; G: 4; H: 2; I: 3.

II./M 2

a) Nordufer: spärliche Röhrichtausbildung im Bereich der Bahnlinie, noch weiter nördlich Schilf, Teichbinse und Rohrkolben; Ostufer: Teichbinsen und Rohrkolben, jedoch nur stellenweise; Südufer: insgesamt dichte Röhrichtausbildung, bevorzugt Schilf; Westufer: schwache Röhrichtausbildung, stellenweise Schilf.
b) Im Bereich der Bahnlinie sind Aufschüttungen vorgenommen worden, dabei wurde offensichtlich die Röhrichtzone zerstört. Am Westufer werden Wochenendhäuser bewohnt, dabei mag auch die Ufervegetation Schaden nehmen. Dort, wo Wälder an den See reichen, ist die Röhrichtausbildung noch relativ dicht. Das mag damit zu erklären sein, dass hier wenige Einwirkungen durch den Menschen zustande kommen. Die auf den Weiden, die an den Ostrand des Sees stoßen, praktizierte Viehhaltung (Maßnahmen des Bauern, Einwirkungen durch das Vieh) könnte sich negativ auf die Röhrichtausbildung auswirken.

II./M 3

a) Alle drei Pflanzen leben untergetaucht, mit dem größten Teil des Pflanzenkörpers; lediglich der blütentragende Teil der Pflanzen befindet sich oberhalb der Wasseroberfläche.
b) Das Blatt ist, da vom Wasser getragen, nur zwei Schichten dick; Zellzwischenräume ermöglichen den Gasaustausch; es fehlt eine Kutikula, da ein Verdunstungsschutz nicht geboten ist; es fehlen Spaltöffnungen, da der Gasaustausch über die gesamte Oberfläche zum Wasser hin stattfindet; Gesamtoberfläche sehr groß, dadurch Aufnahme aller benötigten Stoffe über diese Oberfläche möglich (es fehlen z. B. oberflächenvergrößernde Wurzelhärchen). Der Stengel ist von Luftkanälen durchsetzt, die dem Gasaustausch dienen und den Auftrieb verstärken. Leitende Elemente (Sieb- und Gefäßteil) fehlen, da Stoffe über die gesamte Oberfläche ausgetauscht werden. Auch fehlen festigende Bauteile, da sie wegen der tragenden Kraft des Wassers entbehrlich sind.

II./M 4

a) Normalerweise nehmen Pflanzen über die Spaltöffnungen auf der Blattunterseite Kohlenstoffdioxid auf (und geben Sauerstoff ab); dies ist für eine Pflanze, die mit der Blattunterseite dem Wasser aufliegt, nicht möglich. Keine Probleme dürfte die Weiße Seerose mit der Wasserversorgung haben, da sie direkt in diesem fußt.
b) 1 Spaltöffnung; 2 obere Epidermis; 3 Palisadengewebe; 4 Feilenhaar; 5 Schwammgewebe; 6 Lufträume; 7 untere Epidermis (zweischichtig).
c) Die Spaltöffnungen auf der Blattoberseite ermöglichen den Gasaustausch mit dem Luftraum; die Feilenhaare geben dem Blatt Festigkeit; die großen Lufträume gewährleisten Schwimmfähigkeit.

II./M 5

a) Spießente: 0,5 - 0,6 m; Höckerschwan: 0,8 m; Reiherente: 1 - 1,5 m; Krickente: 0,2 - 0,4 m; Kolbenente: 0,5 - 0,8 m; Schellente: 2 - 2,2 m; Tafelente: 0,5 - 1 m; Schnatterente: 0,2 m; Stockente: 0,2 - 0,5 m.
b) Wenn der künstlich angelegte See einheitlich 1,5 m tief ist, werden die „Tiefenbedürfnisse“ einiger Entenarten nicht berücksichtigt; es ist zu erwarten, dass der See artenärmer wird, d. h. es werden weniger Entenarten vertreten sein als in einem natürlichen See mit vielfältigen Wassertiefen.

II./M 6

a) d → 2; a → 3; b → 1; c → 4.
b) Wenn sich die Zuordnung am Aufenthaltsbereich der adulten Tiere orientiert, muss man Mücken als Landtiere einstufen; zählt man allerdings die Tage, die sich die Tiere im Wasser oder auf dem Land aufhalten, muss man bei Mücken von Wassertieren sprechen.
c) Adulte Mücken benötigen hinreichend warme (können die SuS möglicherweise nicht abschätzen) Räume, in denen sich Gleichwarme aufhalten. Für die Eiablage wird ein seichtes Gewässer mit reichlich Kleinlebewesen benötigt, von denen sich dann die aus den Eiern hervorgehenden Larven ernähren.

II./M 7

a) Die fünf Tiere kommen zum Atmen an die Wasseroberfläche und tauschen durch eine spezielle Atemöffnung verbrauchte Luft gegen frische aus. Bei den Lebewesen 1, 2 und 3 befindet sich die Atemöffnung am Ende des lang ausgezogenen Hinterleibs bzw. am Ende eines speziellen Fortsatzes.
b) Die fünf Tiere treten mit dem Luftraum in Kontakt. Dieser enthält das 20- bis 30-fache an Sauerstoff im Vergleich zu einem gleich großen Volumen Wasser. Somit können die Tiere relativ schnell Sauerstoff aufnehmen.
c) Durch das Luftpolster unter dem Flügeldecken hat das Tier insgesamt eine geringere Dichte als das Wasser. Somit hat die aufgenommene Luftmenge nicht nur Bedeutung für die Atmung, sondern auch für die Fortbewegung (zur Wasseroberfläche) des Käfers.

II./M 8

a) Absolute Schwimmgeschwindigkeit: Hier sind die Fische absolute Spitzenreiter, bei der relativen (Zurücklegen einer Distanz, die der Körperlänge entspricht, in 1 Sekunde) Schwimmgeschwindigkeit sind die Fische zwar wieder vorn, die vorgestellten wirbellosen Tiere fallen jedoch nicht mehr so stark ab.
b) Die größte Rolle spielt die Schwimmgeschwindigkeit sicherlich in Räuber-Beute-Beziehungen. Schnelle Tiere

machen große Beute, schnelle Tiere entkommen häufiger einer Nachstellung als langsamere Tiere. Daneben kann die Schwimmgeschwindigkeit bedeutsam sein beim Nachstellen von Weibchen im Rahmen der Balz oder beim Aufsuchen von Laichplätzen.

II./M 9

a) A → 2; B → 4, 5, 6; C → 3, 8, 9; D → 1, 7 (Jungfrosch).
b) 2 → 4 → 5 → 6 → 9 → 3 → 8 → 10 → 7 → 1
c) L: 1, 7; W: alle anderen Formen. T: 1, 7; V: alle anderen Formen.
d) In der Uferzone ist es wärmer, was ihre Entwicklung beschleunigt; zudem ist die Uferzone pflanzenreicher als das offene Wasser, was ihrer vegetarischen Ernährungsweise zugute kommt.

II./M 10

a) 1 Erdkröte; 2 Laubfrosch; 3 Knoblauchkröte; 4 Grasfrosch; 5 Teichmolch; 6 Fadenmolch.
b) Dort legen sie ihren Laich im seichten Wasser ab.
c) Unter Ortstreue versteht man die Tatsache, dass Amphibien immer wieder dasselbe Gewässer zum Ablaichen aufsuchen. Dieses Verhalten kann ihnen zum Verhängnis werden für den Fall, dass dieser Weg zum „heimatlichen“ Gewässer z. B. von einer neu erbauten Straße gekreuzt wird. Beim Überqueren eben dieser Straße können sie zu Tode kommen.

II.3 Medieninformation

II.3.1 Audiovisuelle Medien

FWU-Dia-Reihe 1002925: Wasserinsekten (Käfer u. Wanzen stehender Gewässer), 12 (f)

Annotation: *Manche Insekten verbringen ihr ganzes Leben im Wasser. Sie zeigen besondere Anpassungen an diesen Lebensraum.*

FWU-Dia-Reihe 1002305: Leben in der Seeuferzone, 24 Dias

Annotation: *Die Diareihe stellt verschiedene Tiere und Pflanzen der Seeuferzone (Litoral), wie Röhricht und Schwimmblattbestand, Wasserinsekten und Vögel vor. In ihrer Anpassung an den Lebensraum und ihrer Verflechtung in Nahrungsketten können sie als ökologisches System behandelt werden.*

Anmerkung: *Wenn man von der letzten Aussage der Annotation absieht (... können sie als ökologisches System behandelt werden), ist die Reihe gut geeignet, einige Bewohner des Litorals vorzustellen und auf eindrucksvolle Anpassungen hinzuweisen.*

FWU-Film 3203510: Der See als Nahrungsraum für Vögel 10 min (f)

Annotation: *Der Film stellt in eindrucksvollen Über- und Unterwasseraufnahmen einen See als Nahrungsraum für Vögel dar. Gezeigt werden die unterschiedlichen Verhaltensweisen beim Nahrungserwerb, und die körperlichen Strukturen einiger Vögel (Schwan, Teichhuhn, Zwergtaucher u. a.).*

FWU-Film 3203357: Leben im See (hier: unter der Wasseroberfläche), 10 min (f)

Annotation: *Der Realfilm zeigt das Leben unter der Wasseroberfläche mit ihren typischen Biozoenosen: Litoral, Pelagial, Benthal. Angesprochen wird die trophogene Lichtschicht mit ihren Produzenten und die dunkle tropholytische Zehrschicht mit den Destruenten. Prinzip der Nahrungskette.*

Anmerkung: *Mit Hilfe dieses Films kann die Lerngruppe zur Grobgliederung eines Sees hingeführt werden. Auf die nachfolgenden Aspekte (Nähr- und Zehrschicht; Nahrungskette) sollte man verzichten.*

FWU-Film 3203962: Konzert am Tümpel, 14 min (f)

Annotation: *Der Film zeigt die artenreiche, vielerorts bereits gefährdete Lebensgemeinschaft eines Tümpels. Im Verlaufe eines Frühsommertages werden die einzelnen Solisten vorgestellt. Den Höhepunkt bildet das Froschkonzert zur nächtlichen Stunde.*

Anmerkung: *Allein um auf die vielfältige Tierwelt eines Sees aufmerksam zu machen, kann man diesen Film einsetzen.*

FWU-Film 3210003: Der Grasfrosch, 14 min (f)

Annotation: Der Film behandelt in einer monografischen Dar*stellung den Grasfrosch in seinem Lebensraum und erklärt mit einem besonderen Schwerpunkt die Entwicklung der Tiere.*

Anmerkung: *Mit Hilfe dieses Films kann die Bedeutung des Litorals als lebensnotwendiger Ort der Entwicklung eines landlebenden Tieres aufgezeigt werden (Litoral als „Kinderstube").*

FWU-Film 3600464: Die Stockente: Flug, Gefiederpflege, Nahrungsaufnahme, 5 min (f)

Annotation: *Das Flug- und Landeverhalten der Stockente wird aus verschiedenen Blickwinkeln beobachtet. Ordnen und Fetten des Gefieders und dessen wasser abstoßende Wirkung werden demonstriert. Dann werden die Vögel bei der Nahrungsaufnahme am Land und im Wasser (gründelnd) gezeigt.*

Anmerkung: *Mit Hilfe dieses Streifens kann die Anpassung eines Vogels an den Lebensraum Wasser gut veranschaulicht werden. Die Betrachtung dieses Vogels kann um einige Facetten erweitert werden, wenn fortpflanzungsbiologische Betrachtungen hinzukommen (FWU-Film 3600465: Die Stockente: Paarfindung, FWU-Film 3600466: Die Stockente: Fortpflanzungsverhalten im Frühjahr, FWU-Film 3600467: Die Stockente: Schlupf von Entenküken, FWU-Film 3600468: Die Stockente: Heranwachsen der Jungtiere).*

FWU-Film 3203782: Stechmücken, 19 min (f)

Annotation: *Ein Film über den gesamten Entwicklungszyklus der Stechmücke, ihre Partnersuche und die Bedeutung des Blutsaugens der Stechmückenweibchen.*

Anmerkung: *In der ersten Passage dieses Films werden die einzelnen Entwicklungsstufen der vollkommenen Verwandlung dieses Insekts gut dargestellt.*

FWU-Film 3600835: Zwerg- und Haubentaucher, 5 min (f)

Annotation: *Der Film ist Teil einer Serie über die Uferzone (Litoral). Er zeigt den Zwerg- und den Haubentaucher bei der Nahrungssuche und -aufnahme. In Über- und Unterwasseraufnahmen ist zu sehen, wie diese Tiere aufgrund verschiedener Anpassungen unterschiedliche Nahrungsnischen einnehmen.*

Anmerkung: *Das Prinzip der ökologischen Nische kann anhand der aufgezeigten Szenen gut erarbeitet werden.*

II.3.2 Zeitschriften

Halbach, U.: Die ökologische Nische. Praxis der Naturwissenschaften - Biologie, 1983, Heft 4, S. 101, Aulis Verlag Deubner & Co KG

Anmerkung: *In diesem Beitrag, der zudem Grundsätzliches zum Nischenproblem aufbereitet, werden spezielle Nischenbildungen ausgewählter Vogelarten vorgestellt.*

Schmidt, H.: Das Schilf (Phragmites communis) – Material zu einer Faktorenanalyse. Praxis der Naturwissenschaften - Biologie, 1983, Heft S. 202, Aulis Verlag Deubner & Co KG

Anmerkung: *Beispielhaft ausführlich und breit angelegt wird hier das für die benannte Pflanze bedeutsame Faktorengefüge aufgezeigt. Für den Unterricht in der Sek. I mag sich manche Information und Anregung entnehmen lassen.*

II.3.2 Bücher

Bellmann, H.: Leben in Bach und Teich. Mosaik-Verlag, München 1996

Anmerkung: *Dieser Band bietet gut gelungene Fotos wichtiger Pflanzen und Tiere der Uferzone und auch einige Arten aus anderen Bereichen eines Sees.*

Engelhardt, W.: Was lebt in Tümpel, Bach und Weiher? Franck-Kosmos, Stuttgart 1996

Anmerkung: *Dieser Band, in der neuesten Auflage mit einem hohen Anteil von Farbfotos, bietet eine sehr umfassende Zusammenstellung häufiger Pflanzen und Tiere der Uferzone. Bedauerlich ist der sehr weitgehende Verzicht auf Strichzeichnungen.*

Haller, B. u. W. Probst: Botanische Exkursionen. Bd. 11. Exkursionen im Sommerhalbjahr. G. Fischer Verlag, Frankfurt 1981

Anmerkung: *Die Autoren stellen in knapper, gut illustrierter Form die Vegetationszonierung in einem eutrophen, mesotrophen und oligotrophen See vor.*

Kalbe, L.: Ökologie der Wasservögel. Die Neue Brehm Bücherei. A. Ziemsen Verlag, Wittenberg-Lutherstadt, 1978

Anmerkung: Die Stärke dieses Bändchens liegt weniger in den allgemein-ökologischen Seiten, als in den sehr detaillierten Ausführungen und Beispielen zur Ökologie einzelner Arten bzw. Gruppen.

Kelle, A. u. H. Sturm: Tiere leicht bestimmt. Ferd. Dümmlers Verlag, Bonn 1977

Anmerkung: *Dieser Band liefert hervorragende Schwarzweißzeichnungen ausgewählter Tiere des Lebensraums Süßwasser. Zusätzlich zur Abbildung findet man prägnante Hinweise auf besondere Merkmale der jeweiligen Art bzw. Tiergruppe.*

Schmidt, E.: Ökosystem See. Der Uferbereich eines Sees. Quelle & Meyer Verlag, Wiesbaden 1997

Anmerkung: *Dieser Band kann schlichtweg als das Werk für eine umfassende Einführung in das Ökosystem See (hier: Uferbereich) gekennzeichnet werden. Diese Bewertung gilt gleichermaßen für die zahlreichen Abbildungen, die zahlreichen schulpraktischen Hinweise als auch für den umfangreichen Literaturteil.*

Wildermuth, H.: Lebensraum Wasser. Schroedel Schulbuchverlag, Hannover 1991

Anmerkung: *Dieser Band aus einer Gemeinschaftsproduktion der Panda Fördergesellschaft und dem Schroedel Schulbuchverlag hat die Lebensräume „Weiher“ und „Bach“ im Auge, bietet aber auch für den am Lebensraum „See“ orientierten Unterricht wertvolle Informationen und klare, übersichtliche Abbildungen, die z. T. als Arbeitsblätter konzipiert sind.*

III. Unterrichtseinheit (UE): Das Leben im freien Wasser eines Sees

Lernvoraussetzungen:
Grobgliederung eines Sees; Umgang mit dem Mikroskop; Erfahrungen mit einfachen Experimenten; Eintragen von Wertepaaren in ein Koordinatensystem; Lichtabhängigkeit der Photosynthese; Freisetzen von Sauerstoff bei der Photosynthese; Verbrauch von Sauerstoff durch tierische Organismen.

Gliederung:
Die Pfeile geben die hier vorgesehene Unterrichtssequenz inhaltlicher Schwerpunkte dieser Unterrichtseinheit an. Es sind auch andere Sequenzen denkbar.

1. Plankton – leicht übersehen

↓

2. Plankton – auch mehrzellig

↓

3. Plankton – ein Leben im Schwebezustand

↓

4. Plankton – am Licht orientiert

↓

5. Pflanzliches Plankton gibt Sauerstoff ab

↓

6. Freies Wasser – Schicht für Schicht

↓

7. Plankton – immer gern gefressen

Zeitplan:
Die skizzierte Unterrichtseinheit wird etwa 5 Stunden beanspruchen. Dabei ist die Zeit für das Einholen von Planktonproben (was u.a. auch aus Sicherheitsgründen der Lehrkraft vorbehalten bleiben sollte) nicht mitgerechnet. Verzichtet man auf die stärker physikorientierten Experimente, mag man mit 3 - 4 Stunden auskommen.

III.1 Sachinformation

Fische des freien Wassers:

Das freie Wasser kann nur von Planktonfressern besiedelt werden. Planktonfressend sind fast alle Jugendstadien der Fische. Adulte Fische stoßen dagegen selten ins Pelagial vor, so z. B. Barsche, Maränen (zu denen die Felchen gehören), forellenverwandte Edelfische. Planktonfressende Fische besitzen lange und dichte Kiemenreusen. Diese Reusen dienen jedoch nicht dem Herausfiltern von Plankton (wie z. B. bei Heringen), sondern lediglich als Sperre, damit die geschnappte planktische Beute nicht durch die Kiemenspalten verschwindet.

Nekton:

Darunter versteht man die Lebensformen, die aktiv schwimmen. Dies ist ihnen möglich durch spezielle Fortbewegungsorgane sowie andere Baubesonderheiten wie z. B. Stromlinienform, Schwimmblase, glatte Haut u. a. Zu den meist großen Tieren des Nektons zählen in mitteleuropäischen Seen bevorzugt die Fische. In anderen Gewässern kommen Kopffüßler, Krebse, Reptilien und Meeressäuger hinzu.

Pleuston:

Darunter versteht man die Gesellschaft von größeren schwimmenden Pflanzen und Tieren auf oder an der Wasseroberfläche. Dazu gehören Wasserfarne wie Azolla, aber auch Lemna-Arten. Unter den im Pleuston lebenden Tieren findet man z. B. Wasserläufer.

Pelagial (Bereich freien Wassers):

In diesem Bereich eines Sees fehlen die im Boden verankerten Wasserpflanzen. Auch Schwimmblattpflanzen sind hier nicht anzutreffen, da diese durch Wellenbewegungen und Windeinwirkung beschädigt und verdriftet würden. Auch die für das → Litoral typische Fauna vermisst man hier. Kennzeichnend für das Pelagial ist das → Plankton. Die hier lebenden Organismen haben keine oder nur eine zeitweilige Beziehung zum Boden, sie halten sich schwimmend und schwebend im freien Wasser auf. Wenige Arten nur bilden diesbezüglich eine Ausnahme, so z. B. Larven einiger Dipteren (Zweiflügler)-Arten, wie z. B. Chaoborus, die tagesperiodische Wanderungen zwischen Boden und Freiwasserzone vollführen. Das Benthal (Bodenzone) ist vertikal untergliedert in die Uferzone (Litoral) und die Tiefenzone (Profundal). Die Grenze zwischen beiden Zonen liegt dort, wo aufgrund der Lichtverhältnisse die photoautotrophen Organismen keine positive Fotosynthesebilanz (es wird mehr durch Fotosynthese hergestellt als durch Atmung bzw. Abbau verbraucht wird) mehr erbringen können. Diese kritische Schicht nennt man Kompensationsebene. Eine solche Grenzziehung gilt auch für das Pelagial. Sein oberer Bereich ist lichtdurchflutet, sein unterer ohne ausreichende Belichtung. Die Schicht oberhalb der Kompensationsebene nennt man auch trophogene Schicht, die darunter tropholytische.

Plankton:

Das Plankton bildet die für das Pelagial charakteristische Lebensgemeinschaft. Es besteht aus Bakterien, ein- bis mehrzelligen Algen, tierischen Einzellern (Protozoen) und kleinen Wirbellosen wie Rädertierchen, Wasserflöhen und Ruderfußkrebsen. Kennzeichnend für alle Lebewesen des Planktons ist ihre Fähigkeit, im Wasser zu schweben. Dieses Schweben kann kombiniert sein mit aktivem Schwimmen, so besonders beim → Zooplankton. Verglichen mit der Eigenbewegung von Lebewesen des Litorals oder Profundals ist die hier praktizierte Eigenbewegung jedoch von untergeordneter Bedeutung. Die Dichte der Plankter ist nur wenig größer als 1 g/ml, also nur wenig größer als die Dichte des Wassers. Diesem Dichteunterschied zufolge müssten Plankter in Richtung Seeboden sinken. Nach der Formel von *Stokes*, die Gesetzmäßigkeiten beim Absinken von Kugeln in Flüssigkeiten erfasst, sinken kleine Körper langsamer als gleichgeformte größere. So sind Bakterien und kleine Algen ideale Schweber. Bei größeren Planktern kann durch Erhöhung des Formwiderstandes die Sinkgeschwindigkeit reduziert werden. Mehr oder weniger lange Schwebefortsätze, eine scheibenförmige Körperform erhöhen den Formwiderstand und vermindern so die Sinkgeschwindigkeit. Die gleichzeitig erzielte Oberflächenvergrößerung erhöht die Stoffaufnahmerate und auch die Lichtabsorption. (Abb. 1)

Planktonlift:

Wie der Abbildung zu entnehmen ist, befinden sich ca. 30 % des Phytoplanktons in der ca. 10 m umfassenden lichtdurchfluteten trophogenen Schicht, mehr als 60 % der Algen jedoch unterhalb dieser Schicht. Zwar ist in in den oberen Wasserschichten (0 - 5 m) die Hauptteilungsaktivität zu beobachten, während in darunter liegenden Schichten Teilungsvorgänge kaum noch eine Rolle spielen. Bei den in tieferen Schichten anzutreffenden Algen handelt es sich also um solche, die aus oberen Schichten abgesunken sind. Für die Teilungs- und Wachstumsvorgänge in den oberen Schichten benötigen die Algen Salze, u. a. auch Phosphate. Im Zuge ihres Absinkens nehmen sie diese Salze mit in die Tiefe. Dort kommt es zu einer Anreicherung von Salzen, in oberen Schichten zu einer Verarmung. Die Nährsalze werden also durch die Plankter in tiefere Schichten „geliftet“, daher die Bezeichnung Planktonlift. Erst durch Zirkulationsvorgänge (Herbst- und Frühjahrszirkulation) werden die in der Tiefe angereicherten Nährsalze wieder in das Oberflächenwasser eingemischt.

Planktonnetz:

Deren Fanggewebe besteht aus feinster Gaze, der so genannten Müllergaze (wurden früher für Müllereien zum Sieben verschiedener Mehlsorten angefertigt). Die Maschengröße wird in Nummern angegeben. So hat die Müllergaze Nr. 12 eine Maschenweite von 100 µm, die Nr. 25 eine von 25 µm.

Schöpfflasche:

Flasche, mit deren Hilfe aus einer gewünschten Tiefe Wasserproben gezogen werden können (→ Material II./M5 „Sauerstoffverhältnisse in einem See“). Die Besonderheit dieses Schöpfgerätes liegt darin, dass es in der jeweils gewünschten Tiefe geöffnet werden kann und somit erst dort Wasser einströmt.

Vertikale Verteilung des Phytoplanktons:

Die beiden wichtigsten Parameter sind die Eindringtiefe des Sonnenlichts sowie das Schwebevermögen der Algen. Bei der Kieselalge Asterionella formosa beobachtete man ein Vermehrungsmaximum in einer Tiefe von 1- 2 m: innerhalb von einem Tag kann hier die Vermehrungsintensität 50 % betragen. Unterhalb von 10 m ist die Vermehrungsrate fast Null. Wenn in tieferen Schichten dennoch Algen gefunden werden, ist das auf absinkende Zellen zurückzuführen. So kann sich bis zu 50 % der Algenbiomasse in der tropholytischen Schicht aufhalten.Für einige Algen wurden tägliche Sinkverluste von 13 % festgestellt. Ein idealer Schwebezustand liegt also nicht vor. Die Algen sinken langsam in Richtung Boden. Durch Zirkulations- und Turbulenzbewegungen des Wassers werden große Zahlen von Algen in die Tiefe gerissen, wieder nach oben transportiert und möglicherweise erneut nach unten gezogen.

Vögel des freien Wassers:

Haubentaucher, Schellente und einige Säger dringen vor ins freie Wasser. Im Winter kommen riesige Entenscharen hinzu.

Wasserblüte:

Im Zuge der Nährstoffanreicherung (durch häusliche Abwässer, Landwirtschaft u. a.) und begünstigender Temperaturen kommt es zur Massenentwicklung der Produzenten in der Nährschicht eines Gewässers. Die für das Auge sichtbare Färbung und Trübung des Wassers durch Massenvermehrung von Algen bezeichnet man als Wasserblüte. Zumeist handelt es sich um Blaualgen (Anabaena, Mierocystis) oder auch Chromophyten (Chromulina). Die dichte Algenschicht verhindert, dass Licht in tiefere Zonen vordringt. Dort wird nicht mehr genügend Sauerstoff produziert, wohl aber Sauerstoff verbraucht. Es kann zu einem Sauerstoffdefizit kommen. Abgestorbene Tiere und Pflanzen „rieseln“ auf den Seegrund.

Wasserflöhe:

Wasserflöhe kann man mit einem Planktonnetz vom Frühjahr bis zum Spätherbst aus Tümpeln, Weihern und Seen fangen. Sie gehören wie die Flohkrebse, Edelkrebse, Ruderfußkrebse und Asseln zur Klasse der Krebse. (Abb. 2)

Das erste Antennenpaar dient als Riechorgan, das zweite ist wesentlich größer und dient der Fortbewegung. Die für Krebse typische Körperschale lässt auf der Bauchseite einen offenen Spalt, durch den fünf Beinpaare herausragen. Sie erzeugen einen nach vorn gerichteten Wasserstrom, aus dem mit feinen Haarkämmen Nahrungspartikel herausgefiltert und der Mundöffnung zugeführt werden. Hier drückt ein Kieferpaar die Nahrung portionsweise in den Mund. Von dort wird durch peristaltische Bewegungen der Darm gefüllt.

Die Wasserflöhe können sich massenhaft vermehren. Dies geschieht ohne Befruchtung der Eizellen, also parthenogenetisch. Die Jungen entwickeln sich im mütterlichen Brutraum innerhalb von nur 2 - 4 Tagen, dann werden sie entlassen. Im Herbst kann man unter den Jungflöhen einige kleine Männchen beobachten. Sie befruchten die dotterreichen Eier der Weibchen. Diese Eier nun entwickeln eine mehrschichtige Schale, die das Überstehen von Kälte und Trockenheit im Winter gewährleistet. Im Frühjahr schlüpfen aus diesen Eiern Weibchen, die nun in pathenogenetische Vermehrungszyklen eintreten.

Typisch für Wasserflöhe sind deren tagesperiodische Vertikalwanderungen. So hält sich z. B. Daphnia magna tagsüber in tieferen Wasserschichten auf (die Tiefe hängt von der Wasserbeschaffenheit und den Lichtverhältnissen ab). Gegen Abend wandern die Tiere aufwärts bis zur Wasseroberfläche. Während der Dunkelheit jedoch sinken sie wieder mehr oder weniger tief ab und wandern gegen Morgen dann in die Tiefe, die sie tagsüber bevorzugen. Diese bevorzugte Tiefe ist häufig identisch mit der Sprungschicht, in der sie dann passiv vertikal verfrachtet werden. Bei ihren Bewegungen orientieren sich die Tiere sowohl an der

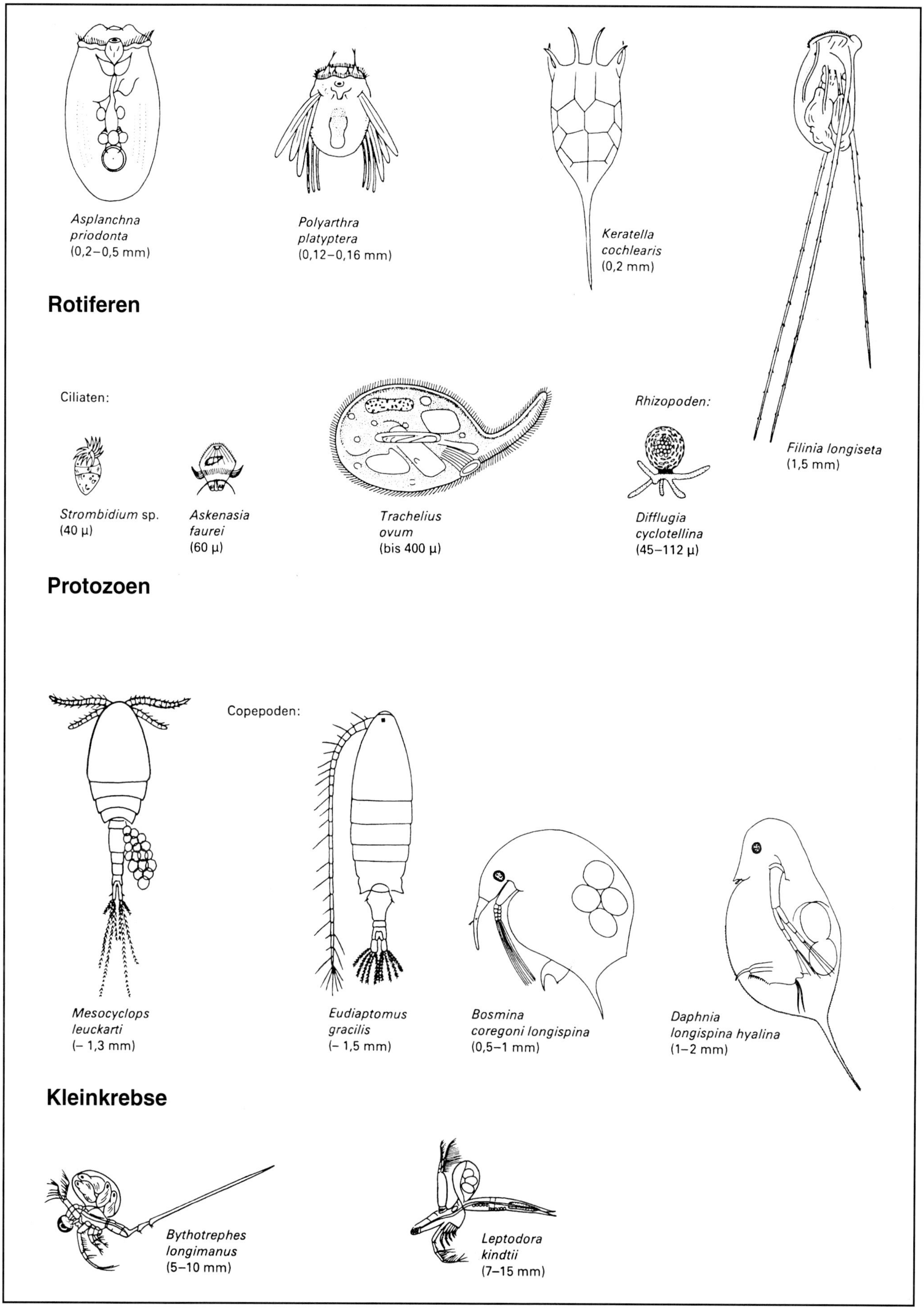

Abb. 1 Tiere und Pflanzen des Planktons

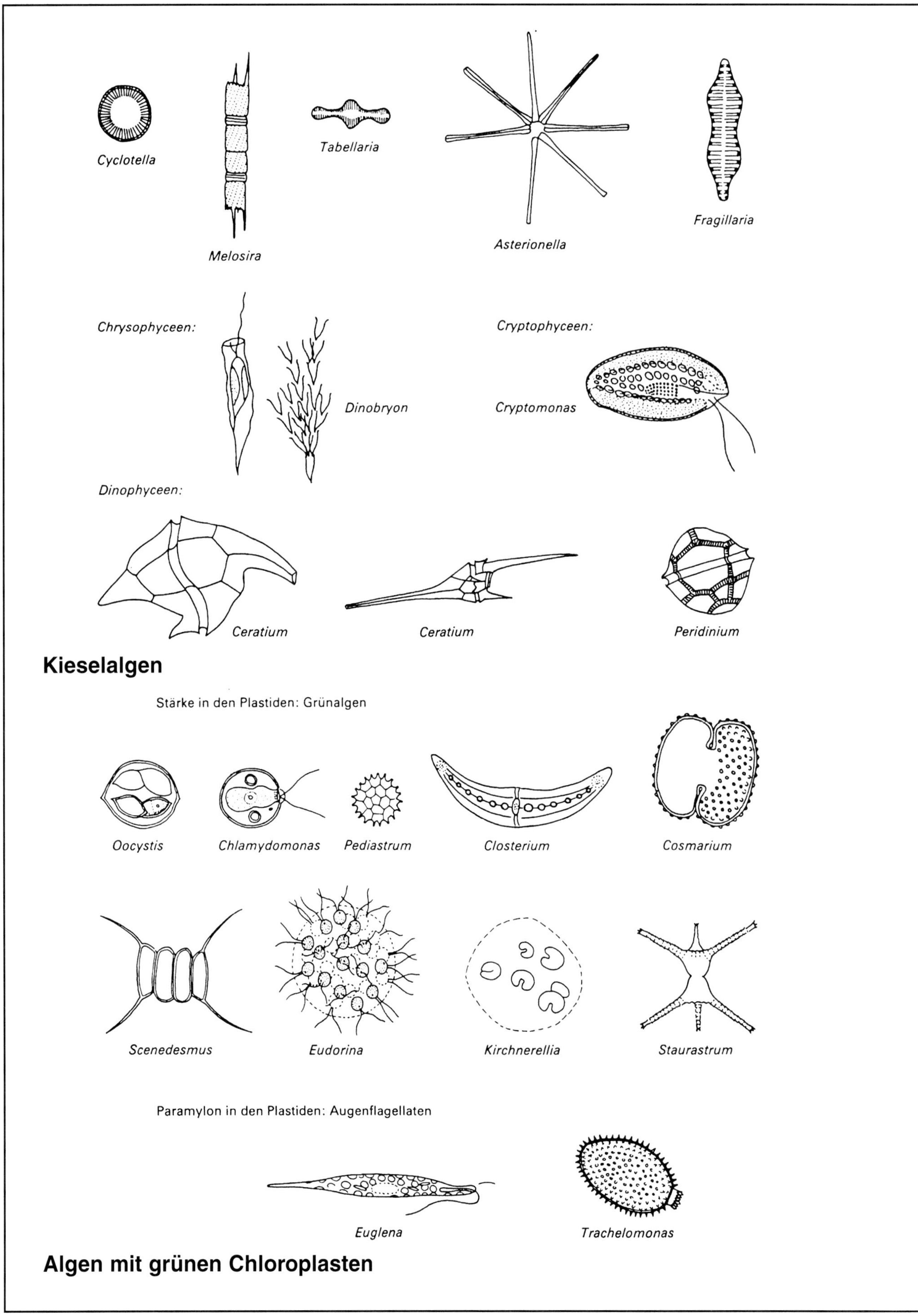

Abb. 1 (Fortsetzung) Tiere und Pflanzen des Planktons

Wasserfloh (*Daphnia sp.*)
etwa 0,5 mm lang

FA Facettenauge
SG Sehganglion
NA Nebenauge
RiA Riechantenne (1. Antenne)
K Kiefer
SD Schalendrüse (Ausscheidungsorgan)
F Füße mit Kämmen (Filter) und Kiemen (Blattfüße)
A After
RA Ruderantenne (2. Antenne)
LH Leberhörnchen
G Gehirn
D Darm
H Herz
BR Brutraum
E Eierstock
Em Embryonen
Gö Geschlechtsöffnung

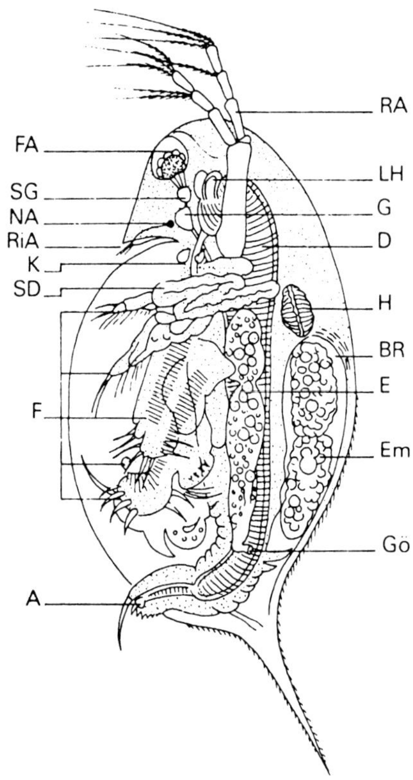

Abb. 2 Wasserfloh: *A. Heitzmann* u. a.: Tierkunde. Sabe Verlag, Zürich 1987, S. 111

Abb 3. *Kabisch, K.* u. a.: Tümpel, Teiche und Weiher. Landbuch-Verlag, S. 69

Schwerkraft als auch am Licht. Die biologische Bedeutung der Vertikalbewegung ist nicht eindeutig geklärt. Es ist zu vermuten, dass die Tiere mit ihrer Vertikalwanderung ihren Hauptnahrungslieferanten, den fotosynthetisch aktiven Algen folgen.

Zentrifuge:

Plankter werden in erster Annäherung als „Schweber“ gekennzeichnet. Diese Benennung ist nicht ganz zutreffend. In der Regel haben Plankter mit etwa 1,05 g/ml eine etwas größere Dichte als Wasser und sinken daher sehr langsam und kaum merklich ab. Die Sinkgeschwindigkeit lässt sich erhöhen, wenn man die Schwerkraft, der die Plankter in ihrer Abwärtsbewegung ausgesetzt sind, erhöht. Durch Zentrifugieren lässt sich die Schwerkraft und somit die Sinkgeschwindigkeit erhöhen. Die so in ihrer Sinkgeschwindigkeit beschleunigten Plankter sammeln sich im Bodenbereich des Zentrifugenröhrchens an.

Zyklomorphose:

Darunter versteht man die im Jahresablauf von Generation zu Generation auftretenden Veränderungen der Körpergestalt verschiedener Plankter, besonders bei Cladoceren (Wasserflöhen) der Gattungen Bosmina und Daphnia (Abb. 3). In unseren Breiten fallen die Sommergenerationen durch verlängerte Stachel, einen helmartig ausgezogenen Kopf und eine ausgestreckte Form auf; die Winterformen dagegen sind kompakter und tragen weniger Fortsätze. Die biologische Bedeutung dieses Phänomens ist nicht abschließend geklärt. Eine mögliche Bedeutung ist darin zu sehen, dass Sommerformen im sommerlich warmen und somit weniger dichten und auch weniger zähflüssigen Seewasser langsamer absinken, wenn sie lang gestreckt sind und lange Fortsätze tragen.

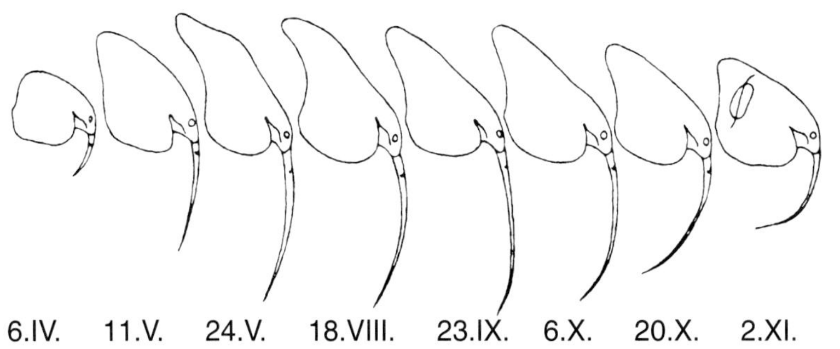

Zyklomorphose des See-Rüsselkrebses *Bosmina (Eubosmina) coregoni*

III.2 Informationen zur Unterrichtspraxis

III.2.1 Einstiegsmöglichkeiten

Einstiegsmöglichkeiten	Medien
A.	
■ L zeigt Schülern/Schülerinnen eine weitgehend klare Wasserprobe: „Die habe ich der Mitte eines Sees entnommen.“ ▶ **Problemfrage:** Befinden sich in dem Wasser aus der Mitte eines Sees keine Lebewesen?	■ Wasserprobe aus dem freien Wasser
B.	
■ L zeigt Dia mit planktischen Einzellern, die durch lange Körperanhänge auffallen ▶ **Problemfrage:** Wo leben diese Einzeller, warum haben sie so lange Fortsätze?	■ FWU-Dia-Reihe 1000449: Blau- und Grünalgen
Unterrichtliche Anmerkung: *Beide Einstiegsmöglichkeiten lassen sich sinnvoll weiterführen, indem man eine planktische Wasserprobe (zuvor auf hinreichend Plankter untersuchen!) einer mikroskopischen Untersuchung unterwirft.*	

III.2.2 Erarbeitungsmöglichkeiten

Erarbeitungsschritte	Medien
A./B.1. Plankton – leicht übersehen	
■ SuS untersuchen mit Hilfe eines Mikroskops Planktonproben	■ Planktonproben, Mikroskope und Zubehör
■ L zeigt mit Hilfe einer Folie die Vielfalt pflanzlicher und tierischer Algen	■ Material III./M 4 (Materialgebundene Aufgabe): Planktische Algen – in unterschiedlichen Tiefen ungleich zahlreich (Folienkopie)
■ Unterrichtsgespräch (Plankton, pflanzliches und tierisches Plankton, Größe, Vorkommen)	■ Tafel
■ Impuls: Wie fängt man planktische Lebewesen?	■ Planktonnetz
Unterrichtliche Anmerkung: *Über fast alle Klassenstufen hinweg erhält sich die Vorstellung, dass mit dem „unbewaffneten Auge“ nicht erkennbare (und dazu gehören ja auch Plankter) Organismen einzellig seien. Verantwortlich für diese Fehleinschätzung ist die Meinung, einzellige Tiere und Pflanzen seien nur mit Hilfe eines Mikroskops zu erkennen, bei der Betrachtung mehrzelliger Lebewesen dagegen komme man ohne optische Hilfsmittel aus. Daher erscheint es sinnvoll, auch mehrzellige Plankter vorzustellen.*	
A./B.2. Plankton – auch mehrzellig	
■ SuS untersuchen Wasserflöhe	■ Wasserflöhe (z. B. aus einem Zoogeschäft), Mikroskope, Zubehör, rotes Karminpulver ■ Material III./M 1 (Experiment): Wasserflöhe – professionelle Filtrierer

Erarbeitungsschritte	Medien
■ L: Übertragt die Beobachtungen aus dem Laborversuch auf die Verhältnisse im freien Wasser! ■ SuS erarbeiten Nahrungsbeziehungen im Plankton	■ Tafel: Wasserflöhe fressen kleinere Lebewesen (pflanzliche und tierische) des Planktons
A./B.3. Plankton – ein Leben im Schwebezustand	
■ Impuls: Wie verhindern planktische Lebewesen, insbesondere solche ohne Fortbewegungsorgane, dass sie auf den Seeboden sinken?	
■ SuS untersuchen diese Frage anhand von Modellversuchen	■ Material III./M2 (Experiment) Tiere und Pflanzen des Planktons – ein ständiger Kampf gegen das Absinken
■ Unterrichtsgespräch: Auswertung der Experimente	■ Tafel
A./B.4. Plankton – am Licht orientiert	
Unterrichtliche Anmerkung: *Nach der qualitativen Betrachtung („Im freien Wasser kommen ein- und mehrzellige Kleinlebewesen vor – Plankton") sollen nun quantitative Betrachtungen im Vordergrund stehen („In welcher Menge bzw. Konzentration sind die Plankter in unterschiedlichen Wassertiefen zu finden?"). Bevorzugt soll das tiefenabhängige Vorkommen von Algen verfolgt werden, da deren Vorkommen im wesentlichen lichtabhängig ist.*	
■ L: Wir wollen nun untersuchen, ob die Planktonlebewesen in allen Wassertiefen gleich stark vertreten sind.	
■ SuS untersuchen das Vorkommen von planktischen Algen in Abhängigkeit von der Tiefe	■ Material III./M 3 (Materialgebundene Aufgabe): Planktische Algen – in unterschiedlichen Tiefen ungleich vertreten (ohne Aufgabe d)
■ L: Wie kann man das unterschiedliche Vorkommen der Algen erklären?	
■ SuS untersuchen die Lichtdurchlässigkeit unterschiedlich dicker Schichten vom Teeaufguss	■ Material III./M 4 (Experiment): Licht – auf dem Wege durch das Wasser geht einiges verloren (nur den experimentellen Teil bzw. Aufgaben a und b) ■ Materialien und Geräte lt. Liste
■ L: Übertragt die Ergebnisse des Experiments auf die Verhältnisse in einem See! Erklärt dann das unterschiedliche Vorkommen der Algen in Material III./M4!	■ Material III./M 4 (s. o.)
■ SuS tragen die Helligkeit in unterschiedlichen Tiefen des Bodensees graphisch auf, vergleichen das Ergebnis mit dem, was sie experimentell ermittelt haben, und erklären dann das Vorkommen der Algen in Abhängigkeit von der Tiefe	■ Material III./M 4 (Experiment): Licht – auf dem ...) (Aufgaben c und d)
■ Unterrichtsgespräch darüber, ob denn auch tierische Plankter ein vergleichbares Tiefenprofil ihres Vorkommens haben	■ Tafel

Erarbeitungsschritte	Medien
A./B.5. Pflanzliches Plankton gibt Sauerstoff ab	
Unterrichtliche Anmerkung: *Nachdem die SuS erfahren haben, dass das Vorkommen pflanzlicher Plankter u.a. abhängig vom Faktor Licht ist, soll nun untersucht werden, ob denn ihr so skizziertes Vorkommen Auswirkungen auf den Lebensraum See bzw. das Wasser in den unterschiedlichen Tiefen hat. Damit wird die Einsicht in die wechselseitige Einwirkung bzw. Beeinflussung von Organismus und Umwelt ermöglicht.*	
■ L fordert zur Wiederholung des Gaswechsels bei Pflanzen und Tieren auf	■ Tafel: Pflanzen geben bei der Photosynthese Sauerstoff ab, Tiere verbrauchen Sauerstoff (auf den Kohlenstoffdioxid-Gaswechsel könnte ggf. verzichtet werden)
■ L: Wie kann man den Sauerstoffgehalt des Seewassers in unterschiedlichen Tiefen bestimmen?	
■ SuS lernen das Prinzip des Arbeitens mit einer Schöpfflasche kennen	■ Material III./M 5 (Materialgebundene Aufgabe): Sauerstoffverhältnisse in einem See (Aufgabe a)
■ SuS untersuchen Material, das den Sauerstoffgehalt des Wassers in unterschiedlichen Tiefen widerspiegelt	■ Material III./M 5 (Materialgebundene Aufgabe): Sauerstoffverhältnisse in einem See (Aufgaben b und c)
■ Unterrichtsgespräch über die Rolle der pflanzlichen Plankter beim Zustandekommen des Sauerstoffprofils	■ Tafel
A./B.6. Freies Wasser – Schicht für Schicht	
■ Impuls: Warum kommt es nicht zu einer gleichmäßigen Durchmischung des Sauerstoffs?	
■ SuS untersuchen die unterschiedliche Dichte von unterschiedlich temperiertem Wasser	■ Material III./M 6 (Experiment) Dichte des Wassers bei unterschiedlichen Temperaturen ■ Material lt. Liste
■ L- Impuls: Nun wollen wir die Temperaturverhältnisse in einem See untersuchen	
■ SuS bearbeiten Daten zu den Temperaturen in unterschiedlichen Tiefen eines Sees	■ Material III./M 7 (Materialgebundene Aufgabe): Temperaturverhältnisse in einem See
■ Unterrichtsgespräch über die Eingangsfrage (warum keine Durchmischung ...)	■ Tafel: Deckschicht → Sprungschicht → Tiefenschicht. Das relativ warme und damit „leichte“ Wasser oben liegt (schwimmt) auf dem kühleren und damit „schwereren“ Wasser der Tiefenschicht; diese Schichtung verhindert eine Durchmischung und ist somit verantwortlich für den hohen Sauerstoffgehalt der oberen Wasserschichten, in denen Algen aufgrund der guten Lichtverhältnisse Photosynthese betreiben und somit Sauerstoff abgeben können.
Unterrichtliche Anmerkung: *Dieser 6. Unterrichtsschritt stellt an die Lerngruppe hohe Anforderungen. Zum einen muss sie ein komplexes Gefüge, das durch mehrere Parameter (Wassertiefe, Sauerstoffkonzentration, Algenkonzentration, Dichte, Temperatur) und deren gegenseitige Abhängigkeiten gekennzeichnet ist, erfassen und bewerten. Zum anderen werden überfachliche Sachverhalte vermittelt und in einen Erklärungszusammenhang gebracht. Es kann daher durchaus sinnvoll oder gar geboten sein, in Anbetracht leistungsschwächerer Schüler und Schülerinnen auf einzelne Unterrichtsschritte zu verzichten.*	

<table>
<tr><th>Erarbeitungsschritte</th><th>Medien</th></tr>
<tr><td colspan="2">A./B.7. Plankton – immer gern gefressen</td></tr>
<tr><td colspan="2">Unterrichtliche Anmerkung: Nachdem in den bisherigen Schritten das komplexe Gefüge „freies Wasser“ untersucht worden ist, soll in diesem letzten Unterrichtsschritt die Vernetzung dieses Seebereichs mit anderen verdeutlicht werden.</td></tr>
<tr><td>■ Unterrichtsgespräch über die Bedeutung des freien Wassers als Nahrungsraum für einige Fischarten
■ Vertiefung: Bedeutung des pflanzlichen Planktons für andere Lebewesen im Bereich eines Sees</td><td>■ Material III./M 8 (Materialgebundene Aufgabe): Nahrungsbeziehungen in einem See – am Anfang stehen pflanzliche Einzeller
Anmerkung: Mit diesem Arbeitsblatt wird der Blick auf die nachfolgende UE gelenkt, in der es bevorzugt um Beziehungen zwischen den Organismen geht</td></tr>
</table>

III./M 1	Wasserflöhe – professionelle Filtrierer	EXPERIMENT

Arbeitsmaterial:

Versuchsprotokoll

Thema: Wasserflöhe

INFO: Unter den Tieren des Planktons überwiegen die Filtrierer. Sie filtrieren aus dem Wasser die kleinen einzelligen Algen, aber auch Bakterien und kleinste Reste von Tieren und Pflanzen. Zu den Filtrierern gehört auch der Wasserfloh. Dieser Kleinkrebs ist nur 0,5 mm lang. Er erzeugt mit den Beinen ständig einen Wasserstrom, der sowohl Nahrung als auch den im Wasser gelösten Sauerstoff herbei bringt. Dieser Wasserstrom wird durch sehr feine, kammartige Reusen gedrückt, die die Nahrungsteilchen zurückhalten. Von den Reusen gelangt die Nahrung zur Mundöffnung. Durch geeignete Messungen lässt sich belegen, dass ein Wasserfloh im Verlaufe eines Tages bis zu 4,5 l Wasser filtrieren kann.

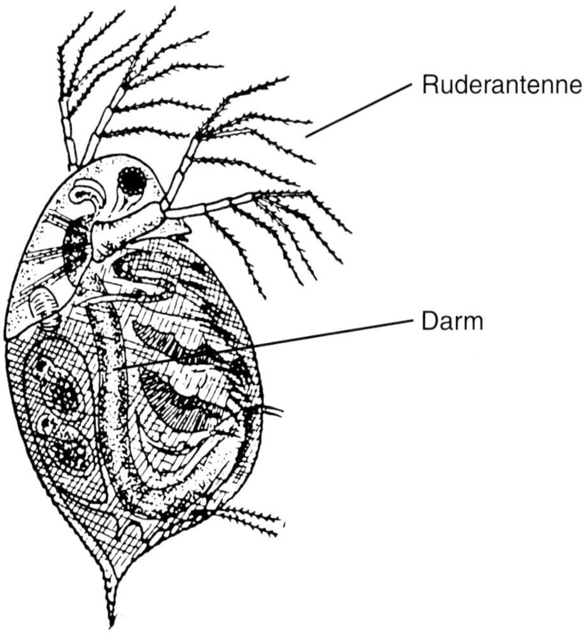

Quelle: *Engelhardt*: Was lebt in Tümpel, Bach und Weiher? Frankh Kosmos 1982, S. 129

Material und Geräte: Wasserflöhe (z. B. in einem Zoogeschäft zu beziehen); rotes Karminpulver; Mikroskop; Mikroskopierzubehör; 2 Petrischalen.

Durchführung:
1. Versuch in der Petrischale: In eine Petrischale gibt man zunächst Leitungswasser, dann, eine größere Zahl Wasserflöhe und schließlich eine sehr kleine Spatelspitze Karminpulver. Dieses wird in dem Wasser verrührt. In einem Parallelversuch wird eine Karmin-Aufschwemmung ohne Zusatz von Wasserflöhen hergestellt. Die beiden Karmin-Aufschwemmungen werden ca. 30 Minuten lang beobachtet.

2. Mikroskopische Untersuchung von Wasserflöhen zu Beginn und nach Beendigung der Petrischalen-Versuche: Mit Hilfe einer Pipette wird ein Tropfen einer frischen Wasserfloh-Aufschwemmung auf einen Objektträger mit einer Vertiefung gebracht und mit einem Deckgläschen abgedeckt. Ein entsprechendes Präparat wird von Wasserflöhen hergestellt, die 30 Minuten lang in der Karmin-Aufschwemmung verweilten. Beide Präparate werden unter dem Mikroskop betrachtet. Dabei ist das Augenmerk zum einen auf die Beinbewegung der Krebschen, zum anderen auf die Färbung des Darmes der Tiere zu richten.

Aufgaben:

a) Berechne, das Wievielfache seines Körpervolumens (der Einfachheit halber sei für einen Wasserfloh das Volumen eines Würfels von 0,5 mm Kantenlänge angenommen) ein Wasserfloh im Verlaufe eines Tages filtriert!
b) Warum wird zusätzlich ein Petrischalen-Versuch ohne Wasserflöhe durchgeführt?
c) Führe die Untersuchungen 1 und 2 durch und notiere deine Beobachtungen!
d) Welche Veränderungen sind in einem Gewässer ohne Wasserflöhe zu erwarten? Erläutere deine Vermutungen!

III./M 2	Tiere und Pflanzen des Planktons – ein ständiger Kampf gegen das Absinken	EXPERIMENT

Arbeitsmaterial:

Versuchsprotokoll

Thema: Anpassungen der planktischen Lebewesen gegen das Absinken

Material und Geräte: Knetmasse; Bleikugeln bzw. -granulat; Styropor; 1000 ml-Standzylinder; Stoppuhr bzw. Ambanduhr mit Stoppfunktion.

Durchführung:
a) Teile 5-10 gleich schwere Portionen (2-4 g) von einer Knetmassenrolle ab und bilde aus ihnen unterschiedlich geformte Körper (ausgehend von kompakten bis zu sehr verzweigten).

b) Teile nun 3 gleich große Portionen (2-4 g) von einer Knetmassenrolle ab und gib ihnen eine annähernd kugelförmige Gestalt. Drücke in die erste Portion ein Stückchen Blei, in die zweite Portion ein Stückchen Styropor von der Größe des Bleistückchens, die dritte Portion bleibt unverändert. c) Forme abschließend einige Knetmassenkügelchen von der Größe eines Stecknadelkopfes.

Zur eigentlichen Messung wird der Standzylinder bis zu 2 cm unterhalb des oberen Randes mit Wasser gefüllt, die Stoppuhr wird bereitgehalten. Die einzelnen Formen werden bis dicht an die Wasseroberfläche herangeführt und dann losgelassen. Mit Hilfe der Stoppuhr misst man die Zeit vom Eintauchen in das Wasser bis zum Eintreffen am Boden des Standzylinders.

Einige Lebewesen des Planktons:

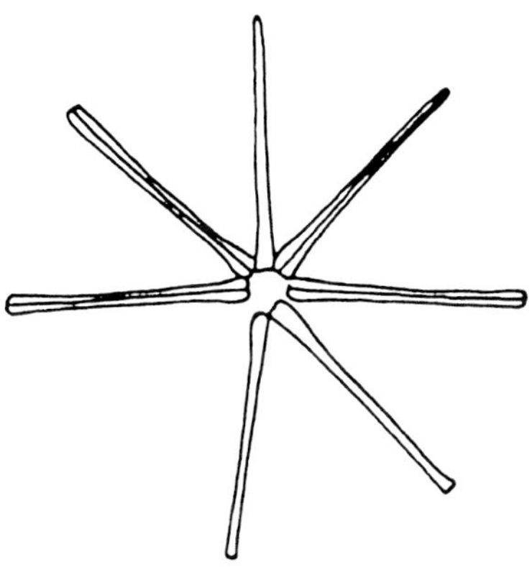

Asterionella (Kieselalge)
Verband aus 6 Zellen,
jede Zelle 0,005 mm lang

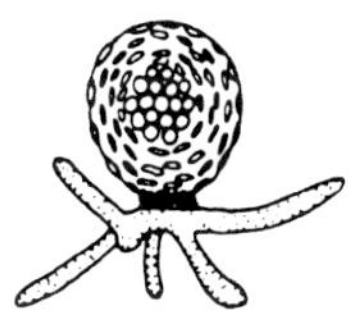

Difflugia (Wurzelfüßer)
einzelliges Tier,
ca. 0,1 mm lang

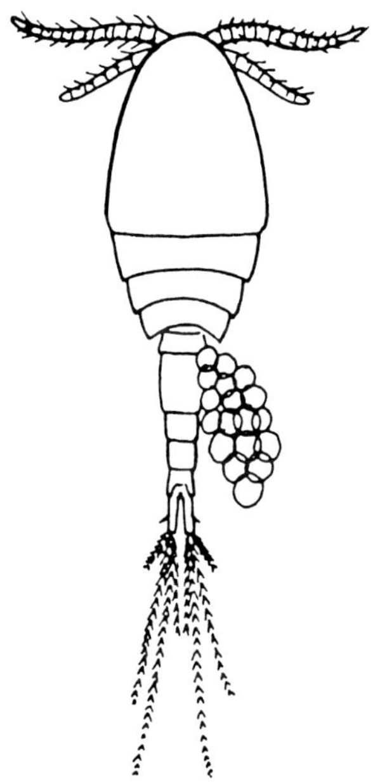

Mesocyclops (Ruderfußkrebs)
1,3 mm lang

Quelle: *K. Joger* (Hrsg.): Praktische Ökologie Diesterweg 1989, S. 318 - 320: Was lebt in Tümpel, Bach und Weiher? Frankh Kosmos 1982, S. 129

Aufgaben:

a) Bestimme die Sinkzeiten für die nach den Anweisungen a) bis c) hergestellten Körper!
b) Leite aus den Sinkzeiten Aussagen darüber ab, welche Merkmale das Absinken eines Körpers verlangsamen!
c) Wie sind die abgebildeten Lebewesen des Planktons an das Leben im freien Wasser angepasst?

III./M 3	Planktische Algen – in unterschiedlichen Tiefen ungleich zahlreich	Materialgebundene AUFGABE

Arbeitsmaterial:

Im Jahr 1975 ergab die Algenkonzentration (ausgedrückt in mg Algenmasse pro l Seewasser) für unterschiedliche Tiefen folgendes Bild:

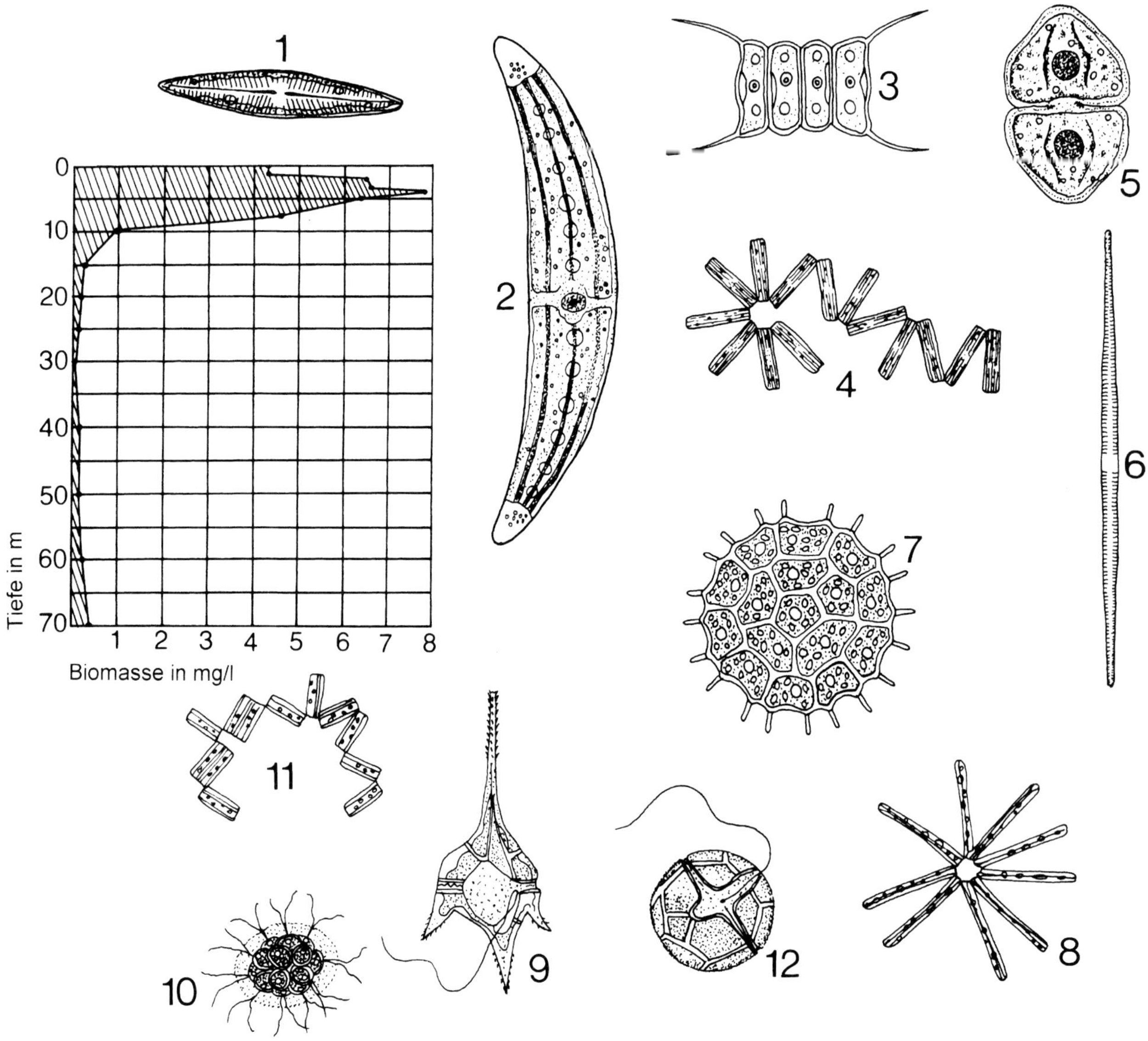

Quelle: *Hetzmann* u. a.: Tierkunde. Sabe Verlag Zürich

Beispiel:
In 10 m Tiefe wurde eine Algenkonzentration von 4,7 mg/l ermittelt

Aufgaben:

a) Ordne die Algen 1 – 12 jeweils in eine der folgenden Algengruppen ein: A Grünalgen; B Jochalgen; C Kieselalgen; D Feueralgen!
b) Wie groß war die Algenkonzentration in 5 m Tiefe?
c) Beschreibe in wenigen Sätzen die Abhängigkeit der Algenkonzentration von der Tiefe!
d) Erkläre die unterschiedlichen Algenkonzentrationen, indem du z. B. die folgenden Faktoren berücksichtigst: Temperatur, Licht, Nährsalzkonzentration u. a.!

III./M 4	Licht – auf dem Wege durch Wasser geht einiges verloren	EXPERIMENT

Arbeitsmaterial:

Versuchsprotokoll

Material und Geräte: Schwarzer Tee (lose oder in Beuteln); schwarzes Papier bzw. schwarzer Karton zum Umwickeln des Standzylinders; 1000 ml Messzylinder; 1l-Topf oder gleich großes Gefäß, das für einen Teeaufguss geeignet ist; einfache Fotozelle; Arbeitsprojektor.

Durchführung:
Zunächst wird ein „starker" Tee zubereitet. Dann umwickelt man den Messzylinder bis zum oberen Rand mit schwarzem Papier bzw. schwarzem Karton und füllt ihn bis zur 1000 ml-Marke mit dem erkalteten Tee.

Untersuchung 1: Man stellt den Messzylinder auf den Arbeitsprojektor, schaltet diesen ein und misst mit Hilfe der Fotozelle die Helligkeit des Lichts, das von der Lampe des Arbeitsprojektors ausgehend die Flüssigkeitssäule im Messzylinder durchdringen konnte. Dazu muss der Lichtsensor in den ummantelten Bereich des Messzylinders direkt über der Flüssigkeitsoberfläche gehalten werden. Dann verringert man die Teemenge auf 900, 800, 700, 600, 500, 400, 300, 200, 100 und 50 ml und misst jeweils die Helligkeit des hindurchgehenden Lichts.

Untersuchung 2: Der Messzylinder, bis zur 1000 ml-Marke mit schwarzem Tee gefüllt, wird wieder auf den Arbeitsprojektor gestellt. Dieser wird eingeschaltet, und mit Hilfe der Fotozelle wird wie in der Untersuchung 1 die Helligkeit des die Flüssigkeit durchdringenden Lichts gemessen. Nun gießt man 500m1 der Flüssigkeit ab und füllt mit Leitungswasser bis zur 1000 ml-Marke auf. Wieder wird die Helligkeit gemessen. In 4 weiteren Messungen wird jeweils die Hälfte der Flüssigkeit verworfen und durch Leitungswasser ersetzt.

INF0: Im August des Jahres 1972 untersuchte man am Bodensee, wieviel des Tageslichts (Helligkeit an der Seeoberfläche) in verschiedene Tiefen durchgelassen wurde:

Tiefe (in m)	1	5	10	15	20	25
Prozent des Tageslichts, das in der jeweiligen Tiefe gemessen wurde	87	40	15	8	4	3

Aufgaben:

a) Führe die oben beschriebenen Untersuchungen durch und notiere die Ergebnisse!
b) Fasse das Ergebnis der beiden Untersuchungen in wenigen Sätzen zusammen!
c) Stelle dann die Untersuchungsergebnisse zur Helligkeit in verschiedenen Tiefen des Bodensees graphisch dar, indem du die Tiefenwerte auf der X-Achse (Abszisse) und die Helligkeitsangaben auf der Y-Achse (Ordinate) aufträgst!
d) Erkläre die am Bodensee ermittelten Befunde mit Hilfe der beiden Untersuchungen bzw. deren Ergebnissen!
e) Erkläre folgende Beobachtung: In tieferen Schichten eines Sees findet man kaum pflanzliches Plankton!

III./M 5	Sauerstoffverhältnisse in einem See	Materialgebundene AUFGABE

Arbeitsmaterial:

Wie kann man den Sauerstoffgehalt des Wassers in unterschiedlichen Tiefen eines Sees bestimmen? Man könnte dazu einen Taucher einsetzen, der in unterschiedlichen Tiefen Wasserproben nimmt. Einfacher und weniger aufwendig ist es jedoch, mit einer Schöpfflasche zu arbeiten. Dazu nimmt man z. B. eine Sektflasche. Diese stellt man in einen grobmaschigen Netzbeutel (z. B. Netz für Apfelsinen), den man durch einen größeren Stein beschwert. Die Flasche wird durch einen Stopfen verschlossen. In den Stopfen dreht man eine Ringschraube. An dieser befestigt man ein kurzes Stück Leine (a). Um den Wulst des Flaschenhalses befestigt man eine bis zu 50 m lange Leine. Nun verknotet man das kurze Stück (a) so mit der langen Leine, dass das Stück (b) vom Knoten bis zum Flaschenhals doppelt so lang wie das kurze Stück (a) ist. Das Ziehen der Wasserprobe verläuft nun folgendermaßen. Man lässt die verschlossene Flasche in die gewünschte Tiefe und zieht dann mit einem kräftigen Ruck an der Leine. Dadurch wird der Stopfen aus der Flasche herausgerissen. Diese füllt sich langsam mit Wasser und wird dann vorsichtig wieder nach oben gezogen werden. Nun kann der Sauerstoffgehalt der Wasserprobe bestimmt werden. Solche Bestimmungen wiederholt man für verschiedene Tiefen.

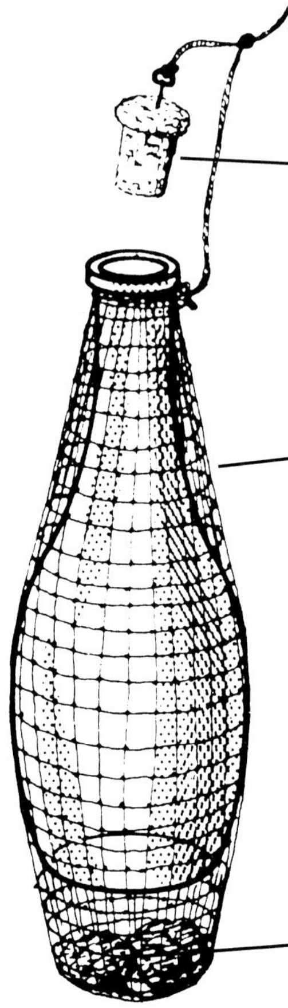

Quelle: *H. Riegel*: Praktische Limnologie. Diesterweg Salle S. 24

In einem nährstoffreichen See ermittelte man folgende Sauerstoffkonzentrationen für die unterschiedlichen Tiefen:

Tiefe (in m)	0,1	5	10	15	20	25	30	35	40	45
Sauerstoffgehalt (mg Sauerstoff pro l Wasser)	10,8	10,4	9,5	8,1	3,9	2,8	2,2	2,1	2,2	2,1

Aufgaben:

a) Warum ist eine Schöpfflasche so konstruiert, dass man den Stopfen in der gewünschten Tiefe aus dem Flaschenhals herausreißen kann?
b) Stelle die Ergebnisse graphisch dar, indem du auf der X-Achse (Abszisse) den Sauerstoffgehalt, auf der Y-Achse (Ordinate) die entsprechende Tiefe aufträgst!
c) Nenne mögliche Gründe für die unterschiedlichen Sauerstoffkonzentrationen in den unterschiedlichen Tiefen!
d) Welche Auswirkungen könnten die unterschiedlichen Sauerstoffkonzentrationen auf das Vorkommen bestimmter Tiere haben?

III./M 6	Dichte des Wassers bei unterschiedlichen Temperaturen	EXPERIMENT

Arbeitsmaterial:

Versuchsprotokoll

Thema: Dichte des Wassers bei unterschiedlichen Temperaturen

Material und Geräte: 250 ml-Rundkolben; Thermometer, dessen unterer Bereich kreisrund ist; Steigrohr von 20 - 30 cm Länge; Gummistopfen, der in die Öffnung des Rundkolbens passt und zwei Bohrungen enthält, die passend für das Thermometer und das Steigrohr sind; Methylenblau-Lsg. (oder anderer Farbstoff); 600 ml-Becherglas; Eiswürfel; Calciumchlorid; durchsichtiges Lineal; Klebeband.

Durchführung:
Der Kolben wird randvoll mit abgekochtem Wasser gefüllt, nachdem man dieses zuvor auf Zimmertemperatur abgekühlt und mit 1 - 2 ml der Methylenblau-Lsg. versetzt hat. Dann steckt man das Thermometer und das Steigrohr so in die vorgesehenen Öffnungen des Gummistopfens, wie der nebenstehenden Skizze zu entnehmen ist. Sodann verschließt man den Kolben mit dem so vorbereiteten Stopfen. Danach sollte das angefärbte Wasser etwa 10 cm hoch im Steigrohr stehen. Die Höhe der Wassersäule lässt sich dadurch ablesen, dass man das durchsichtige Lineal auf den Gummistopfen hinter das Steigrohr stellt und mit einem Stück Klebestreifen fixiert. In das Becherglas gibt man bis zur halben Höhe gestoßenes Eis und zusätzlich ca. 100g Calciumchlorid. Beide Stoffe werden gut verrührt und dann mit so viel Wasser versetzt, dass ein leichtflüssiger Brei entsteht. In diese Kältemischung stellt man den Rundkolben so, dass er allseitig von der Kältemischung umgeben ist. Während das gefärbte Wasser im Rundkolben abkühlt, liest man für jede ganzzahlige Temperatur (21, 20, 19, … °C) die Höhe der Wassersäule im Steigrohr ab.

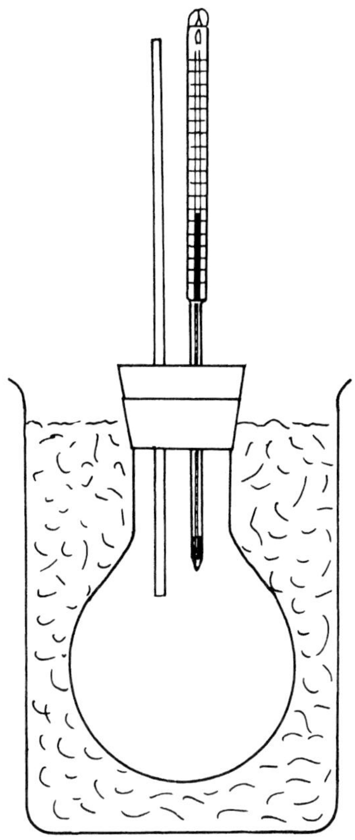

Aufgaben:

a) Übertrage die Messwerte in eine Tabelle mit den Spalten „Wassertemperatur“, und „Höhe der Wassersäule“!
b) Stelle die Ergebnisse grafisch dar (Abszisse: Temperatur; Ordinate: Höhe der Wassersäule).
c) Bei welcher Temperatur hat das Wasser die größte Dichte bzw. bei welcher Temperatur beansprucht eine bestimmte Masse Wasser das geringste Volumen?

III./M 7	Temperaturverhältnisse in einem See	Materialgebundene AUFGABE

Arbeitsmaterial:

A. Temperaturverhältnisse im Bodensee (Messstelle ca. 1000 m vom Ufer entfernt, Wassertiefe 50 m, Sommer 1987)

Wassertiefe in m	Temperatur in °C	Wassertiefe in m	Temperatur in °C
0	21,1	16	10,6
1	20,9	18	9,1
2	20,7	20	7,6
4	20,1	24	6,4
6	18,8	28	6,0
8	16,0	30	5,8
10	14,0	35	5,6
12	12,6	45	5,3
14	11,5	50	5,1

B. Achsenkreuz zur grafischen Darstellung der Temperaturverhältnisse:

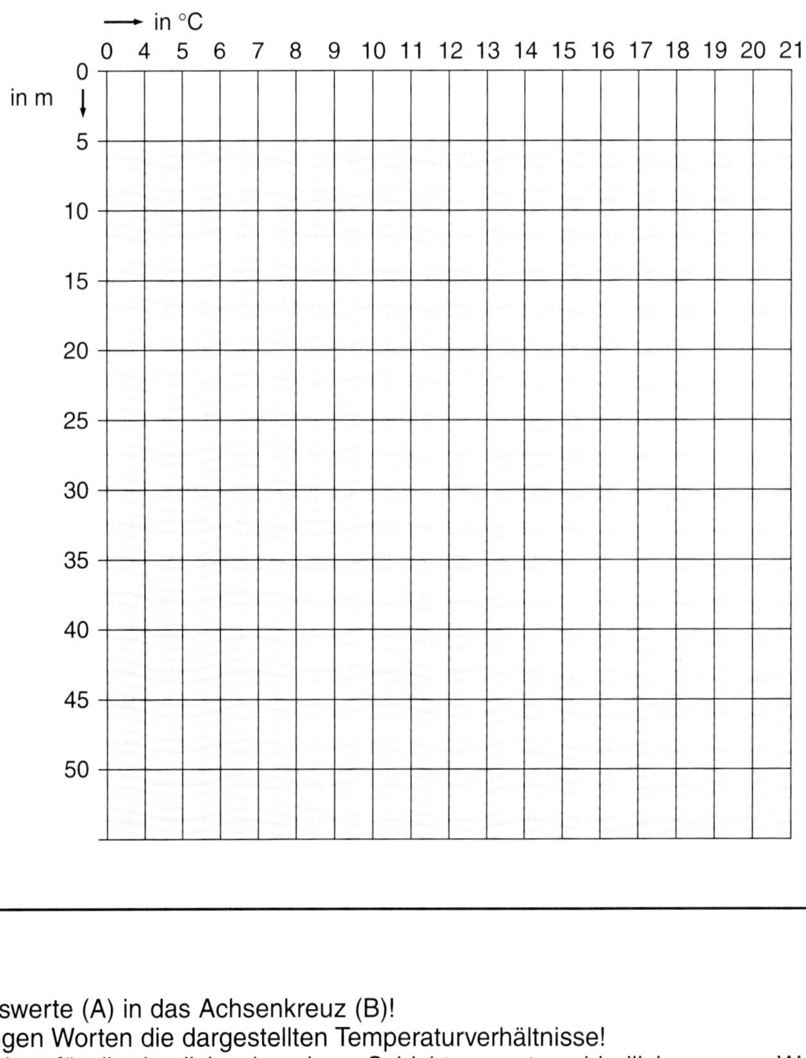

Aufgaben:

a) Übertrage die Messwerte (A) in das Achsenkreuz (B)!
b) Beschreibe in wenigen Worten die dargestellten Temperaturverhältnisse!
c) Erläutere die Ursachen für die deutlich erkennbare Schichtung unterschiedlich warmen Wassers!

III./M 8	Nahrungsbeziehungen in einem See – am Anfang stehen pflanzliche Einzeller des Planktons	Materialgebundene AUFGABE

Arbeitsmaterial:

Untersuchungen in einem See haben folgende Nahrungsbeziehungen zu Tage gebracht (das nachfolgende Schema ist unvollständig):

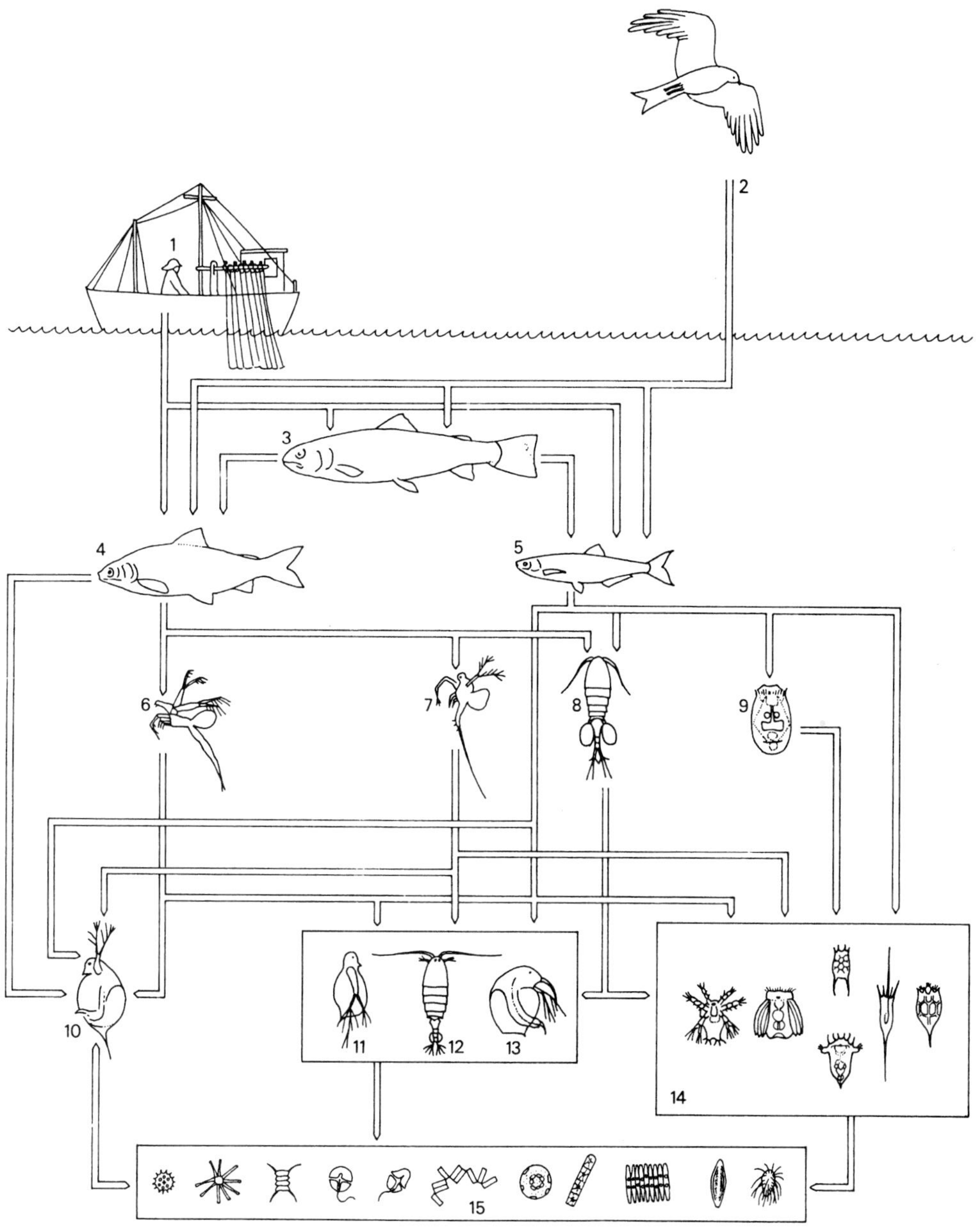

Quelle: A. *Heitzmann* u. a.: Tierkunde. Sabe Verlag Zürich S. 14

Aufgaben:

a) Lies das Schema in der Abfolge der Organismengruppen bzw. Organismen 15 → 10 → 6 → 4 → 1 (Lebewesen der Gruppe 15 werden gefressen von ...)!
b) Ordne den Zahlen folgende Namen zu: A Pflanzliches Plankton; B Rädertierchen und Larven von Ruderfußkrebsen; C Rüsselkrebschen; D Spring- Wasserflöhe; E Glaskrebschen; F Laube (Fisch); G Felchen (Fisch); H Seeforelle; I Milan (Vogel); K Mensch; L Langschwanzkrebschen; M Hüpferling; N Sack-Rädertier; O Wasserfloh; P Schwebekrebschen!
c) An welcher Stelle dieses Schemas könnte man die Sonne unterbringen?

III.2.3 Lösungshinweise zu den Aufgaben der Materialien

III./M 1

a) Das Volumen eines Wasserflohs errechnet sich (in vereinfachter Form) 0,5 x 0,5 x 0,5 mm^3 = 0,125 mm^3; 5 l = 5 dm^3 = 5000 cm^3 = 5000000 mm^3
5000000 : 0,125 = 40000000; der Wasserfloh filtriert also im Verlaufe eines Tages das 40000000-fache seines Körpervolumens.
b) So kann man überprüfen, ob das Karminrot in der Beobachtungszeit von 30 Minuten auch ohne Wasserflöhe aus dem Wasser herausgeholt wird.
c) Versuch 1: Das Wasser in der Petrischale mit Wasserflöhen wird relativ rasch klar, d. h. vom Karminpulver befreit. Im Parallelversuch bleibt die Karmin-Aufschwemmung erhalten.
Versuch 2: Man kann den von den Beinen erzeugten Wasserstrom in Richtung Mund beobachten und dann auch sehen, dass die Karminpartikel in die Mundöffnung und dann in den Mund sowie dahinter liegende Abschnitte des Verdauungstraktes (Darm) gelangen.
d) In einem Gewässer ohne Wasserflöhe würde die Menge feinster Teilchen und somit die Trübung des Wassers zunehmen.

III./M 2

a) Teilversuch a: Relativ schnell sinken kompakte Formen ab, während verzweigte eine deutlich höhere Sinkzeit haben. Teilversuch b: Die Form mit den eingedrückten Bleistück sinkt rasch ab, etwas langsamer die Form ohne Implantat, besonders langsam die Form, der ein Stück Styropor eingedrückt worden ist. Teilversuch c: Diese sehr kleinen Formen sinken relativ langsam ab.
b) Die Absinkgeschwindigkeit wird verringert durch
eine wenig kompakte Form,
eine geringe Dichte,
eine absolut geringe Masse.
c) Die abgebildeten Lebewesen sind sehr klein und haben lange Körperanhänge. Dadurch wird ihre Sinkgeschwindigkeit im freien Wasser reduziert.

III./M 3

a) Grünalgen: 3, 7, 10; Jochalgen: 2, 5; Kieselalgen: 1, 4, 6, 8, 11; Feueralgen:9, 12.
b) In 5 m Tiefe: 6,5 mg/l
c) Direkt unter der Wasseroberfläche liegt eine mittlere Konzentration (4 - 5 mg/l) vor, die sich dann in 4 m Tiefe fast verdoppelt (7,5 mg/l). Danach fällt die Algenkonzentration bis in 10 m Tiefe stark ab (1 mg/l), um dann mit zunehmender Tiefe relativ konstant unter 1 mg/l zu bleiben.
d) Hauptfaktor ist das Licht, das mit zunehmender Tiefe abnimmt und somit die Lebensmöglichkeiten insbesondere des pflanzlichen Planktons begrenzt. Auch die Temperatur könnte sich auf die Verteilung auswirken: Im relativ warmen Oberflächenwasser können sich die Plankter schneller vermehren als im kühlen Wasser tieferer Wasserschichten. Über den Einfluss der Nährsalzkonzentration können die SuS kaum Aussagen treffen.

III./M 4

Versuchsprotokoll A
a) Untersuchung 1: Je größer die Teemenge und somit dicker die vom Licht zu durchdringende Teeschicht ist, desto weniger Licht zeigt die Fotozelle an. Untersuchung 2: Mit zunehmender Verdünnung der Teesuspension zeigt die Fotozelle eine zunehmende Intensität des die Teesuspension durchdringenden Lichts an.
b) Je konzentrierter und je dicker eine Wasserschicht mit gelösten (farbigen) oder suspendierten Teilchen ist, desto weniger Licht lässt sie hindurch.
c)

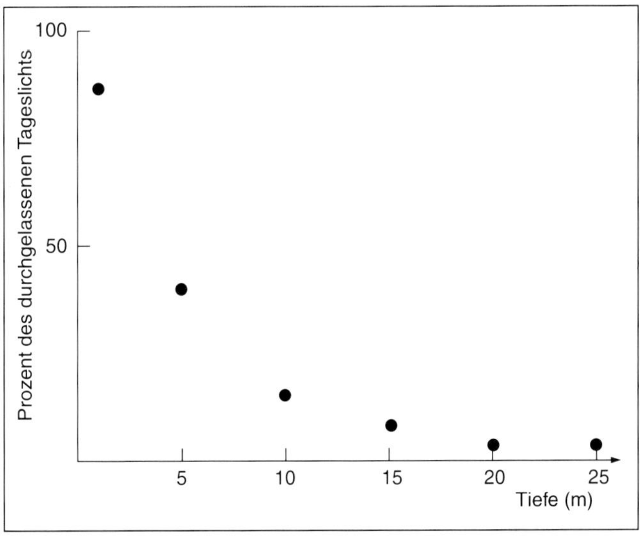

d) Das Wasser des Bodensees enthält gelöste und suspendierte Teilchen. Dadurch „verschluckt" das Wasser Anteile des auf die Wasseroberfläche treffenden Sonnenlichts. Mit zunehmender Tiefe wird immer mehr Licht „verschluckt" (Bezug zur Untersuchung 1). In 5 m-Schritten wird die Lichtabnahme verfolgt. Dabei fällt auf, dass die Abnahme in den oberen Schichten größer ist als in tieferen. Dieses ist damit zu erklären, dass die Planktonkonzentration in oberen Schichten höher ist als in tieferen (Bezug zur Untersuchung 2).
e) In tieferen Schichten ist die Lichtintensität so gering, dass die meisten Algen hier keine Fotosynthese mehr betreiben können.

III./M 5

a) Dadurch ist sichergestellt, dass erst in der gewünschten Tiefe Wasser in die Flasche fließt.

b)

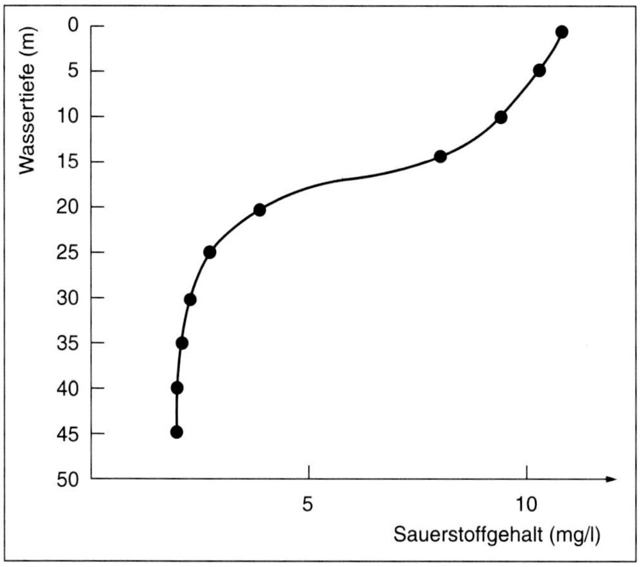

c) In den oberen Wasserschichten betreiben viele Algen Fotosynthese und geben dabei Sauerstoff ab. Es kommt hinzu, dass diese Wasserschichten durch den Wind aufgemischt und so mit Sauerstoff versorgt werden. In tieferen Schichten ist die Algenkonzentration und somit die durch Fotosynthese freigesetzte Sauerstoffmenge gering. Auch fehlt hier der Sauerstoffeintrag durch den Wind.

d) In den oberen Wasserschichten können weitgehend alle Tiere, die auf eine gute Sauerstoffversorgung angewiesen sind, leben, in den unteren lediglich solche Tiere, die mit wenig Sauerstoff auskommen.

III./M 6

a)

Temperatur (°C)	Steighöhe des Wassers (relative Einheiten)
0	3,3
1	2,7
2	2,3
3	2,1
4	2,0
5	2,1
6	2,5
7	3,0
8	3,7
9	4,4
10	5,5

b)

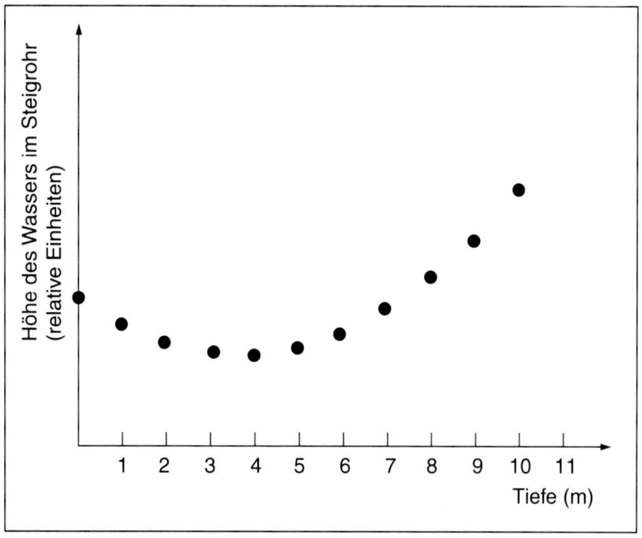

c) Der niedrigste Stand im Steigrohr müsste sich bei 4 °C einstellen; dieses ist die Temperatur, bei der Wasser die geringste Dichte hat, d. h. relativ wenig Raum beansprucht.

III./M 7

a)

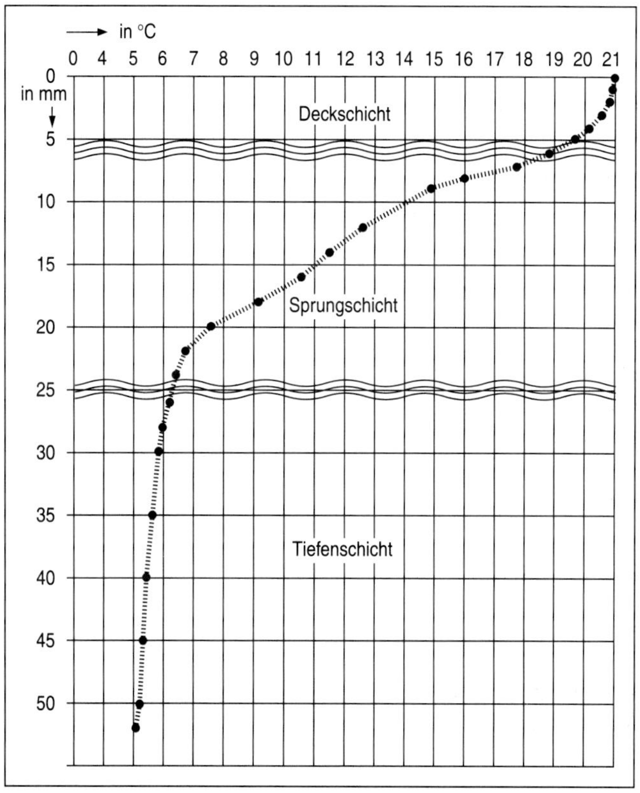

b) Im Bereich 0 bis 5 m Tiefe nimmt die Temperatur mittelstark zu, um dann bis zu einer Tiefe von ca. 20 m sprunghaft abzufallen. Zu größeren Tiefen hin ist dann eine sehr geringe Abnahme der Wassertemperatur festzustellen.

c) Das relativ warme Oberflächenwasser hat eine geringere Dichte als das kühlere Tiefenwasser. Somit „schwimmt" das warme Oberflächenwasser auf dem kalten Tiefenwasser.

III./M 8

a) Planktische Algen (15) werden von Wasserflöhen gefressen, diese von größeren Kleinkrebsen (Glaskrebschen) (6), diese wiederum von Felchen (4), die dann von Fischern (1) gefangen werden.

b) A → 15; B → 14; C → 13; D → 11; E → 6; F → 5; G → 4; H → 3; 1 → 2; K → 1; L → 7; M → 8; N → 9; O → 10; P → 12.

c) Das pflanzliche Plankton produziert mit Hilfe des Sonnenlichts Traubenzucker bzw. Stärke und ermöglicht somit dieser Organismengruppe Wachstum und Vermehrung. Im Hinblick auf diese „Zubringerfunktion" (von Energie) könnte man die Sonne unterhalb des Phytoplanktons einordnen.

III.3 Medieninformation

III.3.1 Audiovisuelle Medien

FWU-Dia-Reihe 1002243: Einheimische Süßwasserfische, 24 (f)

Annotation: *In Realaufnahmen können die Körpermerkmale der häufigsten Nutzfische erkannt werden: Nase, Schied, Aitel, Schleie, Güster, Karpfen, Barbe, Wels, Rutte, Zander, Äsche, Bachforelle, Regenbogenforelle, Hecht, Glasaal und Gelbaal (teilweise geschützt).*

FWU-Dia-Reihe 1002571: Wasser – Gewässergüte, 12 (f)

Annotation: *An konkreten Beispielen werden Gewässer unterschiedlicher Güte (I - IV), eine Gewässergütekarte (Rhein und Nebenflüsse), limnologische Kennlinien, oligo-, meso- und eutrophe Seen, Sauerstoff- und Temperaturlinien bei Eutrophie und anderes mehr in Realbildern und Graphiken gezeigt.*

FWU-Film 3203357: Leben im See (hier: unter der Wasseroberfläche), 10 min (f)

Annotation: *Der Realfilm zeigt das Leben unter der Wasseroberfläche mit ihren typischen Biozoenosen: Litoral, Pelagial, Benthal. Angesprochen wird die trophogene Lichtschicht mit den Produzenten und die dunkle tropholytische Zehrschicht mit den Destruenten. Prinzip der Nahrungskette.*

FWU-Dia-Reihe 1000449: Blau- und Grünalgen, 18 (f)

Anmerkung: *Unter den vorgestellten Formen sind auch planktische, die insbesondere durch ihre bizarren Formen auffallen.*

III.3.2 Zeitschriften

III.3.3 Bücher

Hausmann, K. u. D. J. Patterson: Taschenatlas der Einzeller. Franck'sche Verlagsbuchhandlung, Stuttgart 1983

Anmerkung: *Neben hervorragenden mikrofotografischen Aufnahmen findet man deckungsgleiche Schemazeichnungen (in verkleinerter Form).*

Heitzmann, A. u.a.: Tierkunde. Sabe, Verlagsinstitut für Lehrmittel, Zürich, 1987

Anmerkung: *Dieser Band, der schwerpunktmäßig einen Überblick über die Stämme des Tierreichs gibt, behandelt im besonderen Teil das Ökosystem See. Dort findet man hervorragende Abbildungen von ausgewählten Vertretern des Zoo- und Phytoplanktons.*

Hustedt, F.: Kieselalgen (Diatomeen). Franck'sche Verlagsbuchhandlung, Stuttgart 1956

Anmerkung: *Anhand zahlreicher Abbildungen wird diese Algengruppe vorgestellt. Es kommen Ausführungen über die Bedeutsamkeit von Kieselalgen für die Abwasserbiologie hinzu.*

Joger, U. (Hrsg.): Praktische Ökologie. Verlag Moritz Diesterweg/Verlag Sauerländer, Frankfurt 1989

Anmerkung: *Auf vier Selten werden häufig vorkommende Vertreter des Phyto- und Zooplanktons abgebildet und anhand eines Bestimmungsschlüssels systematisch geordnet.*

Kabisch, K. u. J. Hemmerling: Tümpel, Teiche und Weiher. Landbuch-Verlag, Hannover 1982

Anmerkung: *Auf den Selten 51 - 68 werden gut gelungene mikrofotografische Aufnahmen ausgewählter Plankter vorgestellt.*

Klotter, H.-E.: Grünalgen (Chlorophyceen). Franck'sche Verlagsbuchhandlung, Stuttgart 1957

Anmerkung: *Alle häufig in Süßwasser zu findenden Grünalgen werden vorgestellt und durch ökologische Anmerkungen gekennzeichnet.*

Rieth, A.: Jochalgen (Konjugaten), Franck'sche Verlagsbuchhandlung, Stuttgart 1958

Anmerkung: *Hier handelt es sich um eine sehr differenzierte Zusammenstellung mit einem ausführlichen Teil zur Biologie dieser Algengruppe.*

Sommer, U.: Algen, Quallen, Wasserfloh. Springer Verlag, Berlin-Heidelberg 1996

Anmerkung: *In sehr übersichtlicher Form vermittelt der Autor einen Einblick in die Welt des Planktons. Im Mittelpunkt steht die Behandlung tierischer und pflanzlicher Vertreter dieses Lebensraumes, übersichtliche Skizzen vermitteln hinreichend Anschaulichkeit. Zusätzlich werden hydrographische und hydrodynamische Aspekte aufgezeigt.*

IV. Unterrichtseinheit (UE): Das Leben im Bereich des Seebodens

Lernvoraussetzungen:
Grobgliederung eines Sees; Grundwissen über die Bedeutung von Sauerstoff für Lebewesen; Einfluss von Licht auf die Fotosyntheseaktivität von Pflanzen und somit den Sauerstoffgehalt eines Gewässerbereichs; Verstehen und Beschreiben einfacher Diagramme.

Gliederung:
Die Pfeile geben die hier vorgeschlagene Unterrichtssequenz inhaltlicher Schwerpunkte dieser Unterrichtseinheit an. Es sind aber auch andere Sequenzen denkbar.

1. Am Seeboden – hier ist alles anders

↓

2. … kommen mit wenig Sauerstoff aus

↓

3. Bakterien – Spezialisten beim Recyclen

↓

4. Ein See wird immer flacher – vom Seeboden geht es aus

Zeitplan:
Für die Unterrichtung der so skizzierten Unterrichtseinheit werden 4 Stunden benötigt. Der zeitliche Aufwand verringert sich um eine Stunde, wenn die Verlandung eines Sees lediglich in der VI. UE unterrichtet wird.

IV.1 Sachinformation

Chemoautotrophe Organisman:

Hier handelt es sich um farblose Bakterien, die ohne Lichtenergie aus Kohlenstoffdioxid und Wasser organische Verbindungen aufbauen können. Sie erwirtschaften die dazu benötigte Energie dadurch, dass sie anorganische Stoffe oxidieren. Bei dieser Oxidation fallen energiereiches ATP und für reduktive Prozesse erforderliches NADH + H^+ an. Je nachdem, welche anorganische Verbindung sie oxidieren, spricht man von Schwefel-, Nitrat-, Nitrit-, Eisen- oder Manganbakterien. Bei der Stoffproduktion in einem See spielen chemoautotrophe Bakterien eine untergeordnete Rolle. Ihre Bedeutung erhöht sich dort, wo aufgrund von Lichtmangel photoautotrophe Bakterien und Pflanzen nicht existieren können, also im Profundal. Wichtiger ist allerdings ihre Rolle bei der chemischen Umwandlung verschiedener anorganischer Stoffe.

Anoxibiose:

Während der Anoxibiose kommen Lebewesen wie Zuckmückenlarven oder Schlammröhrenwürmer ohne Sauerstoff aus; sie setzen ihren Stoffwechsel herab und bauen, um die benötigte Energie zu gewinnen, Glucose zu Milchsäure ab. Weitere energiereiche Endprodukte anoxibiotischer Abbauprozesse können sein: Alanin, Bernsteinsäure, Ethanol.

Bakterien:

Bakterien gehören zu den Prokaryonten. Diese Benennung rührt daher, dass sie keinen durch eine Kernmembran abgegrenzten Zellkern besitzen, sondern lediglich ein frei im Zellplasma liegendes Bakterienchromosom. Auch Plastiden, wie man sie bei Pflanzen findet, kommen in Bakterienzellen nicht vor. Bei *fotoautotrophen* Bakterien, also solchen, die Fotosynthese betreiben können, findet man an Membranen gebundene Pigmentansammlungen, in denen dann Fotosynthese möglich ist. Die meisten der über 6000 Bakterienarten allerdings leben *heterotroph*, d. h. sie bauen vorhandene organische Stoffe ab und nutzen die dabei freiwerdende Energie. In dieser Tätigkeit liegt die ökologische Bedeutung der Bakterien, auch in einem See. Tote organische Substanz wird abgebaut zu Wasser, Kohlenstoffdioxid und anderen anorganischen Verbindungen wie z. B. Nitrat-Anionen, Ammoniak, Ammonium-Kationen. Im Zuge des Abbaus pflanzlicher und tierischer Reste werden zelluläre Strukturen zerstört und darin enthaltene bzw. gelöste Salze freigesetzt. Insgesamt bezeichnet man diesen Vorgang der Umwandlung organischer Substanz in anorganische als *Mineralisation*, weil bei diesen Abbauprozessen anorganische Salze, also Mineralien frei werden. Man bezeichnet die so tätigen Bakterien als *Mineralisierer, Destruenten oder Reduzenten.*

Mineralisation:

s. Bakterien

Reduzenten:

s. Bakterien

Profundal:

In diesem Bereich des Seebodens fehlen wurzelnde Pflanzen und auch untergetauchte Pflanzen, so dass insgesamt Fotosynthese betreibende Organismen fehlen. Deren Fehlen ist auf die unzureichenden Lichtverhältnisse zurückzuführen. Man kann daher die im Profundal ansässige Lebensgemeinschaft als reine Konsumentengemeinschaft bezeichnen, die von der Biomasse lebt, die in der Uferzone oder im freien Wasser produziert wird und in die Tiefenzone gelangt. Hinzu kommt allerdings Biomasse, die von chemoautotrophen Organismen des Profundals hergestellt wird.

Schlammröhrenwurm (Tubifex):

Dieser 30 - 40 mm lange Wurm gehört als Regenwurmverwandter zu den Oligochaeta.Er kommt bevorzugt in sauerstoffarmen, mit organischen Resten belasteten Gewässerbereichen vor. Die Würmer bauen mit Schleim ausgekittete Röhren. In diesen stecken sie mit ihrem Vorderende 1 bis 3 cm tief und nehmen so organische Nahrung aus dem Boden auf. Mit dem herausragenden Hinterteil führen sie pendelnde Bewegungen durch, um so an Sauerstoff zu kommen. Insgesamt legen sie ein Gangsystem von bevorzugt senkrechten, aber auch waagerechten Gängen an. In letzteren wandern sie pro Tag 1 - 4 cm, unter schlechten Nahrungsbedingungen gar bis zu 20 cm.

Durch ihre Tätigkeit wird der Boden umgeschichtet und dabei durchlüftet, was anderen sauerstoffverbrauchenden Destruenten wie z. B. Bakterien zugute kommt. So kann die durch Bakterien betriebene Destruententätigkeit in tiefere Bodenschichten getragen werden. Die durch Schlammröhrenwürmer bewirkten Umschichtungen sind beachtlich. So können 10000 Tiere auf einem Quadratmeter in sechs Wochen bis zu 10 Liter Schlamm umschichten. Man zählt auf einem Quadratmeter Seeboden bis zu 1 Millionen Würmer dieser Art.

Tiere in der Tiefenzone:

Während in nährstoffarmen Seen mit einem ausreichenden Sauerstoffgehalt auch in den tieferen Seeschichten eine große Artenzahl in relativ geringer Dichte vorkommt, bieten nährstoffreiche Seen, die besonders im Sommer unter Sauerstoffmangel leiden, nur wenigen hochspezialisierten Arten Lebensmöglichkeiten im Bereich des Seegrundes. Diese wenigen Arten kommen dann aber sehr zahlreich vor. Typisch für den Seegrund sind: Amöben, Geißeltierchen, Wimpertiere, Rädertiere, Schlammwürmer (*Tubifex* und verwandte Arten) Zuckmückenlarven, Strudelwürmer, Fadenwürmer, wenige Muschel- und Schneckenarten, einige Muschelkrebs- und Milbenarten. Die Tiere leben von abgesunkenen Algen, von Detritus, Schlamm. Andere wie z. B. einige Zuckmückenlarven, Strudelwürmer und Milben, leben räuberisch.

Verlandung:

Das Ausgangstadium kann ein nährstoffreicher See von nur geringer Tiefe mit einer breiten Uferbank sein. Aufgrund des Nährstoffreichtums ist die Stoffproduktion durch die Pflanzen so hoch, dass sie durch die Konsumenten und Reduzenten in der Zehrschicht nicht vollständig abgebaut werden kann. Die für diesen Seetyp charakteristische Sauerstoffarmut insbesondere in den Sommermonaten führt zu einer Ansammlung organischer Substanz auf dem Seeboden, zu einer Schlammschicht. Hier findet ein unvollständiger, durch anaerobe Vorgänge gekennzeichneter Abbau organischer Substanz statt. Giftige Gase wie z. B. Schwefelwasserstoff entstehen und erschweren zusätzlich einen weiteren Abbau der sedimentierten Stoffe. Von Jahr zu Jahr nimmt nun die Schlammschicht an Mächtigkeit zu, die Uferbänke verbreitern sich. Von hier aus dringen Schilfgürtel, Schwimm- und Tauchpflanzenzone immer weiter zur Seemitte vor und produzieren zusätzlich organische Substanz, die nicht vollständig abgebaut werden kann. Allmählich wird die freie Wasserfläche immer kleiner. Die Pflanzen dringen zur Seemitte vor und besiedeln schließlich den gesamten Seegrund. Abgestorbenes Pflanzenmaterial wird unter Luftabschluss nur unvollständig mikrobiell abgebaut, es entsteht eine Torfschicht. Den so entstandenen Lebensraum

Abb. 1 Tiere des Seebodens. Quelle: *K. Joger* (Hrsg.): Praktische Ökologie. Diesterweg S. 323/324

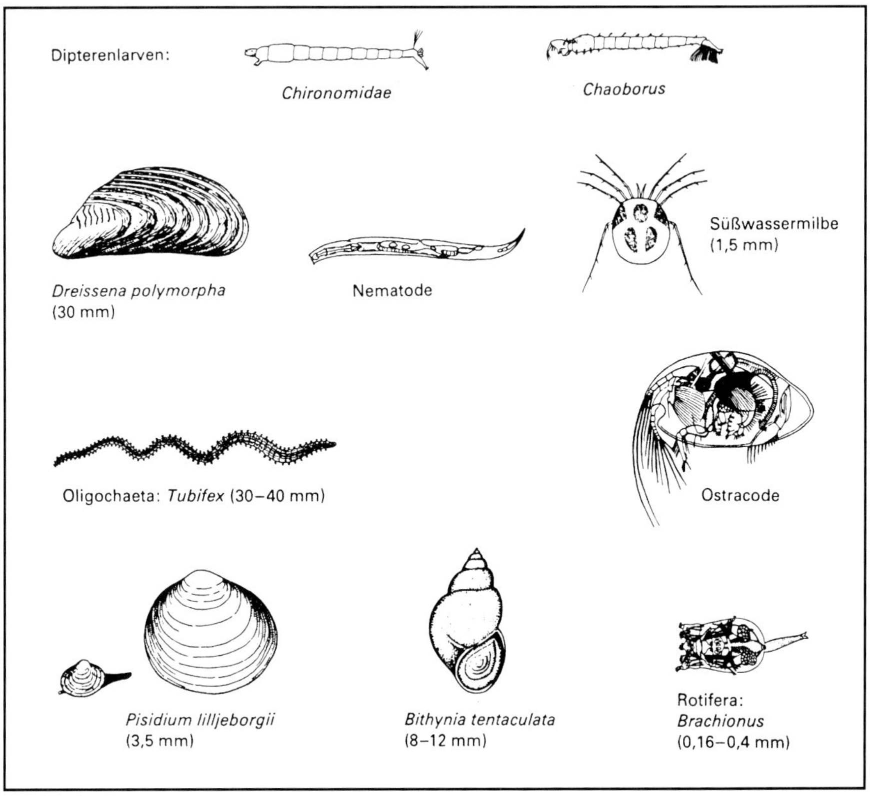

bezeichnet man als Flachmoor. Hier können sich Schwarzerlen, Moorbirken und Weiden ansiedeln, da sie die vorherrschende Nässe vertragen. Hinzu kommen Gräser, Kräuter und Kletterpflanzen. Die so zu kennzeichnende Formation nennt man Bruchwaldstadium. Regelmäßige und reichliche Niederschläge begünstigen die Entwicklung vom Bruchwald zum Hochmoor mit der charakteristischen Pflanze Torfmoos. Deren Ausbreitung bringt den Bruchwald zum Absterben. Die Torfmoose dominieren. Nur ihre oberen Teile sind noch lebend und betreiben Fotosynthese. Die unteren Teile sind abgestorben. Sie werden nur unvollständig zersetzt und können somit eine Torfschicht ausbilden. Das Torfmoos wächst ständig in die Höhe. Die jüngeren Teile am Rande sind nicht so hoch wie die älteren in der Mitte. So erhält das Hochmoor sein typisches uhrglasähnliches Aussehen.

Zuckmückenlarven:

Man spricht auch von Chironomidenlarven. Sie kommen bevorzugt in sauerstoffarmen Tiefen eines Gewässers vor. Zwar leben sie im Sediment, ernähren sich jedoch nicht von diesem. Aus den ständig aus der trophogenen Zone herabsinkenden Tier- und Pflanzenleichen/resten filtrieren sie selektiv, je nach Artzugehörigkeit, die für sie spezifische Nahrung heraus, so z. B. Kieselalgen und Algenreste. Wie auch Schlammröhrenwürmer reduzieren sie ihre Stoffwechselintensität in Abhängigkeit vom Sauerstoffangebot. Sie können völligen Sauerstoffmangel über mehrere Wochen gut überstehen, „schalten“ sie auf eine anaerobe Verwertung ihrer Nahrung um: Sie bauen dann Traubenzucker zu Milchsäure ab. Nach einer solchen Phase anaerober Stoffwechselaktivität müssen sie dann die Milchsäure, die sich angesammelt hat, mit Hilfe von Sauerstoff weiter abbauen. Man spricht dabei von einer sogenannten Erholungsphase. Während in der Zeit anaeroben Stoffwechsels Wachstum kaum möglich ist, erleben diese Tiere unter aeroben Bedingungen ihren eigentlichen Wachstumsschub, der dann allerdings im Winter, wegen der niedrigen Temperaturen, zum Stillstand kommt. Ihre Hauptvermehrungszeit liegt im Herbst und im Frühjahr. Durch die dann einsetzende Zirkulation gelangen in die Tiefenzone ausreichend Nahrung und auch Sauerstoff. Allerdings werden die stark angewachsenen Populationen nun dezimiert durch Fische, die mit dem sauerstoffreichen Wasser in die Bodenzone vorstoßen und sich bevorzugt von Zuckmückenlarven ernähren.

IV.2 Informationen zur Unterrichtspraxis

IV.2.1 Einstiegsmöglichkeiten

Einstiegsmöglichkeiten	Medien
■ L lässt Text zur Tiefenzone eines Sees vorlesen ▶ **Problemfrage:** Welche Bedingungen kennzeichnen die Tiefenzone eines Sees?	■ Material IV./M 1 (Materialgebundene Aufgabe): Auf dem Seeboden, in großer Tiefe … (Eingangstext: In einem Lehrbuch, das. …)

IV.2.2 Erarbeitungsmöglichkeiten

Erarbeitungsschritte	Medien
Unterrichtliche Anmerkung: *Der Bereich der Tiefenzone kann von Schülern und Schülerinnen der Sekundarstufe I nicht vor Ort erkundet werden. Sicherheitsaspekte und auch solche der erschwerten Zugänglichkeit legen nahe, sich bei der Erarbeitung dieses Bereiches auf den Einsatz von audiovisuellen Medien und Arbeitsblättern zu beschränken. Nur im Ausnahmefall wird es möglich sein, zumindest Bodenproben aus der Tiefenzone zu ziehen und im Unterricht auf Lebewesen hin zu untersuchen.*	
A.1 Am Seeboden, hier ist alles anders	
■ Unterrichtsgespräch: Welche Bedingungen herrschen in der Tiefenzone ■ SuS bearbeiten Material, das Auskunft über die Bedingungen in der Tiefenzone gibt	■ Tafel ■ Material IV./M 1 (Materialgebundene Aufgabe): Auf dem Seeboden, in großer Tiefe …
■ SuS fassen die Ergebnisse zusammen	■ Tafel: wenige Algen, keine im Boden wurzelnden Pflanzen, wenig/kein Licht, niedrige Temperaturen, geringer Sauerstoffgehalt
A.2 … kommen mit wenig Sauerstoff aus	
Unterrichtliche Anmerkung: *Sollte mit Hilfe eines Bootes oder über einen Bootsteg die Tiefenregion erreichbar sein, mag folgendes Vorgehen zur Materialgewinnung angeraten sein: Die beiden Henkel eines etwas schwereren eisernen Kochtopfes (20 - 30 cm Durchmesser) werden durch einen stabilen Drahtbügel verbunden, nachdem in die Mitte dieses Bügels eine Öse geschlungen worden ist. An der Öse befestigt man ein über 10 m langes Seil. Der Topf wird in das tiefe Wasser herabgelassen oder geworfen. Nach dem Auftreffen auf dem Seeboden wird er darüber hingezogen und wieder eingeholt. Der Inhalt wird in eine Glasschale oder ein kleines Aquarium gegossen. Nachdem sich die Trübung abgesetzt hat, sucht man auf der Schlammoberfläche und im Schlamm nach Lebewesen wie z. B. Tubifex, Zuckmücken oder Muscheln (z. B. Erbsenmuscheln). Ist die so angelegte Materialsuche erfolgreich, erübrigt sich die Materialbeschaffung aus dem Zoogeschäft.*	
■ Impuls: Welche Tiere leben dauernd in der so gekennzeichneten Zone eines Sees? ■ SuS untersuchen einen typischen Bewohner des Seebodens: Tubifex (bzw. vom Seeboden eingeholtes Material)	■ Tubifex (aus dem Zoohandel); mit dem Schlammschöpfer eingeholtes Material Material IV./M 2 (Experiment): Tubifex – ein Bewohner des Seebodens (Arbeitsblatt ohne vorangestellten Text verteilen)
■ Unterrichtsgespräch über die Bedeutung von Tieren wie Tubifex	■ Material IV./M 2, jeweils mit Blick auf auf die Textpassagen

Erarbeitungsschritte	Medien
A.3 Bakterien – Spezialisten beim Recyclen	
Unterrichtliche Anmerkung: *Die Bedeutsamkeit von Bakterien und Pilzen für den Stoffabbau in der Tiefenschicht wird den SuS in der Regel nicht bekannt sein. Hier muss ein diesbezüglicher Impuls (Film, Dia) den Blick in die gewünschte Richtung lenken.* *Sollte ein Schlammschöpfer zum Einholen von Bodenlebewesen eingesetzt worden sein, kann man folgendermaßen vorgehen: Von dem Bodenprobenüberstand überträgt man mit Hilfe einer Pipette einen Tropfen auf einen Objektträger und untersucht ihn mit Hilfe eines leistungsfähigen Kursmikroskops (500 bis 600-fache Vergrößerung) auf Bakterien.*	
■ L: Welche anderen Lebewesen sind in der Tiefenschicht anzutreffen?	
■ L projiziert Dias, die Bakterien zeigen (alternativ: Untersuchung von Wasser einer Bodenprobe mit Hilfe eines Mikroskops)	■ FWU-Dia-Reihe 1000218: Bakterien (alternativ: Bodenprobenwasser, leistungsfähiges Mikroskop, Zubehör)
■ SuS erarbeiten die Bedeutung der Bakterien (und Pilze) in der Tiefenzone	■ Material IV./M 3 (Materialgebundene Aufgabe): Bakterien – Recyclen ist ihre Stärke
■ Zusammenfassung über die Aufgabe der in der Tiefenzone lebenden Organismen	■ Tafel: Bakterien, Pilze und andere Lebewesen der Tiefenzone zersetzen Stoffe von Lebewesen zu Wasser, Kohlenstoffdioxid und Nährsalzen
A.4 Ein See wird immer flacher – vom Seeboden geht es aus	
■ Impuls: Was passiert, wenn Bakterien, Pilze und die anderen Lebewesen der Tiefenzone ihre „Arbeit" nicht mehr schaffen?	
■ SuS bearbeiten Material, das zu dieser Frage Auskunft gibt	■ Material IV./M 4 (Materialgebundene Aufgabe): Verlandung eines Sees, am Seeboden fängt es an
■ L: Nennt mögliche Ursachen dafür, dass die Organismen in der Tiefenzone ihre „Arbeit" nicht mehr schaffen	■ Tafel
Unterrichtliche Anmerkung: *Schon an dieser Stelle kann der Blick der Lerngruppe auf anthropogene Einflüsse bei der Eutrophierung von Gewässern gelenkt werden.*	

IV./M 1	**Auf dem Seeboden, in großer Tiefe …**	**Materialgebundene AUFGABE**

Arbeitsmaterial:

In einem Lehrbuch, das sich mit dem Lebensraum See befasst, heißt es u. a.: „In der Tiefenzone gibt es keine Pflanzen mehr, die im Boden wurzeln. Statt dessen leben hier Pflanzenfresser, Restefresser (man spricht auch von Saprophagen) oder räuberische Arten, die sich von Pflanzenfressern ernähren. Insgesamt ist die Artenzahl nicht sehr hoch. Neben Einzellern, Ringelwürmern, Rädertieren, Schnecken, Muscheln, Kleinkrebsen und Mückenlarven findet man in der Tiefenzone zahlreiche Bakterien, die Reste von Tieren und Pflanzen zu Kohlenstoffdioxid und Wasser abbauen und dabei Nährsalze freisetzen.

Was macht die besonderen Lebensbedingungen in der Tiefenzone aus? Die nachfolgende Abbildung gibt dazu einige Hinweise:

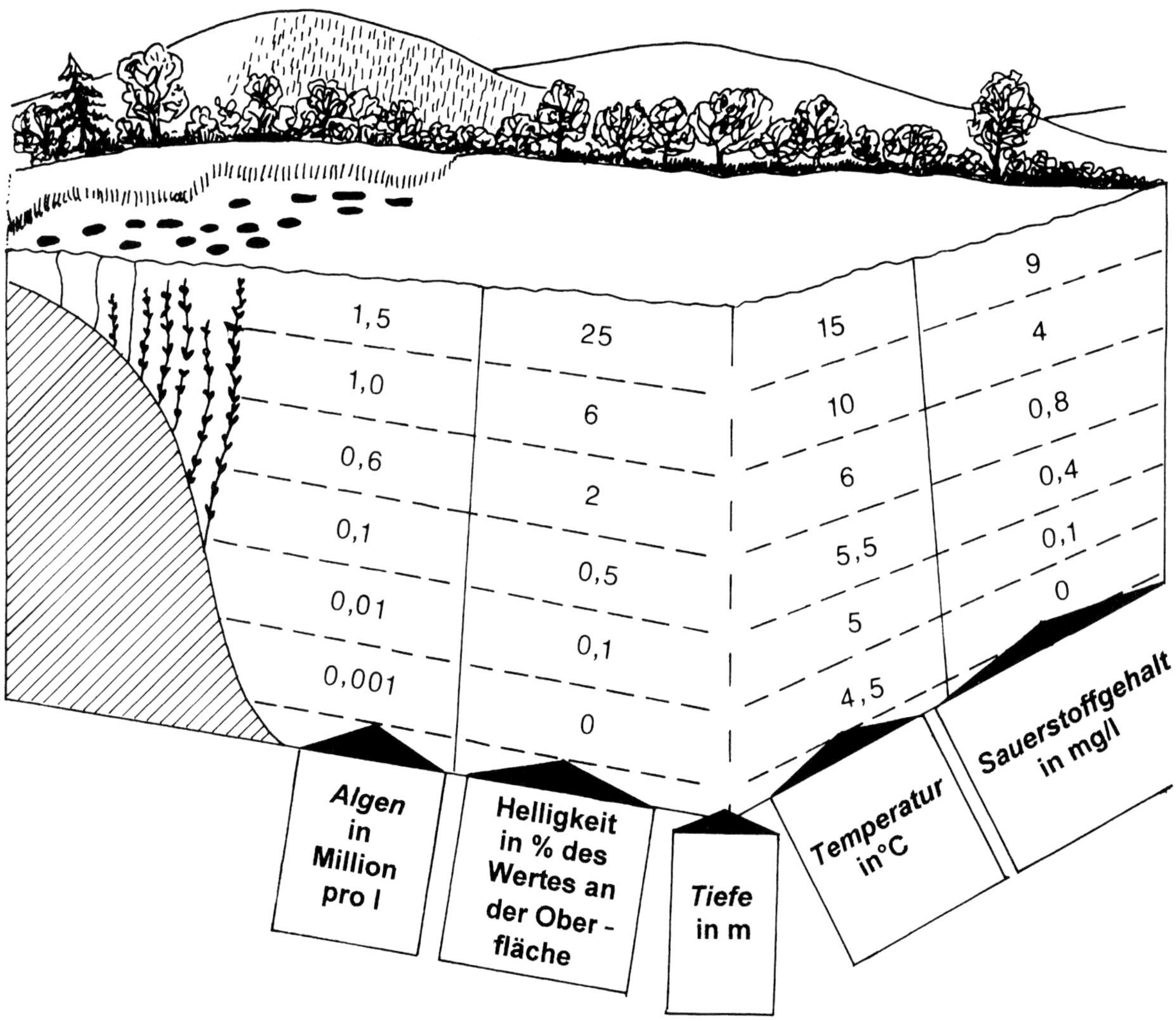

Aufgaben:

a) Kennzeichne die Verhältnisse (Algenzahl, Helligkeit, Temperatur, Sauerstoffgehalt) in der Tiefenzone!

b) Warum findet man in der Tiefenzone keine im Boden wurzelnden Pflanzen mehr, wohl aber einzellige Algen?

c) Wie ist zu erklären, dass es in der Tiefenzone zu Schlammauflagerungen kommt, obwohl hier keine Pflanzen wurzeln und wachsen, wohl aber viele Tiere von pflanzlichem Material leben?

IV./M 2	Tubifex – ein Bewohner des Seebodens	EXPERIMENT

Arbeitsmaterial:

Versuchsprotokoll

Dort, wo der Seeboden nur noch wenig oder kein Licht mehr empfängt, trifft man nicht mehr auf im Boden wurzelnde Wasserpflanzen oder Algen. Der Sauerstoff kann knapp werden. Viele der hier lebenden Tiere (einzellige Wimpertiere, Rädertierchen, Schlammwürmer, Zuckmückenlarven, Muscheln, Muschelkrebse, Fadenwürmer u. a.) sind an sauerstoffarme Verhältnisse gut angepasst. Dies gilt besonders für den Schlammröhrenwurm Tubifex. Er gehört zu den Ringelwürmern, ist also mit den Regenwürmern verwandt. Tubifex-Würmer bauen mit Schleim ausgekleidete Röhren, in denen sie mit ihrem Vorderende stecken und zerriebenes Material von Lebewesen aufnehmen. Mit ihrem Hinterende pendeln sie hin und her, dabei nehmen sie Sauerstoff auf.
Sie können in großer Zahl vorkommen. So zählt man auf einem Quadratmeter oft mehr als 400000 Individuen. Diese können pro Tag mehr als 2,5 kg Schlamm aufarbeiten. Dabei zersetzen sie Reste von Lebewesen zu Kohlenstoffdioxid, Nährsalzen und anderen Stoffen.

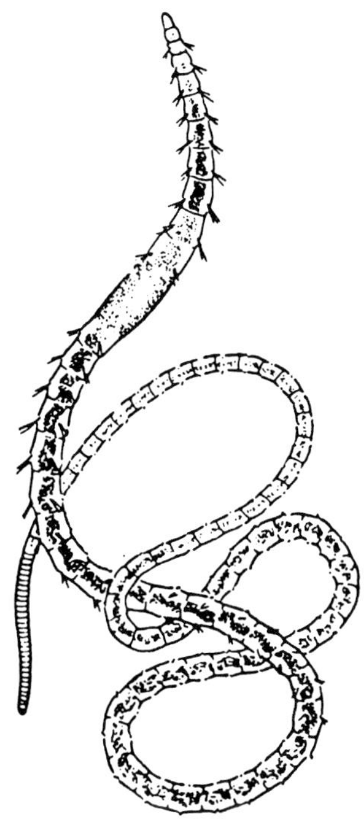

A. Kurzzeitversuch:

Material und Geräte: Tubifex (im Zoohandel zu kaufen); 2 Bechergläser (400 ml), ausgewaschener Sand (fein).

Durchführung:
Das Becherglas I wird 2-3 cm hoch mit dem Sand beschickt und dann mit abgestandenem Wasser bis 2 cm unter den Becherglasrand aufgefüllt. In das so vorbereitete Gefäß gibt man ein Knäuel Tubifex. Mit dem Becherglas II verfährt man entsprechend, nur wird hier frisches Leitungswasser verwendet.

B. Langzeitversuch:

Material und Geräte: Tubifex (im Zoohandel zu kaufen); 200 ml-Glasflasche mit Gummistopfen; Gaze; Zwirn; Sauerstoff-Testkit (z. B. Aquamerk, visicolor)

Durchführung:
Ein Tubifexknäuel wird in ein feines Gazenetz gelegt; dieses wird mit Hilfe eines Zwirnsfadens abgebunden. Dann füllt man die Glasflasche mit Wasser, dessen Sauerstoffgehalt man zuvor mit Hilfe des Testkits ermittelt hat. In die Flasche hängt man das Gazenetz mit den Würmern (der Zwirnsfaden wird mit Hilfe des Gummistopfens eingeklemmt). Nach 24 Stunden bestimmt man mit Hilfe des Testkits den Sauerstoffgehalt in der Glasflasche.

Aufgaben:

a) Notiere deine Beobachtungen zu den beiden Versuchen!
b) Erkläre deine Beobachtungen!

IV./M 3	Bakterien – Recyclen ist ihre Stärke	Materialgebundene AUFGABE

Arbeitsmaterial:

INFO 1: Bakterien, auch Spaltpilze genannt, sind einzellige Lebewesen von nur geringer Größe: 1/1000 bis 50/1000 mm! Unter dem Mikroskop kann man sie bei ca. 450-facher Vergrößerung erkennen. Die Zellen sind unbeweglich oder durch Geißeln beweglich. Im Innern der Bakterienzelle findet man keinen durch eine Membran abgegrenzten Zellkern, sondern ein sogenanntes Kernäquivalent, das die Vorgänge der Zelle steuert. Viele Bakterien sind von einer Schleimkapsel umgeben.

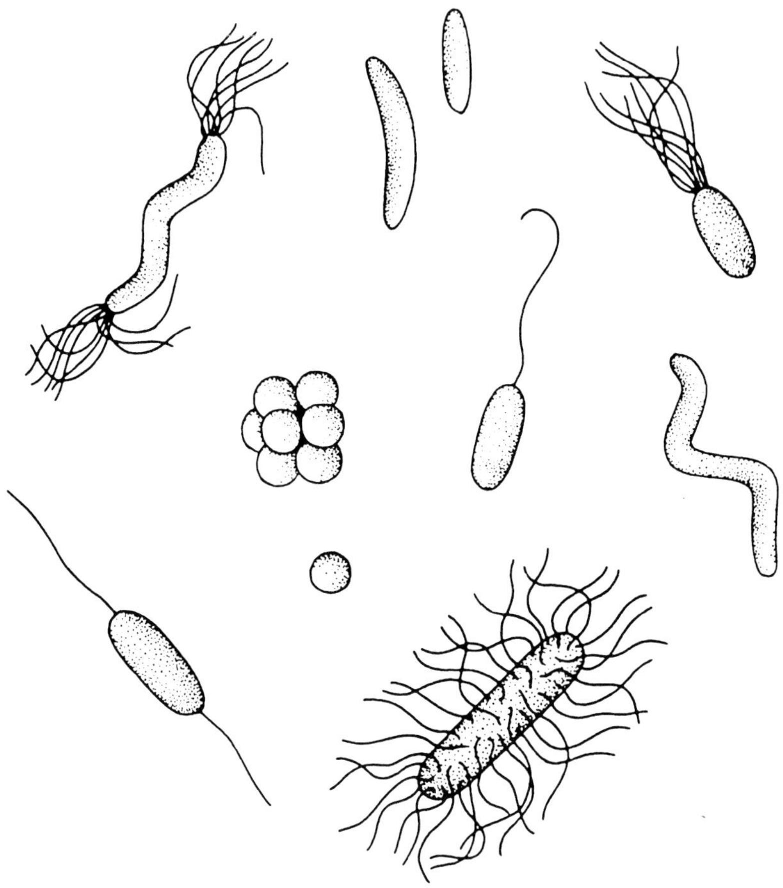

Quelle: *A. Schwarzenbach* u. *W. Zinnati*: Pflanzenkunde. Diesterweg-Sauerländer S. 150/151

INFO 2: Einige Bakterien können wie Pflanzen Photosynthese betreiben. Die meisten Bakterien jedoch „ernähren sich wie Tiere“, d. h. sie verwerten Stoffe, die andere Organismen hergestellt haben (organische Substanz). Für Bakterien ist es kennzeichnend, dass sie solche organische Substanz vollständig abbauen zu Kohlenstoffdioxid, Wasser und Nährsalzen. Für diese Abbauvorgänge benötigen die meisten Bakterien Sauerstoff.

INFO 3: Einige Bakterien können auch bei einem geringen Sauerstoffangebot oder völligem Fehlen von Sauerstoff organische Substanz abbauen. Dabei können allerdings Stoffe entstehen, die für andere Lebewesen giftig sind: Ammoniak, Schwefelwasserstoff.

Aufgaben:

a) Wodurch unterscheidet sich eine Bakterienzelle von einer Pflanzenzelle?
b) Warum kann man sagen, dass sich Bakterien „wieTiere“ ernähren?
c) Prüfe folgende Behauptung: „Ohne Bakterien kommt das Leben in einem See zum Stillstand“!
d) Inwiefern besteht gerade im Sommer und am Grunde eines Sees die Gefahr, dass giftige Gase wie Schwefelwasserstoff und Ammoniak entstehen?

IV./M 4	**Verlandung eines Sees – am Seeboden fängt es an**	**Materialgebundene AUFGABE**

Arbeitsmaterial:

... so fing es an:

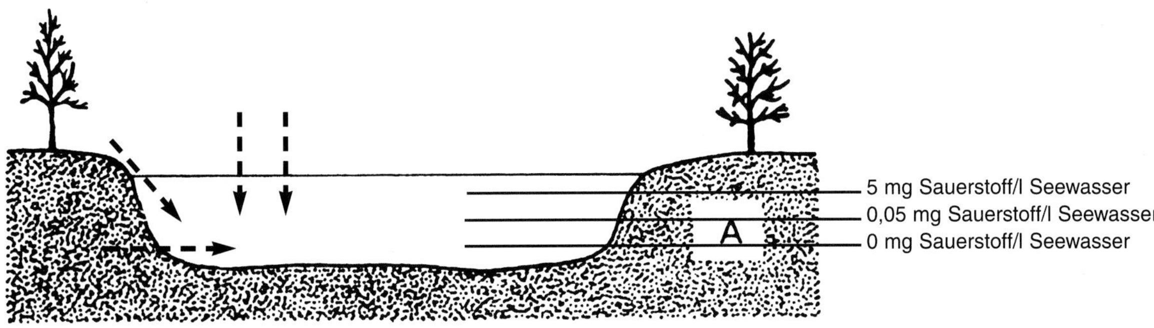

... und so ging es weiter

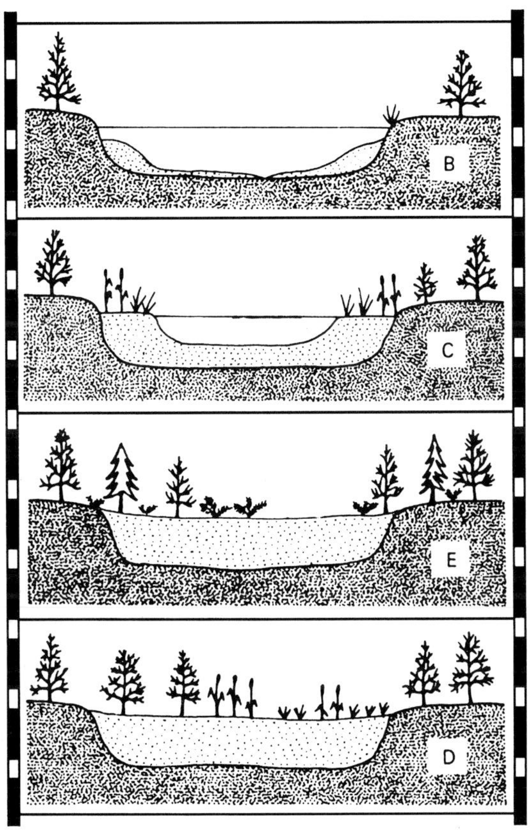

Quelle: *U. Joger* u. a.: Praktische Ökologie. Diesterweg S. 305

Aufgaben:

a) Nenne die Ursachen, die die allmähliche Verlandung eines Sees begünstigen!
b) Ordne dann den Stadien B - E einen der folgenden Begriffe zu: 1 Stadium einer Sumpfwiese; 2 Stadium eines Weihers; 3 sehr nährstoffreicher See; 4 Stadium des völlig von Wald überwachsenen Sees!

IV.2.3 Lösungshinweise zu den Aufgaben der Materialien

IV./M 1

a) Die Tiefenzone ist zu kennzeichnen durch eine geringe Algenzahl, wenig Licht bzw. totale Dunkelheit, niedrige Temperaturen und einen geringen Sauerstoffgehalt.
b) Im Boden wurzelnde Pflanzen erhalten nicht genügend Licht, um ausreichend Fotosynthese betreiben zu können. Einzellige Algen sinken aus höheren Wasserschichten, wo sie sich aufgrund guter Lichtverhältnisse stark vermehren können, in tiefere Schichten und dann in den Tiefenbereich.
c) Wenn im Tiefenbereich sehr wenig Sauerstoff vorhanden ist, können die dort „landenden" Reste von pflanzlichen und tierischen Lebewesen höherer Wasserschichten nicht vollständig abgebaut werden. Sie bleiben unvollständig abgebaut als Schlamm liegen.

IV./M 2

a) A. Kurzzeitversuch: In dem Gefäß mit dem abgestandenen Wasser bewegen die Schlammröhrenwürmer wesentlich schneller ihren Hinterleib als im frischen Wasser.
B. Langzeitversuch: Der Sauerstoffgehalt in dem Wasser nimmt deutlich ab, die Tiere sind jedoch unverändert agil bzw. vital bzw. noch aktiver als zu Beginn des Experiments.
b) A. Kurzzeitversuch: Um verbrauchtes und somit sauerstoffarmes durch „frisches" Wasser zu ersetzen, müssen die Tiere ihren Hinterleib schneller bewegen.
B. Langzeitversuch: Die Abnahme des Sauerstoffgehalts ist auf die erhöhte Stoffwechselaktivität der Tiere zurückzuführen. Die gesteigerte Aktivität ist wie bei Versuch A zu erklären.

IV./M 3

a) Eine Bakterienzelle hat keinen durch eine Membran abgegrenzten Zellkern, eine Pflanzenzelle dagegen besitzt einen solchen Kern.
b) Bakterien (abgesehen von denen, die Fotosynthese betreiben) benötigen zum Leben organische Substanz (Stoffe, aus denen Tiere oder Pflanzen aufgebaut sind), die sie dann abbauen.
c) Diese Behauptung könnte, langfristig gesehen, richtig sein. Wenn durch Bakterien die Reste von Pflanzen und Tieren nicht mehr abgebaut werden, erstickt der See in seinen Resten und Abfällen.
d) Im Sommer ist das bodennahe Wasser eines Sees sauerstoffarm, gar sauerstofffrei. Dann bauen an solche Bedingungen angepasste Bakterien organische Substanz ohne Mitwirkung von Sauerstoff ab. Dabei entstehen giftige Stoffe wie Ammoniak und Schwefelwasserstoff.

IV./M 4

a) In den See gelangen viele Nährsalze und Nährstoffe. Es kommt zu einer Überproduktion von Stoffen. Am Seeboden herrscht Sauerstoffmangel. Beides, Überproduktion von Stoffen und Sauerstoffmangel, begünstigen die Tätigkeit der Bakterien, die ohne Mitwirkung von Sauerstoff organische Stoffe abbauen und dabei giftige Gase freisetzen. Diese wiederum erschweren stoffabbauenden Lebewesen (Bakterien, Schlammröhrenwürmern u. a.) die Verwertung und somit den Abbau organischer Substanz. Auf dem Seeboden sammeln sich unvollständig abgebaute Teile von Tieren und Pflanzen an, es entsteht Faulschlamm. Dessen Schicht wird von Jahr zu Jahr mächtiger.Der See verlandet allmählich.
b) B $\rightarrow$ 3; C $\rightarrow$ 2; D $\rightarrow$ 2; E $\rightarrow$ 4.

IV.3 Medieninformation

IV.3.1 Audiovisuelle Medien

FWU-Dia-Reihe 1000218: Bakterien, 20 (f)

Annotation: *Verschiedene Bakterienstämme, die als Krankheitserreger oder wegen anderer Besonderheiten (z. B. Stickstoffbindung) für den Menschen bedeutsam sind, werden in Mikroaufnahmen vorgestellt. Außerdem werden betrachtet: Begeißelungstypen und Zellwandaufbau.*

Anmerkung: *Einige Dias sind geeignet, der Lerngruppe eine Vorstellung vom Bau eines Bakteriums zu vermitteln.*

FWU-Video 4202229: Einzeller, 20 min, f

Anmerkung: *Hier lassen sich beispielhaft einige Einzeller als Vertreter der Destruenten sehr anschaulich vorstellen (Annotation s. V.3.1.).*

FWU-Video 4202227: Ökosystem See, 20 min, f

Annotation: *Bestimmt durch Wassertiefe, Wasserbewegung und Lichtverhältnisse bilden sich in einem See verschiedene Zonen. Im Arbeitsvideo werden in Kurzfilmen diese Zonen und die hier herrschenden Verhältnisse eingehend erläutert.*

FWU-Video 4210419: Der See, 15 min, f

Annotation: *Die im See lebenden Organismen sind über Nahrungsbeziehungen miteinander verbunden, sie sind aber auch stark abhängig von äußeren Einflüssen, wie Lichteinfall oder Sauerstoffgehalt des Wassers. Im Film werden diese Wechselwirkungen dargestellt; dadurch entsteht ein Bild vom komplexen Ökosystem See.*

IV.3.2 Zeitschriften

Keine speziellen Hinweise!

IV.3.3 Bücher

Joger, U. (Hrsg.): Praktische Ökologie. Verlag Moritz Diesterweg, Frankfurt, 1989

Anmerkung: *Auf zwei Tafeln werden ausgewählte benthische (also auch der Bodenzone im Uferbereich zugehörige) Tiere vorgestellt.*

Miegel, U.: Praktische Limnologie. Verlag Moritz Diesterweg, Frankfurt, 1981

Anmerkung: Dieser Band erscheint in der Reihe „Laborbücher Biologie". Auf fast sieben Seite wird ausführlich die Bedeutung der Bakterien in der lichtlosen Bodenzone erörtert. Zudem werden ab Seite 141 zahlreiche Pflanzen (Algen) und Tiere aus dem Lebensraum See durch Fotos und Zeichnungen vorgestellt und in wenigen Worten gekennzeichnet. Darunter sind auch Lebewesen der Bodenzone.

Schmidt, E.: Ökosystem See. Quelle & Meyer Verlag, Heidelberg, 1974

Anmerkung: *Dem Bereich des Seegrundes werden immerhin fast 4 Seiten gewidmet. Im Mittelpunkt der diesbezüglichen Ausführungen steht die Biologie der Zuckmückenlarve, daneben geht es um bakterielle Abbauprozesse in der Tiefenzone.*

V. Unterrichtseinheit (UE): Ein See, mehr als die Summe seiner Teile

Lernvoraussetzungen:

Grobgliederung eines Sees; Verstehen und Lesen einfacher Graphen; Bedeutung der Dichte im Zusammenhang mit den Vorgängen des Sinkens, Schwebens und Schwimmens; Beschreiben und Verstehen einfacher physikalischer Versuche.

Gliederung:

Die Pfeile geben die hier vorgeschlagene Unterrichtssequenz inhaltlicher Schwerpunkte dieser Unterrichtseinheit an. Es sind aber auch andere Sequenzen denkbar.

1. Nahrungsbeziehungen – oder wer frisst wen?

↓

2. Produzenten, Konsumenten, Destruenten – ein gut eingespieltes Team

↓

3. Sauerstoff und Kohlenstoffdioxid – Gase im Hin und Her

↓

4. Frühjahrs- und Herbstzirkulation – ein See dreht durch

Zeitplan:

Für die Unterrichtung der so skizzierten Unterrichtseinheit werden 4 - 6 Stunden benötigt. Verzichtet man auf erklärende Momente bei der Frühjahrs- und Herbstzirkulation, so mag man mit 3 - 4 Stunden auskommen.

V.1 Sachinformation

Algen:
Zu dieser Pflanzengruppe zählt man verschieden gefärbte, autotrophe, ein- oder mehrzellige Wasser oder feuchte Standorte bewohnende niedere Pflanzen. Ihr Vegetationskörper ist ein Thallus, der nicht in Wurzel, Sprossachse und Blätter gegliedert ist wie der Vegetationskörper höherer Pflanzen. Einfachste Thallusformen sind fädig, wie z. B. bei der Grünalge Spirogyra (Schraubenalge) mit noch wenig differenzierten Zellen. Bei flächiger Auslegung des Thallus ist bereits eine Differenzierung zu erkennen in z. B. teilungsfähige und nicht mehr teilungsfähige Zellen.

Frühjahrszirkulation:
s. Vollzirkulation

Herbstzirkulation:
s. Vollzirkulation

Konsumenten:
Konsumenten sind tierische Lebewesen, die die benötigte Energie durch Umbau/Abbau meist lebender organischer Materie gewinnen bzw. freisetzen. Die Nahrung ist also gleichzeitig Energieträger, während bei den Produzenten Nährsalze (anorganische Verbindungen) dem Wasser und die benötigte Energie dem Sonnenlicht entnommen werden.

Mineralisierung:
Abgestorbene Lebewesen, Ausscheidungsprodukte, sowie aus dem Verdauungstrakt abgegebene Stoffe werden zersetzt. Im Rahmen dieser Zersetzung werden hochmolekulare und zugleich energiereiche organische Stoffe zu niedermolekularen, energiearmen anorganischen Stoffen abgebaut, so z. B. zu Wasser, Kohlenstoffdioxid und Salzen wie Nitraten, Sulfaten oder Phosphaten. Solche Salze tragen den Namen Mineralien, daher bezeichnet man den so beschriebenen Abbau als Mineralisierung. Die dabei frei werdenden Salze stehen den Pflanzen wieder als Nährsalze zur Verfügung. Fehlt bei solchen Abbauprozessen der benötigte Sauerstoff, man spricht dann von *anaerobem* Abbau, werden die Stoffe nur unvollständig abgebaut. Sie sinken zu Boden und bilden mit den entstandenen z. T. giftigen Stoffen wie Schwefelwasserstoff und Ammoniak den Faulschlamm.

Nahrungsketten:
Lebewesen eines Sees sind in ihrer Ernährung voneinander abhängig. Dadurch bilden sie eine kettenförmige Abhängigkeitsfolge, an deren Anfang immer *Produzenten*, also grüne Pflanzen stehen (*Lebendfresserkette*), oder aber tote organische Substanz (*Zersetzerkette*). Weitere Ausführungen zum Thema Nahrungsketten finden sich unter dem Stichwort → Stoffkreislauf.

Nahrungsnetz:
Werden Nahrungsketten einer Lebensgemeinschaft, so z. B. in einem See, miteinander verknüpft, so spricht man von einem Nahrungsnetz. Eine solche Verknüpfung kommt z. B. dadurch zustande, dass ein Tier der Nahrungskette 1 sich von Tieren der Nahrungskette 2 ernährt und ein in dieser Nahrungskette vertretener Konsument 3. Ordnung Konsumenten 2. Ordnung in der Nahrungskette 3 frisst.

Nahrungspyramide:
Innerhalb einer Nahrungskette kommt es von Stufe zu Stufe zu einer allmählichen Steigerung der Körpergröße. Zugleich kann jedes Glied einer Nahrungskette nur einen Teil der Masse aufgenommener Nahrung zu körpereigener Substanz aufbauen. Diese Sachverhalte kann man durch das Schema einer Nahrungspyramide verdeutlichen. Die einzelnen Glieder der Nahrungskette sind als Pyramidenstümpfe dargestellt. Das Volumen der Pyramidenstümpfe entspricht der Biomasse, die eine Art A in einer Nahrungskette aufbaut, wenn sie sich von der Biomasse einer Art B ernährt, die durch das Volumen des dazugehörigen Pyramidenstumpfes wiedergegeben wird.

Nährsalze:
Darunter versteht man Mineralstoffe, d. h. anorganische Salze wie Kaliumnitrat oder Ammoniumsulfat. In wässriger Lösung spalten sich Salze allerdings in Anionen und Kationen auf, so z. B.: $KNO_3 \rightarrow K^+ + NO_3^-$. Nährsalze sollten nicht verwechselt werden mit → Nährstoffen.

Nährstoffe:
Nährstoffe sind zumeist hochmolekulare organische Verbindungen, aus denen heterotrophe Organismen (Tiere, Bakterien, Pilze, nichtautotrophe Pflanzen) durch Um- oder Abbau Energie freisetzen. Die wichtigsten Nährstoffgruppen sind die Kohlenhydrate (Cellulose, Stärke, Zucker), Fette und Eiweißstoffe.

Produzenten:
Darunter versteht man die Lebewesen, die mit Hilfe des Sonnenlichts aus in Wasser gelösten energiearmen Verbindungen energiereiche organische Verbindungen aufbauen. Man bezeichnet diesen Vorgang als **Fotosynthese**:

$$\text{Kohlenstoffdioxid} + \text{Wasser} \xrightarrow[\text{Chlorophyll}]{\text{Licht}} \text{Glucose} + \text{Sauerstoff}$$

$$6CO_2 + 6\,H_2O \xrightarrow[\text{Chlorophyll}]{\text{Licht}} C_6H_{12}O_6 + 6O_2$$

Um ein Mol (180 g) Glucose herzustellen, werden 2820 kJ benötigt.

Mit Hilfe des Chlorophylls (grüner Blattfarbstoff) wird die Lichtenergie „eingefangen" und zum Aufbau des energiereichen Traubenzuckers verwendet. Man spricht von einer Umwandlung der Lichtenergie in chemische Energie. Von der nun in chemischen Bindungen organischer Stoffe gespeicherten Energie leben alle Organismengruppen, die sich von pflanzlicher oder tierischer Substanz ernähren. Neben den grünen Pflanzen können auch einige Bakterienarten energiereiche organische Substanz aufbauen. Lebewesen, die aus mineralischen Substanzen (dazu zählen im weiteren Sinne auch Wasser und Kohlenstoffdioxid) selbst Nährstoffe wie Traubenzucker herstellen können, werden **autotroph** genannt. Im Gegensatz dazu sind **heterotrophe** Organismen dazu nicht in der Lage. Sie benötigen von anderen Lebewesen (Pflanzen oder Tieren) aufgebaute Nährstoffe (Kohlenhydrate, Eiweiße oder Fette).
Die wichtigsten Produzenten in einem See sind die *Algen*, auf dem Land dagegen spielen die höheren Pflanzen als Produzenten die Hauptrolle. Allenfalls im Uferbereich eines Sees oder in sehr kleinen Seen überwiegt die fotosynthetische Bedeutung der höheren Pflanzen die der Algen.
Wichtigster Faktor für die Fotosynthese und damit für die Produktivität der Produzenten ist das Licht. Genutzt werden kann Licht in dem Wellenlängenbereich von 390 bis 710 nm (Nanometer). Dabei nutzen die Produzenten allerdings nur einen geringen Teil der auf die Oberfläche eines Sees auftreffenden Lichtenergie: je nach See 0,0035 (Tahoe-See in Kalifornien) bis 1,6 % (Leven-See in Schottland). Mit zunehmender Lichtintensität steigt die Fotosyntheseaktivität zunächst linear an und erreicht erst bei höheren Werten ein Plateau. Sehr hohe Lichtintensitäten können die Fotosynthese hemmen. Diese Abhängigkeit der Fotosyntheseaktivität vom Licht spiegelt sich auch in der vertikalen Verteilung der Produzenten in einem See wider. In der durchlichteten Oberflächenschicht eines Sees können die Produzenten durch Fotosynthese mehr organische Substanz herstellen als sie für Abbauprozesse benötigen. Man nennt diese Schicht daher **Nährschicht** oder **trophogene Zone**. Ihre Tiefe schwankt mit der Durchsichtigkeit des Wassers. Sie ist meist weniger als 10 m tief (in japanischen Kraterseen reicht sie allerdings bis zu 70 m in die Tiefe). Unterhalb dieser Zone liegt, durch die so genannte **Kompensationsebene** getrennt die **Zehrschicht**. Hier ist es den Produzenten aufgrund der mangelnden Lichtintensität bzw. der völligen Dunkelheit nicht mehr möglich, ausreichend Fotosynthese bzw. überhaupt Fotosynthese zu betreiben. Als einzige autotrophe Lebewesen findet man hier Bakterien, die aus der Oxidation einiger anorganischer Verbindungen Energie erzielen und diese zum Aufbau energiereicher organischer Verbindungen wie Glucose einsetzen. Man spricht bei ihnen von **chemoautotrophen** Bakterien.
Auch eine Erhöhung der *Temperatur* und der *Kohlenstoffdioxidkonzentration* steigern die fotosynthetische Aktivität der Produzenten. Bestimmte Nährsalze (Mineralien) bzw. deren Ionen (z. B. Kalium-Kationen, Nitrat- und Phosphat-Anionen) beschleunigen zwar nicht direkt den Fotosyntheseprozess, steigern aber sehr wohl das Wachstum und die Vermehrung der Produzenten. Dieses ist z. B. bei einer *Algenblüte* zu beobachten, wenn durch Nährstoff- bzw. Nährsalzzufuhr Wachstum und Vermehrung von (vornehmlich einzelligen) Algen angeregt wird.

Sommerstagnation:
Wasser hat auf der einen Seite eine geringe Wärmeleitfähigkeit und auf der anderen eine hohe spezifische Wärmekapazität. Folglich wird Wärme im Wasser vor allem durch Konvektion (Wasserbewegung) bewegt. Im Sommer erwärmt sich das oberflächennahe Wasser, das aufgrund der dadurch bewirkten Verringerung der Dichte auf dem kälteren und somit dichteren Tiefenwasser ruht. An der Grenze zwischen dem leichteren Oberflächenwasser und dem schwereren Tiefenwasser befindet sich die wenige Meter mächtige **Sprungschicht**, in der die Temperatur stark absinkt. Zwischen dem warmen Oberflächenwasser und dem kalten Tiefenwasser findet kein Wämeaustausch statt. Lediglich in dem Oberflächenwasser kommt es im Tag- Nacht-Rhythmus zu Umwälzungen, wenn nachts das sich abkühlende Wasser bis zur Sprungschicht absinkt und wärmeres Wasser nach oben drückt. Auch durch den Wind kann das oberflächennahe Wasser durchmischt werden. Den so beschriebenen stabilen Zustand des Wasserkörpers eines Sees bezeichnet man als Sommerstagnation.

Vollzirkulation:
Darunter versteht man eine vollständige Durchmischung des Wasserkörpers eines Sees im Frühjahr (**Frühjahrszirkulation**) und im Herbst (**Herbstzirkulation**). Herbstzirkulati-

on: Das Oberflächenwasser kühlt ab und ist somit weniger dicht. Es sinkt in Wassertiefen gleicher Temperatur und Dichte. Das dadurch nach oben gedrängte Wasser erfährt die gleichen Veränderungen und sinkt ebenfalls ab in Tiefen gleicher Temperatur und Dichte. So kommt es zu Zirkulationsbewegungen, die zusätzlich durch stürmische Herbstwinde unterstützt werden. Insgesamt kommt es zu einem Austausch zwischen dem nährstoffarmen, sauerstoffreichen und kohlenstoffdioxidarmen Oberflächenwasser und dem nährstoffreichen, sauerstoffarmen (oder gar sauerstofffreie) und kohlenstoffdioxidreichen Tiefenwasser. **Frühjahrszirkulation**: Nach dem Schmelzen des Eises erwärmt sich das Oberflächenwasser. Wenn es eine Temperatur von 4 °C und somit seine größte Dichte erreicht hat, sinkt es ab und drängt kälteres Wasser nach oben. Dieses erfährt vergleichbare Veränderungen und sinkt in tiefere Bereiche. Auch diese Zirkulation führt zu einem Stoff- und Wärme-Austausch zwischen Oberflächenwasser und dem Tiefenwasser.

Stoffkreislauf in einem See:

Die Erzeuger (Produzenten) eines Sees erzeugen mit Hilfe des Sonnenlichts energiereiche organische Verbindungen, sie betreiben Fotosynthese. Zu den wichtigsten Produzenten gehören die Algen (und natürlich auch die Sprosspflanzen der Uferzone). Die Algen sind Nahrungsgrundlage für pflanzenfressende Kleinlebewesen des freien Wassers (Zooplankton). Sie werden als Verbraucher 1. Ordnung (Primärkonsumenten) bezeichnet. Von den Verbrauchern 1. Ordnung leben Verbraucher 2. Ordnung (Sekundärkonsumenten). Diese Fleisch fressenden Tiere können wiederum Nahrung sein für Verbraucher 3. Ordnung (Tertiärkonsumenten). Tiere, die am Ende einer solchen → Nahrungskette stehen, bezeichnet man als Endverbraucher. Die durch Erzeuger und Verbraucher hergestellte Biomasse (Leichen, Teile von Organismen, Ausscheidungsprodukte, Fäces) gelangt letztlich zu den Zersetzern (Destruenten). Dabei handelt es sich im wesentlichen um Pilze und Bakterien sowie tierische Einzeller, aber auch einige Mückenlarven und Ringelwürmer. Sie bauen die ihnen zufließende Biomasse zu anorganischen Stoffen, z. B. Wasser, Kohlenstoffdioxid und Salzen, ab. Ein Teil dieser Zersetzungsprozesse läuft schon im oberflächen-nahen Wasser ab, der größte Teil der Zersetzungsprozesse allerdings findet in größeren Tiefen statt.

Winterstagnation:

Nach der → Vollzirkulation im Herbst hat der gesamte Wasserkörper eine Temperatur von annähernd 4 °C. Sinkt die Temperatur des oberflächennahen Wassers noch weiter ab, bleibt es aufgrund seiner geringeren Dichte (das Dichtemaximum von Wasser liegt bei 4 °C) über dem wärmeren und somit weniger dichten Tiefenwasser liegen. Das Oberflächenwasser kann weiter abkühlen und teilweise gefrieren. Das Tiefenwasser behält bei sehr niedrigen Außentemperaturen und unter Voraussetzung einer hinreichenden Tiefe des Sees) so hohe Temperaturen, dass die Organismen überleben können. Diese winterliche stabile Schichtung heisst Winterstagnation.

V.2 Informationen zur Unterrichtspraxis

V.2.1 Einstiegsmöglichkeiten

Einstiegsmöglichkeiten	Medien
A.	
■ L legt Folienkopie auf, in der Produzenten, Konsumenten und Reduzenten durch Pfeile miteinander verknüpft sind ▶ **Problemfrage:** Wie hängen die drei Gruppen von Lebewesen miteinander zusammen?	■ Material V./M 5 (Materialgebundene Aufgabe): Stoffe im Kreisverkehr (Folienkopie, in der folgende Elemente fehlen: Eingangstext, Aufgaben, Begriffe Produzenten, Konsumenten, Reduzenten)
B.	
■ L legt Folienkopie auf, in der ein Ausschnitt aus dem Leben in einem See modellhaft dargestellt ist ▶ **Problemfrage:** Wie stehen die Lebewesen eines Sees miteinander in Beziehung?	■ Material V./M 1 (Materialgebundene Aufgabe) Beziehungen im See – oberhalb und unterhalb der Wasseroberfläche (Folienkopie, ohne Textanteile)

V.2.2 Erarbeitungsmöglichkeiten

Erarbeitungsschritte	Medien
A./B.1. Nahrungsbeziehungen – oder wer frisst wen	
■ SuS erörtern mögliche Beziehungen zwischen diversen Lebewesen eines Sees ■ Unterrichtsgespräch über mögliche Beziehungen ■ SuS erarbeiten Prinzip der Nahrungskette und damit verbundene Stoffverluste ■ Vertiefung der Frage der Stoffverluste in einer Nahrungskette – Hinführung zur Modellvorstellung der Nahrungspyramide	■ Material V./M 1 (Materialgebundene Aufgabe): Beziehungen im See – oberhalb und unterhalb der Wasseroberfläche ■ Tafel: Nahrung, Schutz, Eiablage, Verbreitung von Fortpflanzungseinheiten, Sauerstoffbereitstellung, Kohlenstoffdioxidbereitstellung, Aufzucht der Jungen u. a. ■ Material V./M 2 (Materialgebundene Aufgabe): Kieselalge → Hüpferling → Bitterling → Haubentaucher ***Anmerkung:*** *An dieser Stelle empfiehlt es sich, den Teil des FWU-Films 3203357 zu zeigen, der das Prinzip einer Nahrungskette demonstriert*
Unterrichtliche Anmerkung: *Im Rahmen binnendifferenzierenden Arbeitens könnten leistungsstärkere SuS auf die Modellvorstellung der Nahrungspyramide angesetzt werden, während die leistungsschwächeren SuS lediglich die Nahrungskette und das Nahrungsnetz erarbeiten.*	
■ L erläutert Prinzip des Nahrungsnetzes und fordert SuS auf, anhand vorgegebener Daten zu Nahrungsbeziehungen in einem See ein solches Netz zu erstellen	■ Material V./M 3 (Materialgebundene Aufgabe): Nahrungsnetz in einem See ***Anmerkung:*** *Es bietet sich an, die Ergebnisüberprüfung mit Hilfe von Folienschnipseln auf einem Arbeitsprojektor vorzunehmen.*

Erarbeitungsschritte	Medien
A./B.2. Produzenten, Konsumenten, Destruenten – ein gut eingespieltes Team	
■ L: Was geschieht mit abgestorbenen Tieren/ Pflanzen bzw. -teilen derselben?	■ Tafel
■ L demonstriert über einen Filmausschnitt die Rolle der Destruenten in einem See	■ FWU-Film 3203357: Leben im See
■ SuS erarbeiten (wiederholend) die Rolle der Destruenten in einem See	■ Material V./M 4 (Materialgebundene Aufgabe): Destruenten – bei ihnen landen letztlich alle Lebewesen
■ L: Welche Beziehungen gibt es zwischen Produzenten, Konsumenten und Destruenten?	
■ SuS setzen sich mit einem Schema (Zusammenwirken von Produzenten, Konsumenten und Destruenten) auseinander	■ Material V./M 5 (AMA): Stoffe im Kreisverkehr (Folienkopie, ohne die Pfeilformen D und E, ohne Aufgaben)
A./B.3. Sauerstoff und Kohlendioxid – Gase im Hin und Her	
■ L: Wir wollen nun untersuchen, wodurch die drei Gruppen (Produzenten …) noch miteinander verbunden sind.	■ Tafel
■ SuS untersuchen den Weg der Atemgase Kohlenstoffdioxid und Sauerstoff	■ Material V./M 5 (Materialgebundene Aufgabe): Stoffe im Kreisverkehr (vollständig)
■ Unterrichtsgespräch, in dem u. a. die im Material aufgezeigten Beziehungen verbalisiert und in ein formalisiertes Tafelbild übernommen werden	■ Tafel
A./B.4. Frühjahrs- und Herbstzirkulation – ein See dreht durch	
■ S liest Text zur Sauerstoffversorgung oberflächennahen und Tiefenwassers im Sommer und im Spätherbst vor	■ Material V./M 6 (Materialgebundene Aufgabe): Zirkulation im See – eine Frage der Temperatur? (erster Absatz)
■ SuS erörtern mögliche Ursachen	■ Tafel
■ SuS klären mit Hilfe eines Gedankenexperiments jahreszeitliche Dynamik in einem See	■ Material V./M 6 (Materialgebundene Aufgabe): Zirkulation im See – eine Frage der Temperatur?
■ In einem Experiment wird die „Sinkfähigkeit" kälteren Wassers demonstriert	■ Material V./M 7 (Experiment): Kann Wasser sinken?
■ SuS erarbeiten abschließend Phänomen und Erklärung der jahreszeitlichen Dynamik eines Sees	■ Material V./M 8 (Materialgebundene Aufgabe): Wasserbewegungen im See – nur im Winter ist Ruhe

Unterrichtliche Anmerkung: *Es kann nicht übersehen werden, dass dieser letzte unterrichtliche Schwerpunkt wegen der komplexen und zudem fächerübergreifenden Aspekte von höchster Schwierigkeit ist. Leistungsschwächere SuS sollten sich daher lediglich mit einer Beschreibung der Phänomene auseinandersetzen. Erklärende Momente sollten leistungsstärkeren SuS vorbehalten bleiben.*

V./M 1	Beziehungen im See – oberhalb und unterhalb der Wasseroberfläche	Materialgebundene AUFGABE

Arbeitsmaterial:

Quelle: *Kabisch* u. *Hennerling*: Tümpel, Teich und Weiher. Landbuch Verlag Hannover

Aufgabe:

a) Ordne den Ziffern einen der folgenden Pflanzen- bzw. Tiernamen zu: A: Haubentaucher; B: Grasfrosch; C: Libelle; D: Seerose; E: Rohrkolben; F: Pfeilkraut; G: Wasserpest; H: Posthornschnecke; I: Deckelschnecke; K: Schlei (Fisch!); L: Teichrohrsänger; M: Gelbrandkäfer; N: Libellenlarve!

b) Nenne mögliche Beziehungen zwischen den abgebildeten Lebewesen (Nahrung, Aufenthalt, Schutz)! Führe weitere Lebewesen an, die mit den abgebildeten in Beziehung stehen!

V./M 2	Kieselalge → Hüpferling → Bitterling → Haubentaucher	Materialgebundene AUFGABE

Arbeitsmaterial:

Untersucht man in einem See Nahrungsbeziehungen, d. h. die Frage, welches Tier bzw. welche Pflanze von welchem Tier gefressen wird, so kann man z. B. folgende Reihe aufstellen (man spricht dann von einer Nahrungskette):

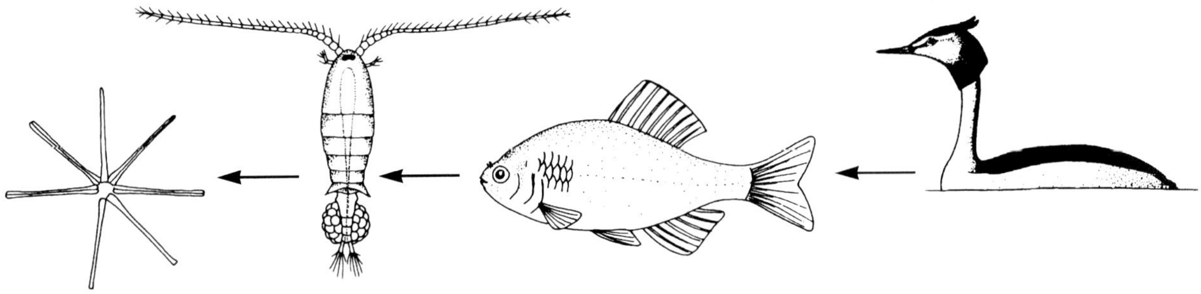

Quelle: diverse Quellen, neu zusammengestellt

Asterionella: Es handelt sich um einen Verband von 6 pflanzlichen Zellen, jede Zelle ist etwa 0,005 mm lang; man bezeichnet solche Pflanzen als Algen

Hüpferling: Dieser etwas mehr als 1 mm große Krebs lebt im Plankton und frisst z. B. ein- und mehrzellige Algen

Bitterling: Bis zu 14 cm lang; frisst Kleinkrebse wie z. B. Hüpferlinge, Würmer und Insektenlarven

Haubentaucher: Bis zu 48 cm groß; taucht nach kleinen Fischen wie z. B. Bitterlingen, aber auch nach Jungfischen größerer Arten

Untersuchungen und sehr ungenaue Berechnungen geben Auskunft darüber, welche Masse des einen Gliedes einer Nahrungskette von dem nachfolgenden Glied derselben Nahrungskette gefressen werden muss, damit dieses eine bestimmte Massenzunahme „erwirtschaften" kann:
ca. 300 kg ein- oder mehrzellige Algen → ca. 30 kg Kleinkrebse → ca. 3 kg Fische → ca. 0,3 kg Massenzunahme beim Haubentaucher

Aufgaben:

a) Beschreibe die oben dargestellte Nahrungskette!
b) Warum sollte man eher von einem Nahrungsnetz denn von einer Nahrungskette sprechen?
c) Wie nutzen die Glieder einer Nahrungskette die Masse der aufgenommenen Nahrung zum Aufbau eigener Körpersubstanz? Gib deine Überlegungen/ Berechnungen durch einen Bruch (1/2, 1/50 o. ä.) wieder!

V./M 3	Nahrungsnetz in einem See	Materialgebundene AUFGABE

Arbeitsmaterial:

A.
Langjährige Untersuchungen der Nahrungsbeziehungen in einem See führten zu u. a. folgenden Aussagen:

Tiergruppe/Tierart	**Nahrung**
1. Stockente	Land- und Wasserpflanzen, Würmer, Schnecken, Insekten, Laich
2. Ringelwürmer	Detritus (zerriebene Reste von Lebewesen), kleinste Algen und Tiere
3. Hecht	Fische, Frösche, Kaulquappen, kleine Wasservögel und Säugetiere
4. Köcherfliegenlarve	Detritus, Algen, faulende Pflanzenteile
5. Seerosenzünsler	Gewebe von Schwimmblättern
6. Wasserflöhe	einzellige Algen, Detritus, Bakterien
7. Kaulquappen	Algen, faulende Pflanzenteile, Laich
8. Schwimmkäfer	Wasserflöhe, Wasserschnecken, Kaulquappen, Würmer wie z. B. Ringelwürmer
9. Libellenlarven	Kaulquappen, Wasserschnecken, Wasserflöhe, kleine Fische
10. Wasserschnecken	Algen, weiches Pflanzenmaterial, Laich, Detritus
11. Stichling	Würmer, Insektenlarven, kleine Krebse wie Wasserflöhe, Laich, Jungfische, Kaulquappen
12. Zwergtaucher	kleine Fische, Kaulquappen, Libellenlarven, Käfer, Wasserschnecken

B.

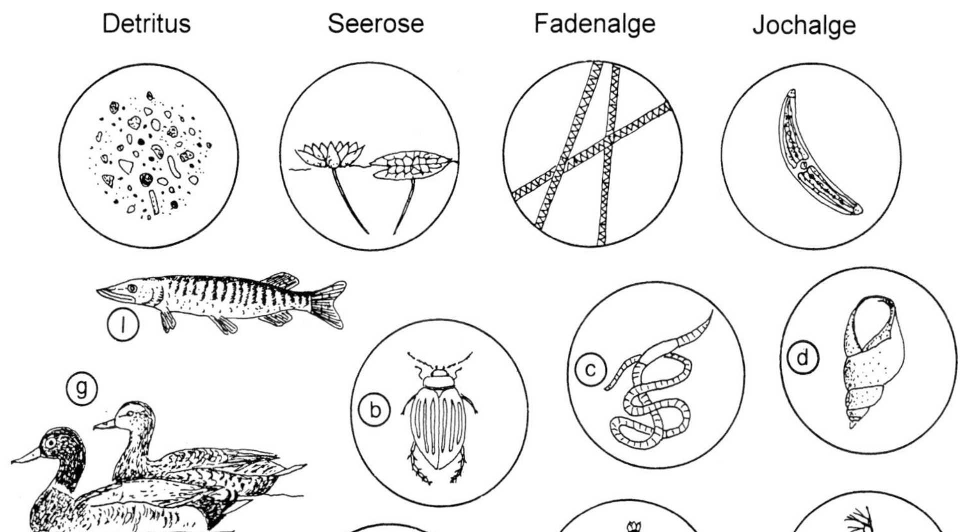

Quelle: *H. Wildermuth*: Lebensraum Wasser. Schroedel WWF, 1991 S. 161, 26, 32

Aufgabe:

Ordne den in den Kreisen vorgestellten Lebewesen a - l jeweils einen der Namen 1 - 12 zu. Schneide dann alle Abbildungen aus und stelle sie zu einem Nahrungsnetz zusammen

V./M 4	Desturenten – bei ihnen landen letztlich alle Lebewesen	Materialgebundene AUFGABE

Arbeitsmaterial:

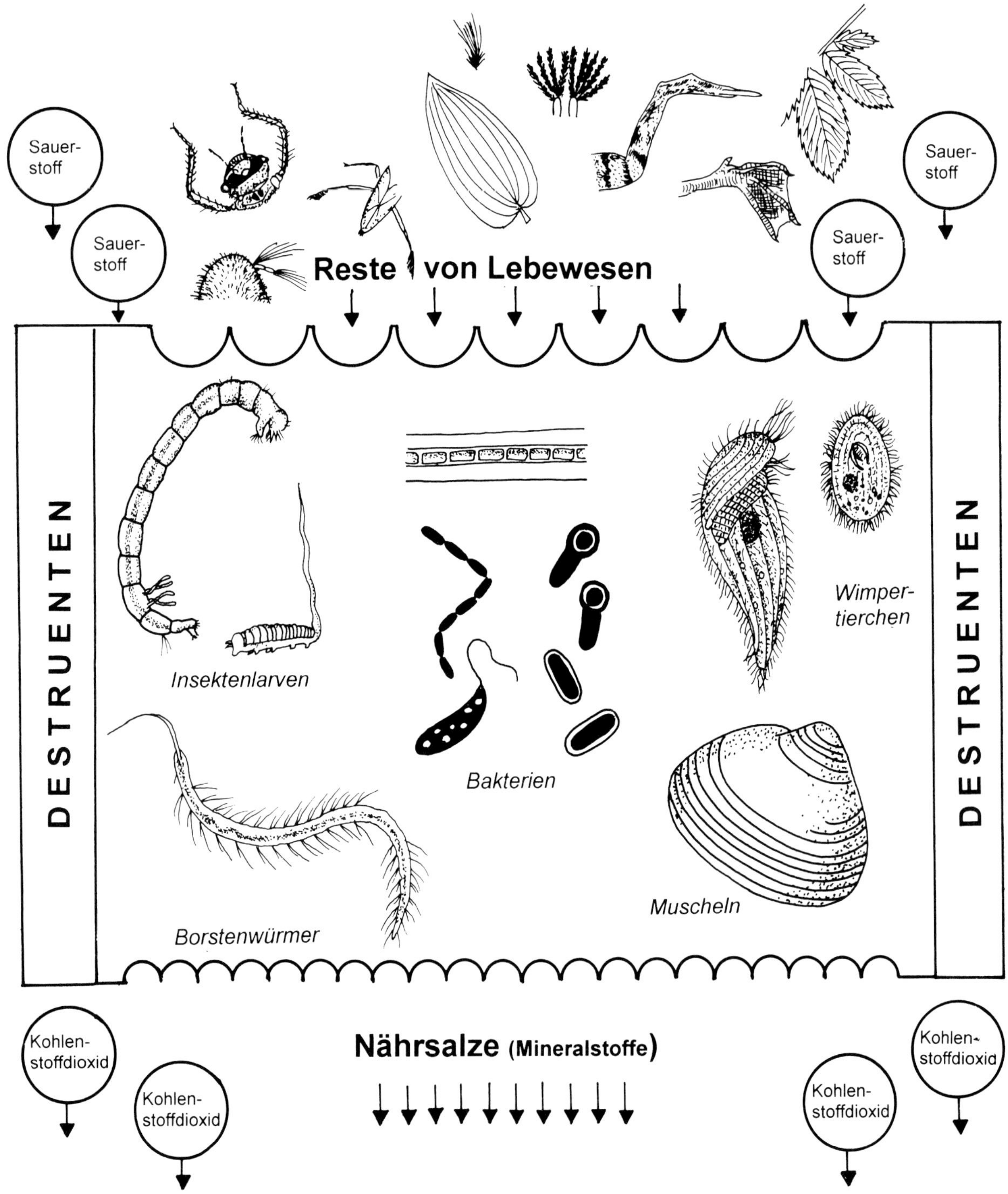

Quelle: diverse Quellen, neu zusammengestellt

Aufgabe:

a) Kennzeichne in wenigen Sätzen die Aufgabe der Destruenten!
b) Welche Konsequenzen sind für einen See zu erwarten, wenn die Zahl der Destruenten zurückgeht?
c) Welche Auswirkungen auf den Sauerstoffgehalt eines Gewässers sind zu erwarten, wenn die Destruenten über die Maßen zu tun haben?

V./M 5	Stoffe im Kreisverkehr	Materialgebundene AUFGABE

Arbeitsmaterial:

In dem folgenden Schema geht es um Beziehungen zwischen verschiedenen Organismusgruppen in einem See, um die Aufnahme und Abgabe von Stoffen.

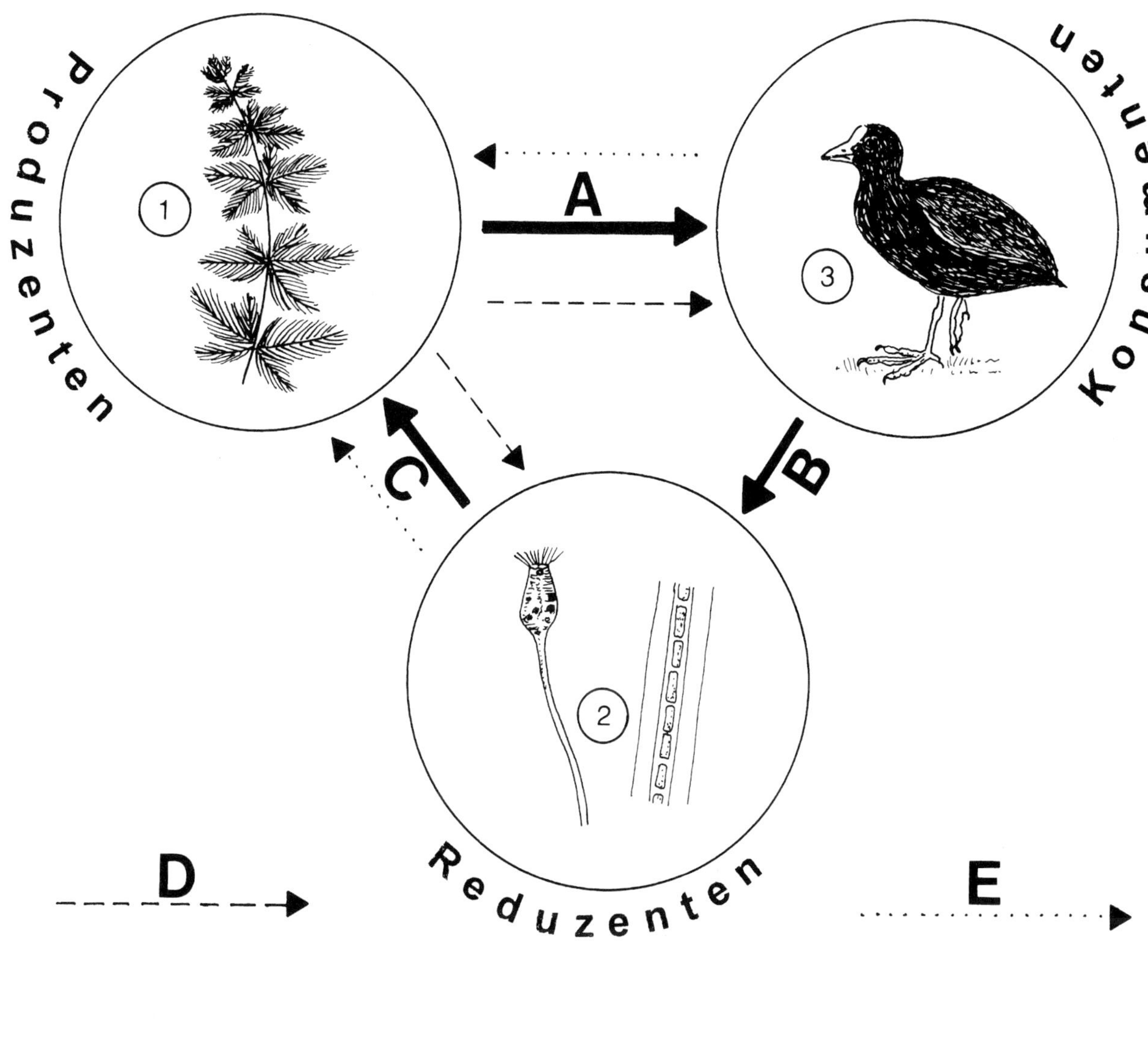

Quelle: diverse Quellen, neu zusammengestellt

1 Quirliges Tausendblatt; 2 Bakterien und tierische Einzeller; 3 Blässhuhn

Aufgabe:

a) Ordne den Pfeilen A - C einen der folgenden Begriffe zu: 1. vollständiger Abbau (Zersetzung); 2. Bereitstellung von Nährsalzen; 3. Nahrung.
b) Bei den Pfeilen D und E geht es um Gase, die von den betreffenden Organismen abgegeben bzw. aufgenommen werden. D: ....; E: ....!
c) Ergänze das Schema um Pfeile, die folgende Beschriftungen tragen: F Teile von Pflanzen, tote Pflanzen; G Kot, Teile von Tieren, tote Tiere!
d) Was würde in einem See passieren, wenn die Destruenten ausfallen bzw. zahlenmäßig zu stark zurückgehen?

V./M 6	Zirkulation im See – eine Frage der Temperatur?	Materialgebundene AUFGABE

Arbeitsmaterial:

Biologen, die sich mit Gewässern beschäftigen, können immer wieder dieselbe Beobachtung machen: Während im Sommer die oberflächennahen Wasserschichten relativ sauerstoffreich und die Tiefenschichten sauerstoffarm sind, enthält ein See im Spätherbst in allen Tiefen eine gleich große Sauerstoffkonzentration. Wie ist dieser scheinbare Widerspruch zu erklären?

Dazu ein Gedankenexperiment: Wir verfolgen den Weg von 4 Wasserteilchen (der Chemiker spricht von Wassermolekülen) im Verlaufe des Sommers, Herbstes, Winters und Frühjahrs. Jedes der 4 Wasserteilchen ist durch ein Symbol hervorgehoben. Zusätzlich ist dargestellt, wie hoch die Temperatur in den unterschiedlichen Tiefen des Sees ist.

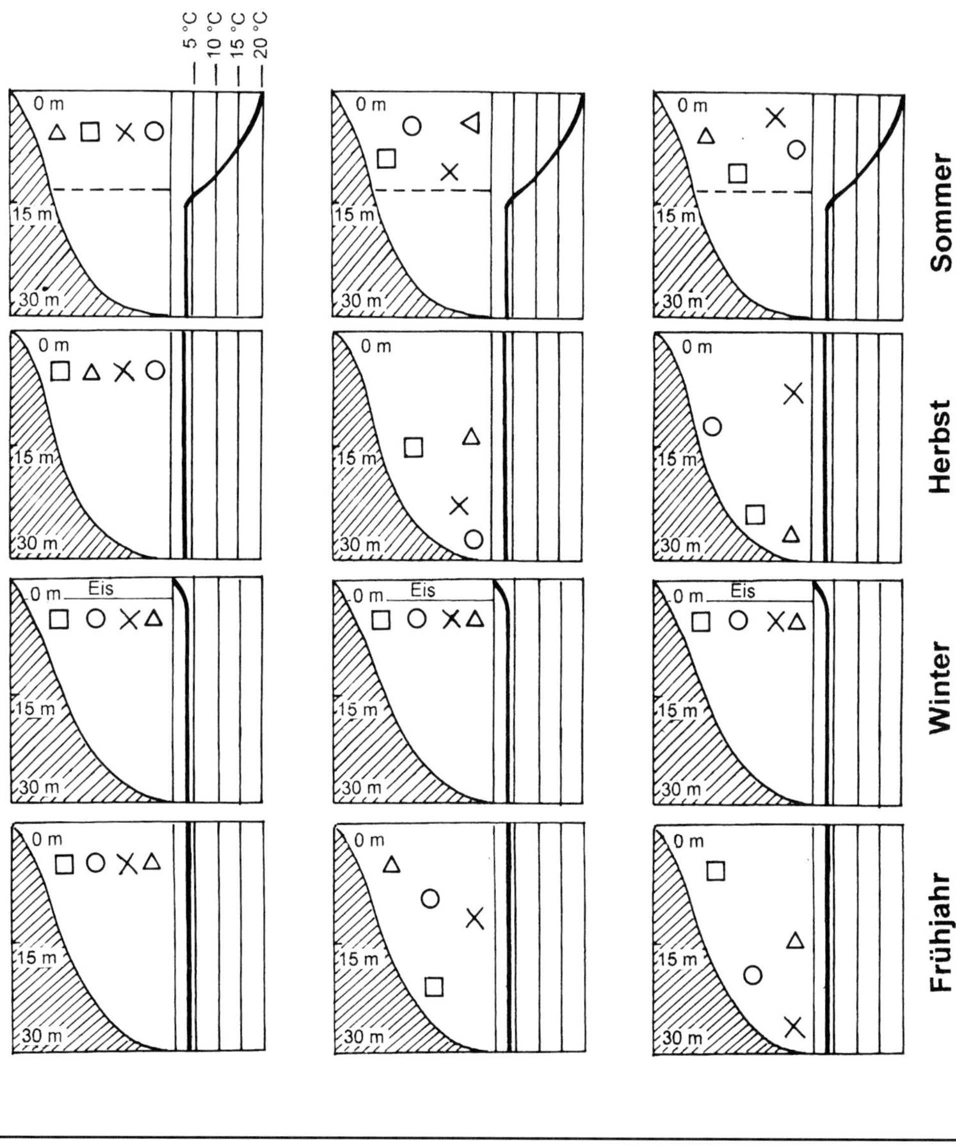

Aufgabe:

a) Beschreibe kurz den „Aufenthalt“ der 4 verschiedenen Wasserteilchen in den vier Jahreszeiten!
b) Leite aus den Beobachtungen der Wasserteilchen Vermutungen darüber ab, zu welcher Jahreszeit das Wasser nur wenig, zu welcher Jahreszeit es in starker Bewegung ist!
c) Erkläre die Bewegung des Wassers mit Hilfe der Temperaturkurven (Erinnere: 4 °C-Wasser hat eine relativ große Dichte im Vergleich zu kälterem und wärmerem Wasser)!
d) Erkläre nun die Ergebnisse zum Sauerstoffgehalt eines Sees in unterschiedlichen Tiefen zu verschiedenen Jahreszeiten!

V./M 7	Kann Wasser sinken?	EXPERIMENT

Arbeitsmaterial:

Versuchsprotokoll

Material und Geräte: Methylenblau-Lösung; einige Eiswürfel; 2 Standzylinder mit geschliffenem Rand; steifes Papier (möglichst feinporig); 600 ml-Becherglas; Thermometer.

Durchführung:
Versuch 1: In dem Becherglas wird Leitungswasser mit Hilfe einiger Eiswürfel auf unter 10 °C heruntergekühlt. Dann füllt man dieses Wasser in den Standzylinder I. Der Standzylinder II dagegen wird randvoll mit warmem Wasser von ca. 40 °C gefüllt. Dieses Wasser färbt man durch Zugabe von einigen Tropfen der Methylenblau-Lösung an.
Nun legt man auf den Standzylinder II ein Stück Papier, hält dieses mit der flachen Hand fest, dreht den Standzylinder um und stellt ihn mit der durch Papier abgedeckten Öffnung auf die Öffnung des Standzylinders I. Sobald beide Standzylinder sicher aufeinander stehen, zieht man das Stück Papier vorsichtig weg.

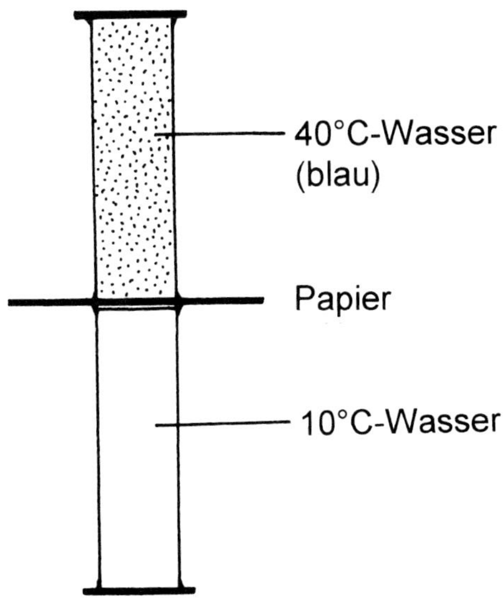

Versuch 2. Wie in Versuch 1 werden die beiden Standzylinder I und II mit kaltem bzw. warmem Wasser bis zum Rand gefüllt, das kalte Wasser wird durch Methylenblau-Lösung angefärbt. Nun jedoch legt man auf den Standzylinder I ein Stück Papier, hält es mit der flachen Hand fest, dreht den Standzylinder um und stellt ihn mit der durch Papier abgedeckten Öffnung auf die Öffnung des Standzylinders II. Sobald beide Standzylinder sicher aufeinander stehen, zieht man vorsichtig das Papier weg.

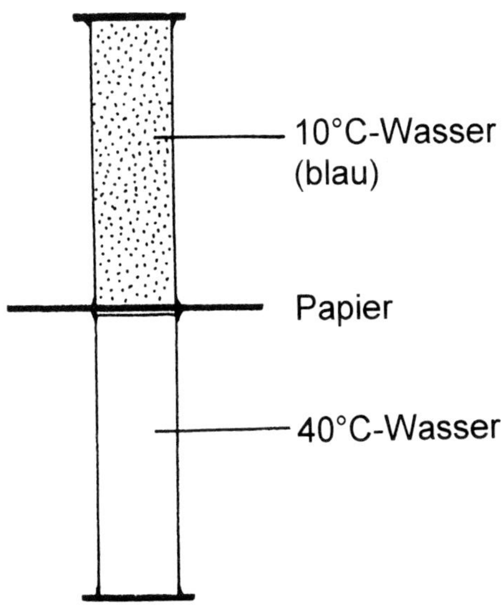

Aufgabe:

a) Notiere deine Beobachtungen zu den beiden Versuchen 1 und 2!
b) Erkläre die unterschiedlichen Versuchsbeobachtungen, indem du dich daran erinnerst, welche Gegenstände untergehen, welche schwimmen!
c) Zu welcher Jahreszeit könnte man vergleichbare Beobachtungen in einem See anstellen?

V./M 8	**Wasserbewegungen im See – nur im Winter ist Ruhe**	**Materialgebundene AUFGABE**

Arbeitsmaterial:

Auf diesem Arbeitsblatt geht es um Ruhe und Bewegung der Wassermassen eines Sees zu verschiedenen Zeiten des Jahres.

A. Graphische Darstellung der Temperaturverhältnisse und der Bewegung der Wassermassen

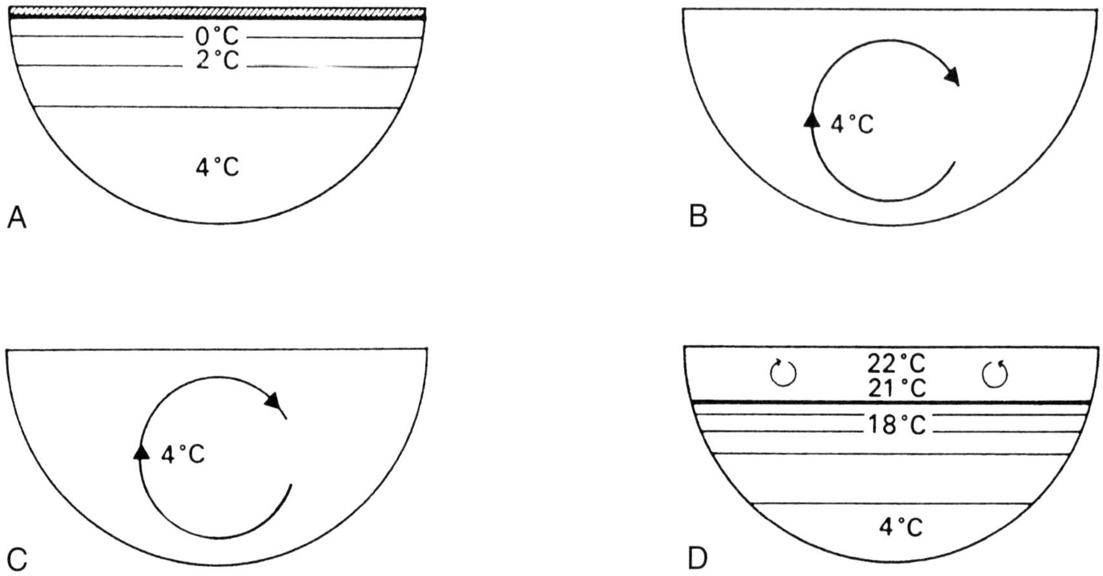

Quelle: *H. Miegel*: Praktische Limnologie. Diesterweg 1981, S. 109

B. Beschreibung der Temperaturverhältnisse und der Bewegung der Wassermassen

(1) Winter: Das Wasser kühlt sich allmählich ab, es bildet sich eine Eisdecke. Darunter liegen Wasserschichten, die zum Seeboden hin immer wärmer werden. Das dortige Tiefenwasser hat eine Temperatur von etwa 4 °C. Diese Schichtung ist stabil.

(2) Frühjahr: Das Oberflächenwasser erwärmt sich und sinkt in Schichten gleicher Temperatur. Zusätzlich erzeugt der Wind Strömung an der Wasseroberfläche. Insgesamt sinkt das Oberflächenwasser in die Tiefe, das Tiefenwasser steigt nach oben. Man spricht von einer Vollzirkulation.

(3) Sommer: Jetzt liegt eine stabile Schichtung vor. Oben befindet sich das leichte Oberflächenwasser, das relativ warm ist. Darunter liegt das schwere, zu tieferen Schichten hin kälter werdende Tiefenwasser. Beim Übergang vom Oberflächenwasser zum Tiefenwasser ändert sich die Temperatur sprunghaft um 5 - 15 °C. Ganz unten findet man das 4 °C-kalte bodennahe Wasser. Die so beschriebene Schichtung ändert sich kaum. Nur im Oberflächenwasser kommt es zu Auf- und Abbewegungen des Wassers. Dafür ist u. a. auch der Wind verantwortlich.

(4) Herbst: Das Oberflächenwasser kühlt ab, wird schwerer und sinkt ab zu tieferen Wasserschichten. Tiefenwasser wird nach oben gedrängt. Man spricht von einer Vollzirkulation.

Aufgabe:

a) Ordne den graphischen Darstellungen (A - D) die jeweils passende Beschreibung (1 - 4) zu!
b) In welcher Jahreszeit ist zu erwarten, dass der Gehalt des Wassers an Salzen und Sauerstoff in allen Tiefen annähernd gleich groß ist? Erläutere deine Vermutung!
c) In welcher Jahreszeit ist nur die obere Wasserschicht ausreichend mit Sauerstoff versorgt? Erläutere deine Vermutung!

V.2.3 Lösungshinweise zu den Aufgaben der Materialien

V./M 1

a) A → 4; B → 5; C → 1; D → 6; E → j; F → 7; G → 8; H → 9; I → 11; K → 10; L → 2; M → 13; N → 12.

b) Der Haubentaucher frisst junge Schleie; die Posthornschnecke frisst von der Wasserpest; die Libellenlarve frisst Kaulquappen des Grasfrosches; Schlei frisst Blätter der Wasserpest, Froschlaich, junge Libellenlarven u. a. Weitere Lebewesen: Hecht frisst Schleie; Mücken werden von Libellen erbeutet.

V./M 2

a) Der Hüpferling frisst die Alge Asterionella. Der Bitterling wiederum verzehrt Hüpferlinge. Haubentaucher fressen Bitterlinge.

b) Die aufgeführten Tiere fressen neben denen, die in der dargestellten Nahrungskette links von ihnen stehen, auch Vertreter anderer Arten. So fängt der Haubentaucher auch Jungfische anderer Arten.

c) Wenn ein Fisch, wie z. B. ein Bitterling, 30 kg Kleinkrebse frisst, so kann er daraus 3 kg eigene Körpermasse aufbauen, also 3 kg Fisch „herstellen". Der Bitterling kann also nur 1/10 der Masse der gefressenen Kleinkrebse für den Aufbau von eigener Körpermasse verwenden. Man kann also allgemein sagen, dass die einzelnen Glieder einer Nahrungskette lediglich 1/10 der aufgenommenen Nahrung zum Aufbau von Körpermasse nutzen können.

V./M 3

1 → g; 2 → c; 3 → l; 4 → m; 5 → p; 6 → e; 7 → j; 8 → b; 9 → h; 10 → d; 11 → k; 12 → a.

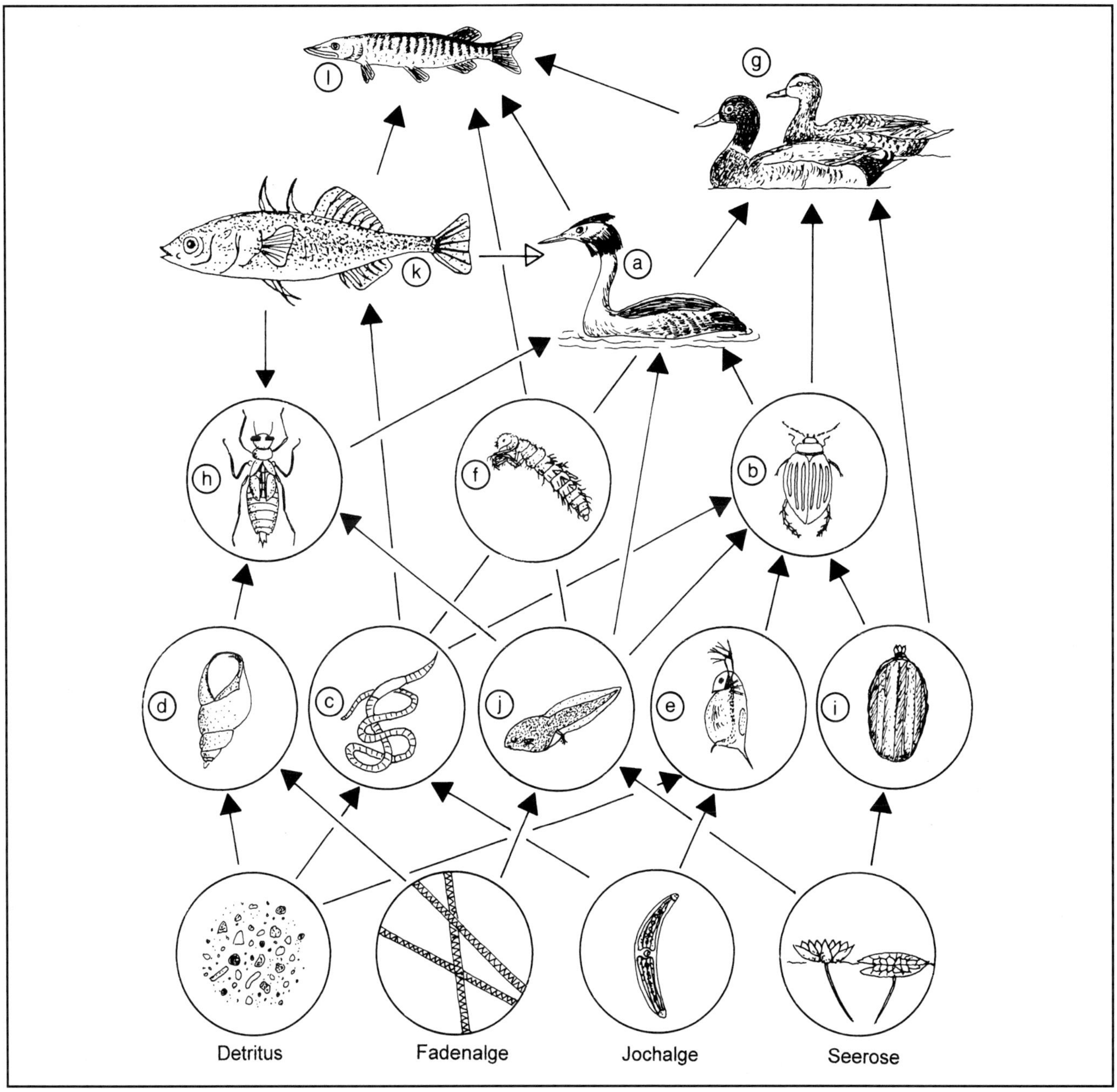

V./M 4

a) Die Destruenten zerlegen Reste von Lebewesen zu Kohlenstoffdioxid, Wasser und Salzen.
b) Wenn die Zahl der Destruenten zurückgeht, können die täglich anfallenden Reste von Lebewesen nicht zerlegt bzw. abgebaut werden. Diese Reste sammeln sich auf dem Boden eines Gewässers an und bilden einen fauligen Schlamm.
c) Wenn die Destruenten über die Maßen zu tun haben, benötigen sie entsprechend viel Sauerstoff. Es kann sein, dass dann dort, wo die Destruenten tätig sind, Sauerstoffmangel eintritt.

V./M 5

a) A → 3; B → l; C → 2.
b) E: Kohlenstoffdioxid; D: Sauerstoff
c) F: Pfeil, der von der Pflanze zu den Reduzenten geht (denkbar auch: zum Blässhuhn); G: Pfeil, der vom Blässhuhn zu den Reduzenten geht.
d) Wenn die Destruenten ausfallen bzw. zahlenmäßig stark zurückgehen, sammeln sich auf dem Seeboden unvollständig zersetzte Pflanzen und Tiere an, der See verlandet möglicherweise.

V./M 6

a) Im Sommer halten sich die vier Wasserteilchen nur in den oberen Wasserschichten (0 - 15 m Tiefe) auf; im Herbst sind die Wasserteilchen im ganzen See zu finden; im Winter wiederum verbleiben die Wasserteilchen in einer bestimmten Wasserschicht; im Frühjahr werden die vier Teilchen über den ganzen See verteilt.
b) Im Sommer und im Winter ist das Wasser nur wenig in Bewegung (im Sommer herrscht zumindest in den oberen 15 Metern Turbulenz); im Herbst und im Frühjahr dagegen werden offensichtlich tiefer gelegene Wassermassen gegen höher gelegene ausgetauscht.
c) Im Sommer ruht das warme und somit weniger dichte Oberflächenwasser auf dem kühleren und somit dichteren Tiefenwasser. Diese Schichtung ist recht stabil. Im Herbst kühlt das Oberflächenwasser ab, erwirbt somit eine größere Dichte und sinkt dann, unter Mithilfe des Windes, in tiefere Schichten, um das dort ruhende Wasser nach oben zu drängen. Es kommt zu einer Durchmischung des Seewassers.
Im Winter stellt sich wieder eine stabile Schichtung ein: Das kühlere und somit weniger dichte Oberflächenwasser ruht auf dem 4 °C kalten und somit vergleichsweise dichtem Tiefenwasser. Im Frühjahr erwärmt sich das Oberflächenwasser, bis es mit 4 °C eine gleich große Dichte hat wie das Tiefenwasser. Unter Mithilfe des Windes kommt es zu einer Durchmischung.
d) Im Sommer ist die Schichtung stabil. Das durch die Fotosynthese der pflanzlichen Plankter sauerstoffreiche Oberflächenwasser wird nicht vermischt mit dem durch die Tätigkeit der Destruenten sauerstoffarm gewordenen Tiefenwasser. Ganz anders im Herbst: Durch die Turbulenzen im Seewasser werden sauerstoffarmes Tiefenwasser und sauerstoffreiches Oberflächenwasser durchmischt, der Sauerstoffgehalt ist überall gleich hoch.

V./M 7

a) In Versuch 1 bleibt das blau angefärbte Wasser von 40 °C auf dem kühleren Wasser „liegen". Dagegen sinkt in Versuch 2 das ebenfalls blau angefärbte 10 °C-Wasser nach unten und verdrängt das wärmere Wasser von 40 °C.
b) Versuch 1: Das blau angefärbte 40 °C-Wasser hat eine geringere Dichte als das darunter liegende 10 °C-Wasser und „schwimmt" deshalb auf diesem. In Versuch 2 sind die Verhältnisse umgekehrt. Oben befindet sich das kältere Wasser mit der größeren Dichte, sinkt nach unten und verdrängt das wärmere Wasser mit der kleineren Dichte.
c) Versuch 1: Sommer(stagnation), Versuch 2: Herbst(zirkulation).

V./M 8

a) A Winter (1); B Frühjahr (2); C Herbst (4); D Sommer (3)
b) Im Herbst und im Frühjahr kommt es zur vollständigen Durchmischung des Wasserkörpers. Der Gehalt an Sauerstoff und Nährsalzen ist in allen Schichten gleich groß.
c) Im Sommer ist nur die obere Wasserschicht gut mit Sauerstoff versorgt. Hier findet Fotosynthese statt (nur hier ist ausreichend Licht für die Fotosynthese vorhanden), dabei wird Sauerstoff abgegeben. In den unteren Wasserschichten findet wegen des fehlenden Lichts keine/wenig Fotosynthese statt, die Sauerstoffversorgung ist demgemäß unzureichend. Diese Schichtung, oben sauerstoffreiches, unten sauerstoffarmes Wasser, ist stabil und wird nicht durch eine Zirkulation wie z. B. im Herbst ausgehoben.

V.3 Medieninformation

V.3.1 Audiovisuelle Medien

FWU-Film 3203357: Leben im See (hier: unter der Wasseroberfläche), 10 min (f)

Annotation: *Der Realfilm zeigt das Leben unter der Wasseroberfläche mit ihren typischen Biozoenosen: Litoral, Pelagial, Benthal. Angesprochen wird die trophogene Lichtschicht mit den Produzenten und die dunkle tropholytische Zehrschicht mit den Destruenten. Prinzip der Nahrungskette.*

Anmerkung: *Dieser Film zeigt die stofflichen Beziehungen in einem See sowohl auf organismischer Ebene als auch in topographischer Hinsicht.*

FWU-Film 3210252: Wegelagerer und Fallensteller (Beutefangmethoden), 13 min (f)

Annotation: *Zur Erhaltung des eigenen Lebens sind viele Tiere und auch einige Pflanzen auf Beute angewiesen. An 8 Beispielen aus der Welt der Gliederfüßler (Spinnen u. Insekten) sowie an 2 Beispielen des Pflanzenreichs werden Techniken vorgestellt, um Beutetiere in Fallen zu fangen oder von Warteplätzen Tiere schnell zu überwältigen. Andere weniger bewegliche Räuber bauen Netze oder Sandtrichter. Beispiele: Spinnen, Gelbrandkäfer, Libellenlarve, Sonnentau, Venusfalle, Gottesanbeterin, Ameisenlöwe.*

Anmerkung: *Anhand der vorgestellten Beispiele aus dem aquatischen Bereich lassen sich Nahrungsbeziehungen und somit Abschnitte aus Nahrungsketten vorstellen.*

FWU-Film 3244266: Ein See kippt um, 18 min (f)

Annotation: *Der Film zeigt den See als variables Ökosystem und macht die Abhängigkeit des Lebens im See von abiotischen Faktoren deutlich. Dadurch, dass der See im Wandel der Jahreszeiten gezeigt wird, versteht der Zuschauer den Vorgang des Umkippens als Ergebnis abiotischer, biotischer und anthropogener Einflüsse. Die Schüler sollten möglichst vorher die physikalischen Gegebenheiten des Wassers kennen lernen und die Weitergabe von Energie und Nährstoffen in den Nahrungsketten verstehen.*

Anmerkung: *Anhand der Trickphasen lässt sich die jahreszeitliche Dynamik des Wasserkörpers in einem See anschaulich darstellen.*

WBF-Film 3246059: Der Bach – Gefährdeter Lebensraum für Pflanzen und Tiere, 14 min (f)

Annotation: *Eindrucksvolle Naturaufnahmen zeigen einen Bach in seinem natürlichen Verlauf, Lebensraum für selten gewordene Tiere und Pflanzen. Begradigungen brachten viele ökologische Nischen zum Verschwinden. Der Film beschreibt Versuche, die früher begangenen Fehler wieder gut zu machen: Durch Renaturierung sollen Bäche wieder naturnah gestaltet werden, um so Tieren und Pflanzen verlorenen Lebensraum zurückzugeben.*

Anmerkung: *Am Beispiel eines Fließgewässers können anthropogene Einflüsse auf den Zustand eines Ökosystems sowie Maßnahmen zur Gesundung verdeutlicht werden.*

FWU-Video 4200641: Klar wie Abwasser, 43 min, f

Anmerkung: *In der Reihe Biotechnologie geht es in der Folge 7 um Bioreaktoren und dann in der Folge 8 um die Bewältigung von Abwasser. Dabei wird in eindrucksvoller Weise die Tätigkeit der Destruenten beim Abbau organischer Substanz deutlich.*

FWU-Video 4202229: Einzeller, 20 min, f

Annotation: *Einzellige Algen und einzellige tierische Organismen gehören zu den ersten Lebewesen, die sich auf der Erde entwickelt haben. Doch besitzen bereits sie spezialisierte Zellorganellen für Fortbewegung, Stoffwechsel, Reizbarkeit und Fortpflanzung. Das Arbeitsvideo zeigt am Beispiel von Amöbe, Pantoffeltierchen und Euglena Bau und Lebensweise dieser „Miniaturorganismen".*

FWU-Video 4210419: Der See, 15 min, f

Anmerkung: *Nahrungsbeziehungen lassen sich anhand dieses Videos (Auszüge) sehr anschaulich vorstellen.*

V.3.2 Zeitschriften

Brauer, K.: Wie kommt genügend Sauerstoff in das Aquarium? Unterricht Biologie, 1994, Heft 199, S. 23 - 25, Friedrich Verlag

Anmerkung: *Diesem Aufsatz sind Unterrichtsanregungen zu entnehmen, wenn es darum geht, die Beziehungen von Produzenten, Konsumenten und Destruenten modellhaft zu erfassen.*

Klautke, S.: Stoffkreisläufe. Unterricht Biologie, 1994, Heft 199, S. 4 - 13, Friedrich Verlag

Anmerkung: *Hier werden die wichtigsten Stoffkreisläufe für sich und in ihrem Verknüpftsein vorgestellt.*

V.3.2 Bücher

Anmerkung: *Hier sind im wesentlichen die Bücher zu nennen, die im Rahmen der UE I vorgestellt wurden.*

VI. Unterrichtseinheit (UE):
See – Gefährdung und Nutzung durch den Menschen

Lernvoraussetzungen:

Grobgliederung eines Sees; Stoffkreisläufe in einem See; Nahrungsbeziehungen (Nahrungsketten, Nahrungsnetze).

Gliederung:

Die Pfeile geben die hier vorgeschlagene Unterrichtssequenz inhaltlicher Schwerpunkte dieser Unterrichtseinheit an. Es sind aber auch andere Sequenzen denkbar, insbesondere dann, wenn projektartiger Unterricht angestrebt wird.

1. Ein See „kippt um"
2. Ein See verschwindet
3. Vorbeugen ist die beste Medizin
4. … denn die Seerose ist so schön
5. … und dennoch: Nutzung eines Sees

Zeitplan:

Für die Unterrichtung der so skizzierten Unterrichtseinheit werden 4 - 5 Stunden benötigt. Der zeitliche Bedarf erhöht sich beträchtlich, wenn außerschulische Lernorte (untere Naturschutzbehörde, Touristikverein, Anglerverein, DLRG, BUND u.a.) aufgesucht und genutzt werden.

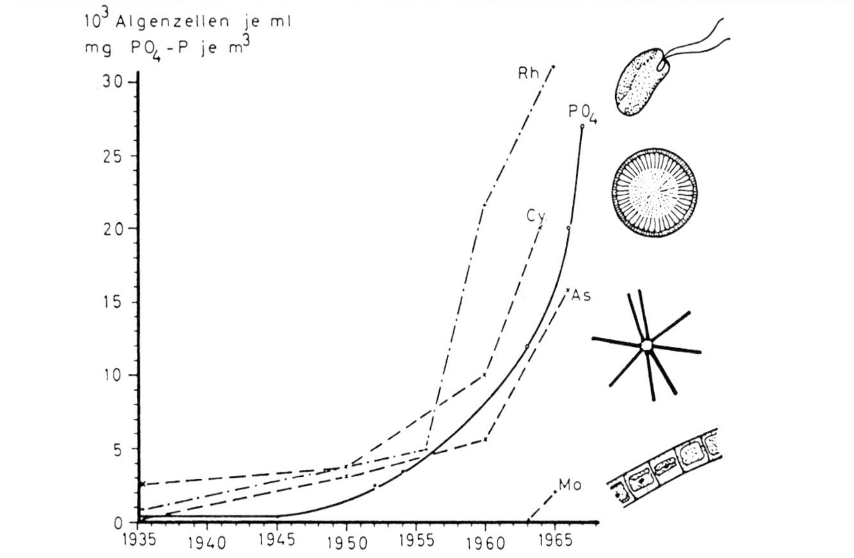

Abb.1: *Schmidt, E.*: Ökosystem See. Quelle u. Meyer 1974, S. 138

Durchschnittliche Zooplanktonmengen im Bodensee (Individuenzahl unter 1 m^2 nach *Kiefer*)			
Kleinkrebsformen	1920/24 (*Auerbach*) 0 - 50 m	1952/59 (*Kiefer/Muckle*) 0 - 60 m	Faktor
Diaphanosoma	300	890	3
Daphnia longispina	580	16300	28
Bosmina	730	9200	13
Heterocope	390	1560	4
Eudiaptomus	4360	40980	9
Cyclopiden	3700	43100	12
Summe	10060	102040	10

Abb. 2: *E. Schmidt*: Ökosystem See. Quelle und Meyer, 1974, S. 139

Abb. 3: *Joger, U.*(Hrsg.): Praktische Ökologie. Diesterweg 1989. S. 291

Abhängigkeit der Individuenzahl von Algen und Kleinkrebsen vom Phosphatgehalt im Bodensee.

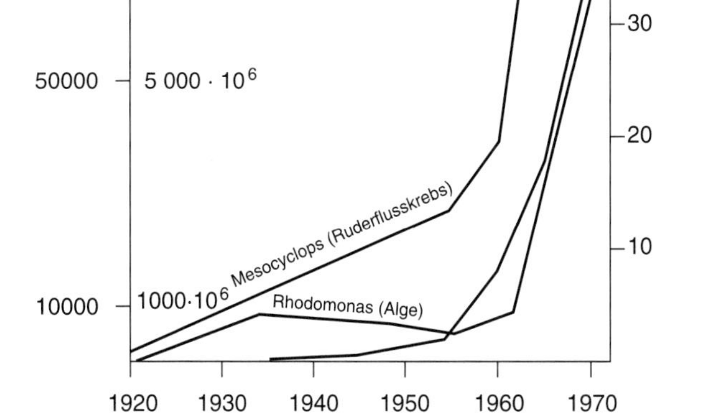

<VI.1 Sachinformation

Eutrophierung:

Grundsätzlich versteht man darunter eine Erhöhung der Nährstoffkonzentration in einem Gewässer bzw. in einem See. Nährstoffe bedeuten in diesem Zusammenhang Nährsalze oder aber abbaubare organische Substanz. Zum einen kann es sich bei der Eutrophierung um einen natürlichen Vorgang handeln. So werden bei der Verlandung eines Gewässers verstärkt Nährstoffe aus der Tiefenzone eines Sees in die trophogene Zone gelangen. Zum anderen kann Eutrophierung anthropogen verursacht sein. Durch Rodung von Wald oder erosionsfördernde Bewirtschaftung angrenzender Felder erhöht sich der Nährstoffeintrag in einen See. Im heutigen Sinne versteht man unter Eutrophierung den Prozess, bei dem durch den Menschen bedingt es insbesondere zu einer erhöhten Zufuhr von Phosphaten und Nitraten (und/ oder anderen Nährstoffen bzw. -salzen) über Abwässer, Niederschläge, landwirtschaftliche Aktivitäten oder andere Vorgänge zu einer beträchtlichen Steigerung der pflanzlichen Produktion kommt. Diese Zunahme der Produzenten ist gut untersucht im Bodensee für den Zeitraum von 1924 bis 1970. (Abb. 1)

Es hat sich in diesem Zeitraum sowohl die Artenzahl verdreifacht als auch die Anzahl der Individuen erheblich erhöht, so dass wiederholt Wasserblüten (durch Blau-, Grün- und Geißelalgen) zu beobachten waren. Auch ist ersichtlich, dass bestimmte Algen völlig verdrängt wurden. Im Zuge der Vermehrung der Produzenten nahmen auch die Konsumenten zu. (Abb. 2)

Auch hier ist zu beobachten, dass viele Arten erheblich zugenommen haben, andere allerdings zurückgingen oder gar verschwanden.

Der Zusammenhang zwischen der Zunahme des Nährstoffeintrags und der Zunahme der Bestandsdichten von Produzenten und Konsumenten ist durch nachfolgende Abbildung zu belegen. (Abb. 3)

Gefährdete Tierarten:

Die Zahl der gefährdeten Tierarten im Lebensraum See ist groß. Allein bei den Libellen sind 2 Arten ausgestorben, 13 vom Aussterben bedroht, 9 stark gefährdet und 13 gefährdet von insgesamt 59 in Niedersachsen heimischen Arten. Zu den vom Aussterben bedrohten Libellenarten gehören u.a. die Späte Adonislibelle, das Kleine Granatauge, die Grüne Mosaikjungfer und die Zierliche Moosjungfer. Die hier am Beispiel der Libellen vorgestellte Kategorisierung des Gefährdungsgrades findet man in den **Roten Listen**, in denen seit Mitte der 70er Jahre für Tiere und Pflanzen in der Bundesrepublik und in den einzelnen Bundesländern aufgelistet ist, in welchem Umfange sie gefährdet sind. Schon 1984 folgte eine 2. Fassung. Inzwischen sind die Roten Listen eine wichtige Entscheidungshilfe bei geplanten Eingriffen in die Natur und in die Landschaft geworden. Die Roten Listen dürfen allerdings nicht verwechselt werden mit den Ausführungen im Anhang der **Bundesartenschutzverordnung**, in der eine „Liste der besonders geschützten einheimischen oder europäischen Tier- und Pflanzenarten“ zusammengestellt ist. Für die Gefährdung bzw. den Rückgang der Arten werden vielerlei Ursachen angeführt. (Abb. 4)

Minimumgesetz:

Dieses von *Justus von Liebig* ausgesprochene Gesetz besagt, dass die relative Wirkung eines Faktors um so größer ist, je mehr sich dieser den anderen gegenüber im Minimum befindet.

Zahlen von Rote-Liste-Arten, für deren Rückgang in der BRD die genannten Ursachen verantwortlich gemacht werden.

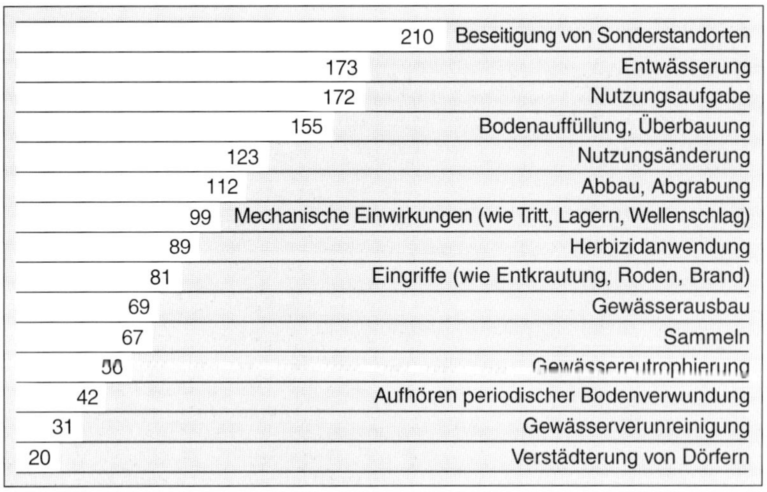

Abb. 4: Unterricht Biologie, Heft 108, 1985, S. 9

Der im Mindestmaß vertretene Ernährungsfaktor (Liebig hatte die Ernährung der Pflanzen im Auge) bestimmt daher das Wachstum der Pflanze. Auf die Eutrophierungsproblematik lässt sich dieses Gesetz folgendermaßen übertragen: Zunächst war Phosphor (in Form von Phosphaten) den anderen Wachstumsfaktoren gegenüber im Minimum und somit, was eine Erhöhung seiner Konzentration betraf, von großer Wirkung. Die Erhöhung des Phosphatgehaltes durch anthropogene Einflüsse führte daher sofort zu einer drastischen Steigerung der Algenvermehrung mit den nachfolgenden Effekten.

Naturschutz – Argumentationsebenen:

Die Ziele von Natur- und Landschaftsschutz lassen sich wie folgt zusammenfassen (**s. Gesetz über Naturschutz und Landschaftspflege; Bundesnaturschutzgesetz – BnatSchG vom 12.3.1987**):

Natur und Landschaft sind im besiedelten und unbesiedelten Bereich so zu schützen, zu pflegen und zu entwickeln, dass

1. die Leistungsfähigkeit des Naturhaushalts,
2. die Nutzungsfähigkeit der Naturgüter,
3. die Pflanzen- und Naturwelt sowie
4. die Vielfalt, Eigenart und Schönheit von Natur und Landschaft als Lebensgrundlagen des Menschen und als Voraussetzung für seine Erholung in Natur und Landschaft nachhaltig gesichert sind.

Die Begründung für den Naturschutz erfolgt auf verschiedenen Ebenen:

- **Wissenschaftliche Argumente:** Natur ist Gegenstand wissenschaftlicher Untersuchungen und daher schützenswert.
- **Pädagogische Argumente:** Naturschutzeinrichtungen gehören zu den wichtigsten Bildungsstätten und sind zugleich Zeugnis der Geschichtlichkeit von Natur und Mensch. In sog. Landschaftsmuseen wird ein Teil des kulturellen Erbes verwahrt.
- **Ökologische Argumente:** Der möglichst komplette Artenbestand vielfältiger Landschaften garantiert die Stabilität von Ökosystemen.
- **Genetische Argumente:** Innerhalb einer Art sollte genetische Vielfalt vorherrschen, um Populationen die Möglichkeit einzuräumen, sich eventuellen Veränderungen anpassen zu können. Dazu sind allerdings viele solcher Populationen erforderlich, damit sich alle möglichen differenzierten Ökotypen weiterentwickeln können.
- **Ökonomische Argumente:** Die Erhaltung der natürlichen Lebensgrundlagen ist Voraussetzung für jede Bewirtschaftung eines Landes. Insbesondere spricht für die Erhaltung aller wild wachsenden bzw. -lebenden Arten die Tatsache, dass der Mensch in der Gegenwart nicht weiß, welche Formen er in Zukunft benötigt oder auf welche er gar angewiesen sein wird.
- **Psychologische Argumente:** Geschützte Natur ermöglicht dem Menschen vielfältige Erlebnisräume und Erlebnismöglichkeiten. Der Mensch wird offensichtlich stark von der Landschaft, in der er aufwächst und aktiv ist, geprägt. Es ist eine positive, für die Persönlichkeitsentwicklung förderliche Prägung zu erwarten, wenn diese Landschaft vielgestaltig, komplex und vielfältig ist.
- **Ethische Argumente:** Der Mensch ist als gläubiger Mensch verpflichtet, die Natur als Ergebnis der Schöpfung zu achten und zu bewahren. Zudem ist der Mensch in seiner Verantwortlichkeit und in seinem Wissen um die Folgen seines Tuns verpflichtet, die Natur für seine Nachkommen und somit für die Zukunft möglichst vollständig zu erhalten, um somit seinen Nachkommen möglichst viele Nutzungsmöglichkeiten offenzuhalten.

Nutzung eines Sees:

siehe Abb. 5.

Röhrichtvernichtung:

Schnelle Motorboote mit brandungsähnlichem Seegang erzeugen eine hohe Erosionswirkung, die dem Schilfbestand zusetzt: Die Schilfpflanzen werden freigespült und gar herausgerissen. Auch starker Eisgang kann Schilfpflanzen beschädigen oder herausreißen. Eine weitere Gefährdung liegt im Vertritt durch Menschen oder große Haustiere. Auch Verbiss durch Bisamratten kann den Bestand des Röhrichts und insbesondere des Schilfs beträchtlich gefährden. Neuere Untersuchungen belegen zudem, dass auch die Eutrophierung von Seen zum Schilfrückgang beiträgt.

Die ökologische Bedeutung des Röhrichts lässt sich durch z.B. folgende Momente aufzeigen:

Schilf ist Nahrungspflanze, bevorzugt von pflanzenfressenden Insekten wie dem Schilfkäfer, der Schilf-Schildlaus oder der Halmfliege. So können bis zu 32 % eines Schilfbestandes von Halmfliegen befallen sein. Durch die Verholzung des Stengels, die Verkieselung der Blätter und die dicke Wachsschicht sind Schilfpflanzen im Sommer zwar vor Beweidung geschützt. Im Frühjahr jedoch werden die frischen Frühjahrstriebe von Vieh und Wasservögeln (Enten und Schwänen) bevorzugt gefressen. Zu einer Schädigung kommt es jedoch nur, wenn Vieh freien Zugang zum Wasser hat oder aber große Wasservogelschwärme einfallen. Als dramatischer muss der winterliche Triebspitzenfraß durch Bisamratten bewertet werden.

Die Artenvielfalt im Röhricht ist beachtlich. Die breiten Monobestände vom Wasserschilf beherbergen zwar nur wenige Wirbeltierarten

Abb. 5: *Schmidt, E.*: Ökosystem See. Der Uferbereich des Sees. S. 19, Tab. 1)

Möglichkeiten der Seenutzung (DVWK 1990 nach *Scharf* & *Schmidt-Lüttmann*); ja: +; nein: –; eingeschränkt ±.

Seentypen nach der vorherrschenden Nutzung		Biotop und Artenschutz	stille Erholung	Angeln	Baden	Wassersport	Wassergewinnung	Hochwasserrückhaltung
Landschaftssee	Naturschutzsee	+	±	–	–	–	–	–
	Erholungssee	+	+	±	±	–	–	±
Freizeitsee	Angelsee	±	+	+	±	±	±	+
	Badesee	±	+	±	+	±	±	–
	Wassersportsee	–	+	±	±	±	±	+
Wasserwirtschafts-	Nutzwassersee	±	+	±	-	±	+	±
	Rückhaltesee	±	+	+	±	+	+	+

Veränderung der Brutpaare von Wasservögeln auf der Insel Scharfenberg im Tegeler See/Berlin von den 70er Jahren (Nestkartierung Abb. 29; Fotos 1, 9, 15, 16) Scharfenberg ist Landschaftsschutzgebiet, Uferlinie 3 km, etwa die Hälfte in den 50er Jahren mit Röhrichten (meistens unter 10 m breit und vielgestaltig), praktisch keine Ufernutzungen (Daten für 1968 und 1971/2 von *Kowalski*, Berlin). In Klammern stehen die Brutpaarzahlen für den ca. 200 m langen größten Röhrichtbestand (SW-Ecke), der bis in die 60er Jahre noch gut erhalten war, dann aber der massierten Freizeitnutzung nicht mehr standhalten konnte (inzwischen vorwiegend mit Schmalblättrigem Rohrkolben wieder regeneriert, so dass 1994 sogar Biberspuren nachgewiesen werden konnten: *Hundrieser* et al. 1995).

Jahr	1953 - 57	1968	1971/2
Zwergdommel	6 - 8 (3 - 4)	–	–
Drosselrohrsänger	10 (3)	4 (3)	–
Teichrohrsänger	– (-)	1 (1)	2 - 3 (2 - 3)
Bläßhuhn	15 (2)	4	5 (39
Höckerschwan	–	(-)	5 3 (1)
Haubentaucher	0 - 1 (0 - 1)	5 (4)	3 - 4 (2 - 3)

Abb. 6: *Schmidt, E.*: Ökosystem See. Der Uferbereich des Sees. S. 96, Tab. 10

und auch nur wenige Arten großer Wirbelloser. Artenreicher dagegen sind die Bereiche um die Uferlinie und der wasserseitige Schilfrand. Hier finden einerseits zahlreiche Wasservögel wie z. B. der Haubentaucher Schutz und Brutraum, aber auch viele Fischarten finden sich hier ein. Wird die monotone Schilflandschaft aufgelockert durch Wasserrosen, Rohrkolben und Teichsimse, erweitert sich das Artenmuster um Libellen, Ringelnatter, Frösche, Kleinfische wie Bitterling und Moderlieschen sowie nahrungssuchende Schilfbrüter wie Drosselrohrsänger und Zwergdommel. Als Folgen der Röhrichtvernichtung sind u. a. zu beobachten:

- verstärkte Ufererosion
- verminderte Selbstreinigungskraft des Sees und verminderte Filterwirkung des Uferbodens
- Verlust einer den Landschaftsreiz erhöhenden Uferkulisse
- Verlust des Lebensraums einer charakteristischen Tierwelt und des Brutraumes fast aller Wasservögel. (Abb. 6)

Seentypen:

Klassische Einteilung nach *Thienemann* (1925): 1. **Dystropher See**: Wird auch Braunwassersee genannt, wegen seines gelblich-bräunlichen Wassers mit seinen Humusteilchen; Wasser nahezu kalk- und nährsalzfrei, sauer. 2. **Oligotropher See**: In typischer Form der nährstoffarme Alpensee. 3. **Eutropher See**: Darunter versteht man den nährstoffreichen Flachlandsee, mit sommerlichen Wasserblüten, Sauerstoffmangel in der Tiefe und Schlammablagerungen.

Teichhuhn:

Der lateinische Name ist **Gallinula chloropus**, die dazugehörige Ordnung ist die der Rallen. Der Vogel ist schwarz gefiedert, Schnabelgrund und Stirn sind jedoch leuchtend rot gehalten. Die Beine sind grün gefärbt mit einem roten „Strumpfband". Der Seitenstreif ist weiß. Die Tiere schwimmen unter Kopfnicken, tauchen selten, fliegen mit herabhängenden Beinen und laufen mit den langen Zehen auf Schwimmblättern. Vor dem Auffliegen laufen die Tiere flügelschlagend über die Wasseroberfläche. Ihr Nest legen sie im dichten Pflanzengürtel von Seen, größeren Teichen und Altwässern an. Ihre Nahrung suchen sie in angrenzenden freien Wasserstellen: Wasserpflanzen, Schnecken und andere Kleintiere.

Verlandung eines Sees:

Die Verlandung eines Sees kann zwar durch → Eutrophierung beschleunigt werden, muss aber insgesamt als natürlicher, von anthropogenen Einflüssen nicht notwendigerweise abhängiger Vorgang betrachtet werden. Klarwasserseen verlanden durch Aufhöhung des Grundes. Dazu tragen die nicht vollständig abgebauten Reste des Planktons und der Ufervegetation sowie der Bodenfauna bei. Hinzu kommen Einschwemmungen in den See (durch Flüsse, Schwemmwasser an Uferhängen, Abwasserbelastungen, Material von Ufererosionen). In kleinen Seen mit geschützten Uferbereichen verbleiben die Reste der Vegetation am Bildungsort und tragen somit zu einer wasserwärts fortschreitenden Auffüllung des Ufers bei. Die Vegetation folgt dieser Auffüllung, so dass der See allmählich verlandet. Bei größeren Seen wird das abgestorbene Material der Ufervegetation in tiefere Bereiche gespült. Der Seegrund erhöht sich allmählich, die Uferlinie dagegen bleibt weitgehend unverändert. Der See wird nach und nach zum Flachmoorweiher. Nun wird die Verlandung von außen sichtbar: Röhrichte dringen schlagartig in den ehemaligen See vor, die Fläche des freien Wassers nimmt rapide ab.

Wasserralle:

Die Wasserralle, lat. Rallus aquaticus, ist ein kurzschwänziger, hühnchenähnlicher Vogel, 28 cm lang. Der Schnabel ist lang und rot. Oberseits ist das Gefieder dunkelbraun mit schwarzen Streifen. Gesicht, Kehle und Brust sind schiefergrau, die Flanken schwarz-weiß gebändert. Sie bevorzugt Uferbereiche mit sehr dichter Vegetation und angrenzenden Flachwasserzonen. Dort findet sie kleine Schnecken, Insekten und Würmer. Ihr Napfnest liegt im Schilf über flachem Wasser. In 19 - 22 Tagen werden 6 - 11 Junge erbrütet, die nach 7 - 8 Wochen flügge sind.

Wasserrosen:

Die Weiße Seerose und die Gelbe Teichrose werden zusammenfassend Wasserrosen genannt. Die Weiße Seerose trägt den lateinischen Namen Nymphaea alba. Ihre Blüten haben einen Durchmesser von 9 - 12 cm und werden von 15 - 25 weißen Kronblättern sowie 4 blaugrünen Kelchblättern gebildet. Die Blüten öffnen sich um etwa 7 Uhr und schließen sich um 17 Uhr. Die langgestielten (bis zu 3 m langen Stiele!) sind herzförmig, von ledriger Beschaffenheit und 10 - 30 cm breit. Die Seerose bevorzugt nährstoffreiches Wasser von stehenden und leicht fließenden Gewässern und ist dort im Schwimmblattpflanzengürtel zu finden. Sie ist, wie auch die Gelbe Teichrose, geschützt! Die gelbe Teichrose (Nuphar lutea) trägt dottergelbe Blüten von nur 4 - 5 cm Breite; die 5 innen dottergelben Kelchblätter umgeben 13 kleinere gelbe Kronblätter. Die Blätter sitzen ebenfalls an bis zu 5 m langen Stielen und sind eiförmig mit einer tiefen Einkerbung. Ihre Beschaffenheit ist ebenfalls lederförmig. Man findet sie in Seen, Teichen und Gräben im Schwimmpflanzengürtel.
In Konkurrenz um Licht sind sie Röhrichtpflanzen unterlegen, werden also abgedrängt in Richtung auf das offene Wasser. Dort können sie durch Bootfahren aufkommende Turbulenzen des Wassers besser vertragen als Röhrichtpflanzen. Wasserrosen sind Lebensraum für zahlreiche Insektenarten und auch Arten anderer Tiergruppen (s. Material M9: Warum sollte man sich für den Schutz der Wasserrose einsetzen?). Der Schutz von Wasserrosen erleichtert/ermöglicht/garantiert vielen an oder von ihr lebenden Arten das Überleben. So gesehen ist der Schutz der Wasserrose zwar zunächst einmal Artenschutz (→ Artenschutz). Durch das Gesetz ist das Pflücken oder Entnehmen und das Handeln mit Wasserrosen untersagt. Darüber hinaus bedeutet der Schutz der Wasserrose aber auch (partiellen) Biotopschutz (→ Biotopschutz) im Hinblick auf den Biotop (-ausschnitt) der an oder von der Wasserrose lebenden Arten. Es ist natürlich nicht zu übersehen, dass die artenschützerische Bewertung der Wasserrose nicht ausreicht, um die Wasserrose und die an oder von ihr lebenden Arten zu schützen. Wegen der komplexen und engen Verknüpfung der Wasserrosen mit ihrem Lebensraum Schwimmpflanzenzone eines Sees kann die Existenz der Wasserrosen nur gesichert werden, wenn auch ihr Lebensraum vor zu großen Eingriffen bzw. Veränderungen geschützt wird.

VI.2 Informationen zur Unterrichtspraxis

VI.2.1 Einstiegsmöglichkeiten

Einstiegsmöglichkeiten	Medien
A.	
■ L projiziert Folienkopie mit einigen gefährdeten Wirbeltieren aus dem Lebensraum See ▶ **Problemfrage:** Wie kommt es zur Gefährdung von (Wirbeltier-)Arten im Lebensraum See?	■ Material VI./M 1 (Materialgebundene Aufgabe): Einige gefährdete Wirbeltierarten im Lebensraum See (Folienkopie, ohne Aufgaben)
B.	
■ L lässt Text zur Eutrophierung eines Sees vorlesen ▶ **Problemfrage:** Was führt zur Erkrankung eines Sees?	■ Material VI./M 2 (Materialgebundene Aufgabe): Ein See „kippt um“ ... (Eingangstext ohne den letzten Satz)
Anmerkung: *Die Fragerichtung der SuS kann von der aufgezeigten abweichen, wird aber in der Regel immer auf eine Kausalanalyse abzielen: Welche Faktoren beeinflussen/gefährden den Lebensraum See?*	

VI.2.2 Erarbeitungsmöglichkeiten

Erarbeitungsschritte	Medien
A./B.1. Ein See „kippt um“	
■ L führt Film vor, der das „Umkippen“eines Sees veranschaulicht und analysiert	■ FWU-Film 3244266: Ein See kippt um, 19 min (f)
■ Unterrichtsgespräch: Ursachen und Abläufe beim „Umkippen“ eines Sees	■ Tafel
■ Vertiefung 1: SuS bearbeiten quantitative Daten zum „Umkippen“ eines Sees	■ Material VI./M 2 (Materialgebundene Aufgabe): Ein See „kippt um“ ...
■ Vertiefung 2: SuS bearbeiten Material, das die Bedeutung des Phosphatgehaltes herausstellt	■ Material VI./M 3 (Materialgebundene Aufgabe): ... auf den Phosphatgehalt kommt es an
Unterrichtliche Anmerkung: *Das in Material VI./M2 ins Auge springende Bild vom Minimumgesetz muss als solches nicht genannt werden, wohl aber in grundsätzlichen Zügen zur Sprache kommen. Es bietet sich an, im Rahmen einer Binnendifferenzierung leistungsstärkere Schüler/innen auf eben dieses Material anzusetzen, während weniger befähigte Schüler/innen sich mit dem Material VI./M1 auseinander setzen.*	
A./B.2. Ein See verschwindet	
■ Unterrichtsgespräch über die Frage, welche Folgen wiederholtes „Umkippen“ für einen See haben könnte	■ Tafel
■ Rückgriff auf das Verlandungsproblem	■ Material IV./M 4 (Materialgebund. Aufgabe): Verlandung eines Sees – am Seeboden fängt es an

Erarbeitungsschritte	Medien
A./B.3. Vorbeugen ist die beste Medizin	
■ Impuls: Wie kann man verhindern, dass ein See erkrankt?	■ Tafel
■ SuS-Gruppenarbeit auf der Grundlage einer Abbildung, die die Beziehungen zwischen einem See und seinem Umfeld widerspiegelt	■ Material I./M 10 (Materialgebundene Aufgabe): Lebensraum See – innig mit seinem Umfeld verzahnt (dieses schon an früherer Stelle verwendete Material wird erneut vorgelegt, allerdings unter der eingangs angeregten Fragestellung: Wie kann man verhindern ...)
■ Zusammenfassung solcher Maßnahmen, die eine Erkrankung eines Sees verhindern helfen	■ Tafel
A./B.4. ... denn die Seerose ist so schön	
Unterrichtliche Anmerkung: *Nachdem herausgearbeitet worden ist, wie die Eutrophierung, Erkrankung und im äußersten Falle die Verlandung eines Sees verursacht und dann doch verhindert werden kann, soll nun der Blick auf die Gefährdung einzelner Lebewesen bzw. Lebewesengruppen eines Sees gelenkt werden. Dabei soll beispielhaft die Schutzwürdigkeit und -notwendigkeit der Wasserrose plausibel werden.*	
■ L stellt geschützte Seebewohner vor	■ Arbeitstransparent 2: Geschützte Pflanzen am/im See ■ Arbeitstransparent 3: Geschützte Tiere am/im See
■ Impuls: Warum schützt man Pflanzen bzw. Tiere? ■ SuS arbeiten anhand einer Beziehungsgraphik heraus, warum Arten geschützt werden sollten	■ Material VI./M 4 (Materialgebundene Aufgabe): Warum sollte man sich für den Schutz einer Wasserrose einsetzen?
Unterrichtliche Anmerkung: *Die von den SuS erarbeiteten Gründe für den Schutz von z.B. einer Wasserrose sind ökologischer Art. Die ethische Dimension ist damit noch nicht angesprochen! Zur Diskussion ethischer Beweggründe muss zusätzlich aufgefordert werden.*	
■ Impuls: Nennt weitere Gründe für den Schutz von Lebewesen im/am Lebensraum See!	
■ Unterrichtsgespräch über weitere Gründe für den o. a. Schutz von Lebewesen	■ Tafel

Erarbeitungsschritte	Medien
A./B.5. … und dennoch: Nutzung eines Sees	
Unterrichtliche Anmerkung: *Wenn der Schwerpunkt der bisherigen Überlegungen auf die Schutzwürdgkeit des Lebensraumes See bzw. seiner Pflanzen und Tiere abzielte, darf nicht übersehen werden, dass der Mensch dennoch Nutzungsansprüche anmeldet und durchsetzt. Zunächst muss daher recherchiert werden, welcher Art diese Nutzungsansprüche sind. Dann jedoch muss ebenso deutlich herausgestellt werden, dass diese Ansprüche des Menschen ihre Grenzen finden,dort, wo sie auf Ansprüche „der Natur“ stoßen. Da „die Natur“ diesbezügliche Ansprüche nicht artikulieren kann, muss der Mensch diese Aufgabe übernehmen. Das Zusammentreffen von Ansprüchen kann nur im Kompromiss überwunden werden! Diese Einsicht gilt es zu vermitteln.*	
■ SuS arbeiten heraus, wie und wo der Mensch den Lebensraum See bzw. seine Bewohner nutzt	■ Material I./M 10 (Materialgebundene Aufgabe): Lebensraum See – innig mit seinem Umfeld verzahnt (Folienkopie) ■ Material VI./M 5 (Materialgebundene Aufgabe): Binnengewässer – beansprucht von Natur und Mensch
■ Impuls: Welche Ansprüche haben Lebewesen an den Lebensraum See?	
■ SuS arbeiten heraus, welche Ansprüche Teichhuhn und Wasserralle sowie ein Hecht an den Lebensraum See haben	■ Material VI./M 5 (s. o.) Material VI./M 6 (Materialgebundene Aufgabe): … dann geht es dem Hecht gut
Unterrichtliche Anmerkung: *Auch an dieser Stelle kann eine Binnendifferenzierung erreicht werden, indem Material VI./M6 leistungsschwächeren SuS, Material VI./M7 leistungsstärkeren SuS zur Bearbeitung vorgelegt wird.*	
■ Unterrichtsgespräch: Wie kann der Mensch den zusammengestellten Ansprüchen der drei Arten gerecht werden/welche Einschränkungen muss er akzeptieren?	■ Tafel
■ SuS- Übung: Ein Streitgespräch über die Nutzung eines Sees (Rollenspiel)	■ Material VI./M 7 (Materialgebundene Aufgabe) „… ich will doch nur am See spazieren gehen“ Streitgespräche rund um den See

VI./M 1	Einige gefährdete Wirbeltierarten im Lebensraum See	Materialgebundene AUFGABE

Arbeitsmaterial:

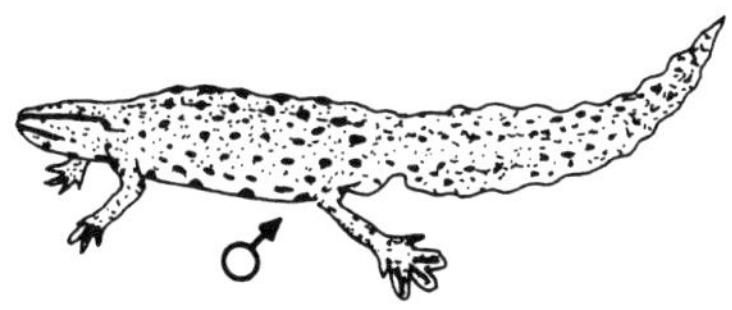

Kammmolch, 14 cm

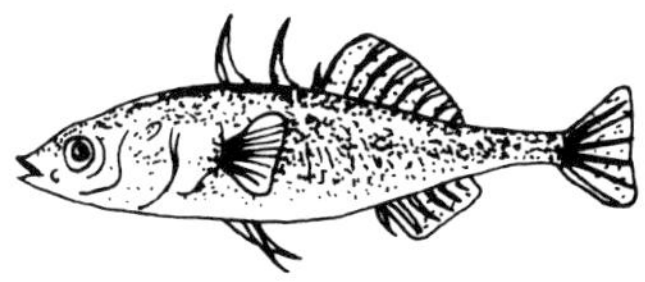

Dreistacheliger Stichling, 4-9 cm

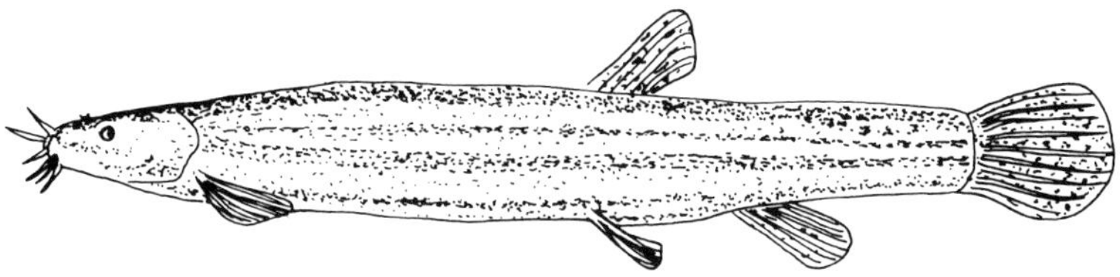

Schlammpeitzger, 20-25 cm

Bitterling, 6-9 cm

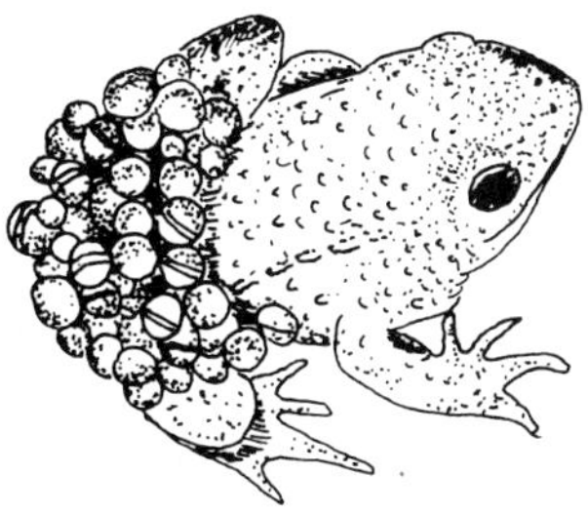

Geburtshelferkröte, 5 cm

Knoblauchkröte, *6-8 cm*

Sumpfrohrsänger, 6,5 cm

Ringelnatter, 1,5 m

Seggenrohrsänger, 6,5 cm

Quelle: H. Wiedermuth: Lebensraum Wasser. Schroedel Schulbuchverlag, Hannover 1991, S. 26 - 32

Aufgabe:

a) Nenne die 5 Wirbeltiergruppen!
b) Welche Wirbeltiergruppen sind unter den abgebildeten Tieren nicht vertreten?
c) Nenne mögliche Veränderungen im Lebensraum See, die für die Gefährdung der abgebildeten Tiere verantwortlich sein könnten!

VI./M 2	Ein See „kippt um“...	Materialgebundene AUFGABE

Arbeitsmaterial:

… schon seit Jahren ist zu beobachten, dass der See nicht ganz gesund ist. Mehrfach im Jahr ist das Wasser gelbgrün oder blaugrün verfärbt. Die Sichttiefe beträgt nur noch wenige Zentimeter. Mikroskopische Untersuchungen zeigen, dass die gelbgrüne Färbung auf eine Massenvermehrung von Grünalgen, die blaugrüne auf eine Massenvermehrung von Blaualgen zurückgeht. Zudem wird festgestellt, dass sich auf dem Seeboden vermehrt Faulschlamm abgelagert hat. Heute jedoch hat sich der Zustand des Sees dramatisch verschlechtert: Zahlreiche Fische treiben bauchaufwärts an der Wasseroberfläche. Die für den See zuständige Behörde hat eine Entnahme und Untersuchung von Wasserproben angeordnet:

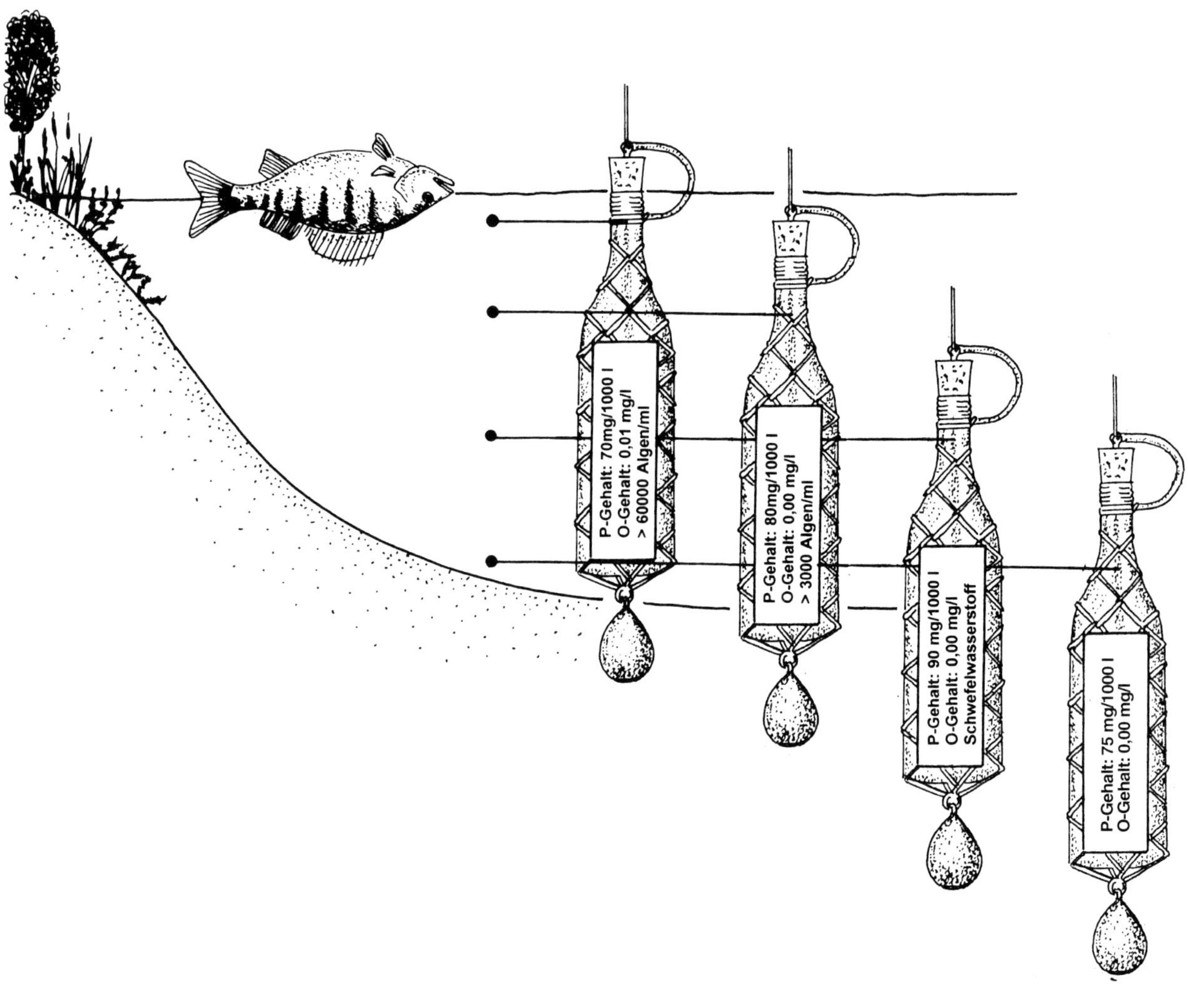

INFO: In einem gesunden See findet man z. B. 1,5 mg Phosphat in 1000 l Wasser, 8 mg Sauerstoff in 1 l Wasser und 5000 Algen in 1 ml Wasser; Schwefelwasserstoff, ein giftiges Gas, das bei Fäulnisvorgängen und Sauerstoffmangel entsteht, fehlt.

Aufgaben:

a) Kennzeichne den Zustand des Sees anhand der Untersuchungsergebnisse und erkläre das Fischsterben!
b) Nenne mögliche Ursachen für die explosionsartige Vermehrung der Algen!
c) Das Umkippen eines Sees ist bevorzugt nach einer sommerlichen Gut-Wetter-Periode zu beobachten. Erkläre diesen Sachverhalt!

VI./M 3	... auf den Phosphatgehalt kommt es an	Materialgebundene AUFGABE

Arbeitsmaterial:

Die im Wasser schwebenden Algen benötigen bestimmte Nährsalze (z. B. Calcium-Salze: Ca; Nitrate: N; Phosphate: P; Magnesium-Salze: Mg). Die Algen vermehren sich besonders gut, wenn alle Nährsalze in ausreichender Konzentration (man spricht auch von optimalen Konzentrationen) vorhanden sind. Ist jedoch eines der benötigten Salze in nur geringer Konzentration (man spricht auch von nicht optimaler Konzentration) vorhanden, hilft auch ein Mehr von anderen Nährsalzen nichts: Die Algen können sich nicht in optimaler Weise vermehren. Diesen Sachverhalt kann man durch ein Holzfass veranschaulichen, wie es in den nachfolgenden Abbildungen dargestellt ist:

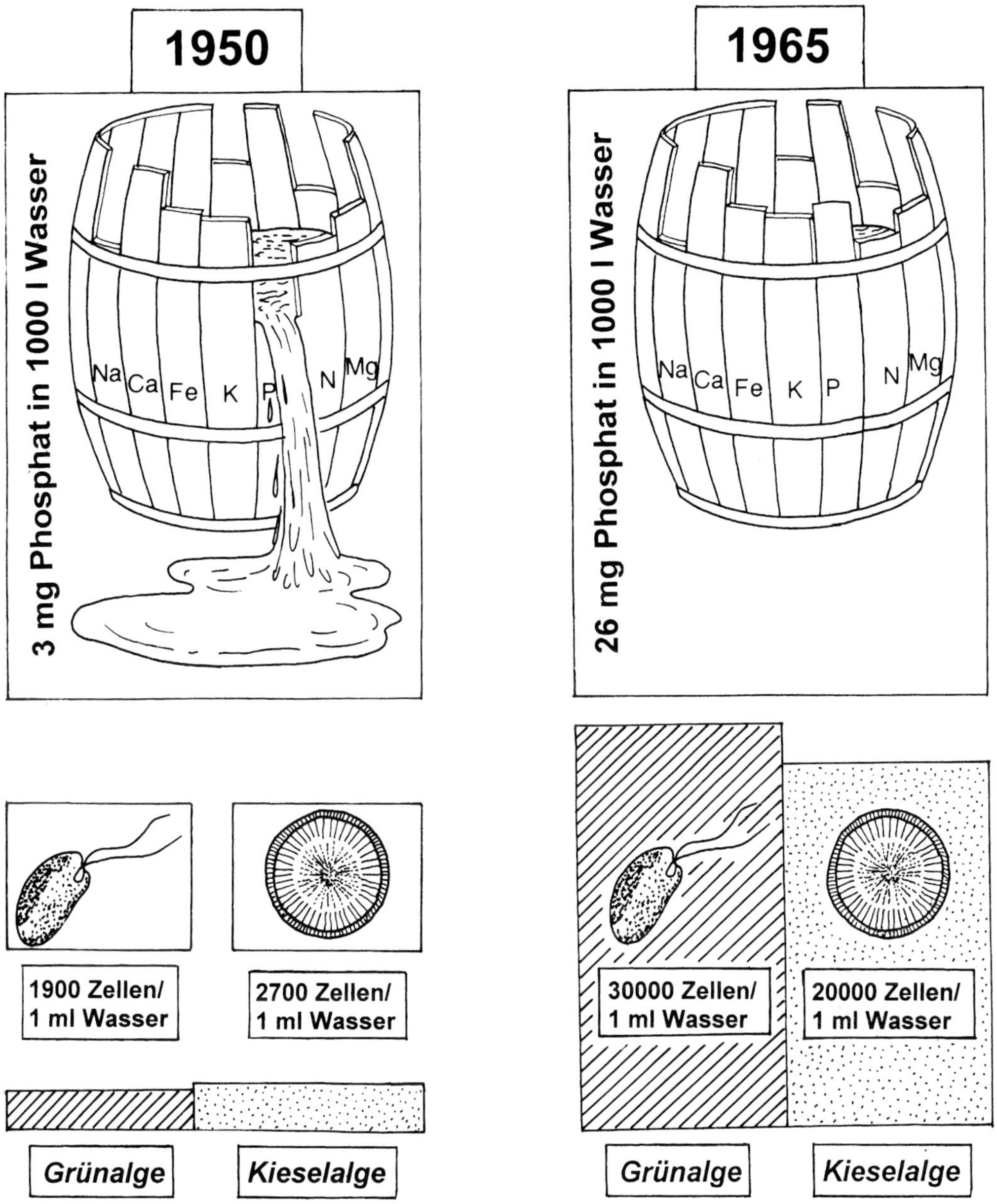

Quelle: *A. Heitzmann* u. a.: Tierkunde. Sabe, Zürich S. 22

Aufgabe:

a) Erkläre das Holzfass-Modell, indem du sagst,welche Sachverhalte durch die im Fass enthaltene Wassermenge (1), durch die einzelnen Fassdauben (2) und durch das auslaufende Wasser (3) dargestellt werden!
b) Erkläre die Vermehrung der beiden Algenarten in einem See zwischen den Jahren 1950 und 1965!
c) Wie ist der Anstieg der Phosphat-Konzentration in dem beschriebenen Zeitraum zu erklären?

VI./M 4	Warum sollte man sich für den Schutz der Wasserrose einsetzen?	Materialgebundene AUFGABE

Arbeitsmaterial:

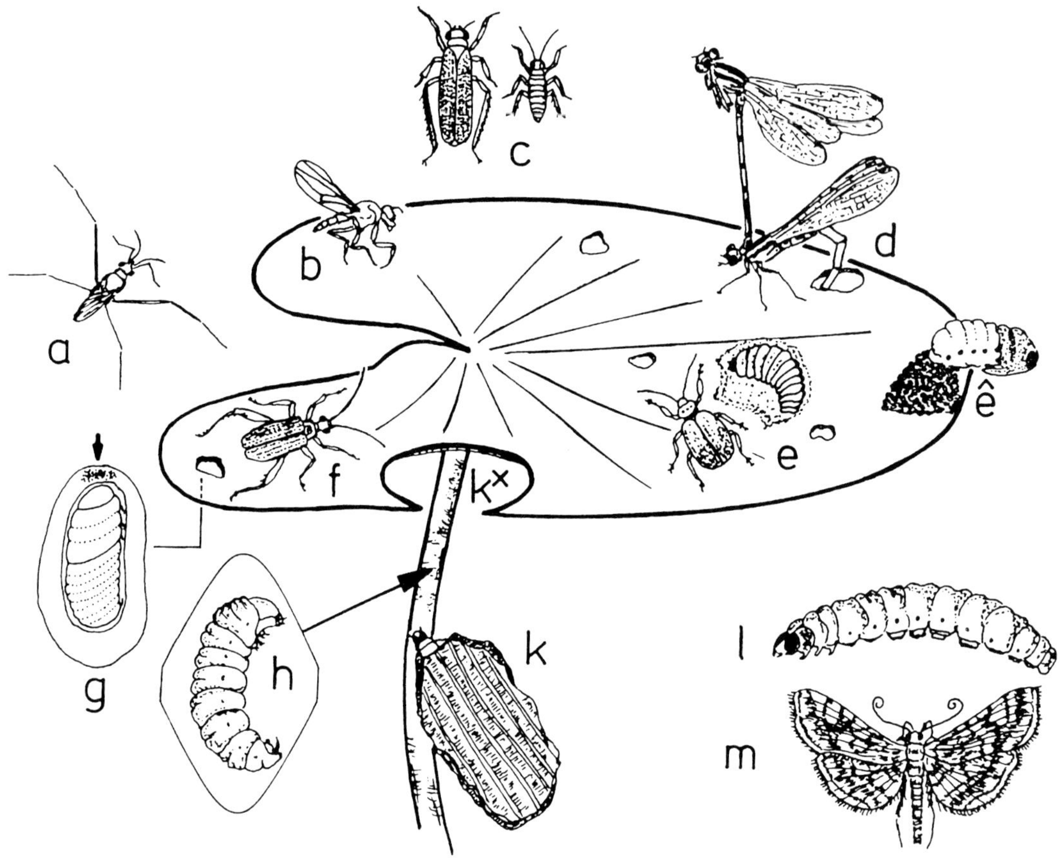

Quelle: *E. Schmidt*: Ökosystem See. Der Uferbereich des Sees. Quelle u. Meyer 1996, S. 103

Folgende Tiere profitieren vom Blatt einer Wasserrose: 1. Der *Schilfkäfer*, ca. 1 cm groß, frisst Löcher in das Blatt. 2. Der *Seerosenzünsler*, ein Falter. 3. *Zwergzikaden*, nur 0,5 cm große Insekten (daneben die Larve) saugen Saft aus den Blattadern. 4. *Wasserläufer* suchen das Blatt auf, um sich auszuruhen. 5. *Salzfliegen*, nur 0,3 cm groß, finden sich in großer Zahl auf den Blüten, sie jagen andere Insekten. 6. Köcher aus versponnenen Seerosenblattstückchen, gehört dem *Seerosenzünsler*. 7. Larve des *Seerosenzünslers*. 8. *Schlankjungfer*, mit einem Männchen, legt Eier ab. 9. Der nur 0,5 cm große *Seerosenblattkäfer* frisst Löcher in das Blatt. Daneben die Larve des *Seerosenblattkäfers*, frisst Gänge in das Blatt, da sie die obere und untere Epidermis verschont. 10. Die Eier des *Schilfkäfers*. 11. Die Larve des *Schilfkäfers* frisst am Stengel und nutzt den Sauerstoff im Belüftungsgewebe des Stengels. 12. Puppe des *Seerosenblattkäfers*.

Nicht dargestellt sind Laichklumpen von *Wasserschnecken*, *Köcherfliegen* und *Zuckmücken*; auch fehlen *Frösche*, die hier auf Beute warten, oder Paare der *Granataugenlibelle*.

Aufgabe:

a) Ordne den Abbildungen a - p die entsprechenden Namen 1 - 12 zu!
b) Lege dann dar, warum man die Wasserrose schützen sollte! Nenne möglichst viele Gründe!

VI./M 5	Binnengewässer – beansprucht von Natur und Mensch	Materialgebundene AUFGABE

Arbeitsmaterial:

In der nachfolgenden Abbildung geht es um die Nutzung eines künstlich entstandenen Flachgewässers:

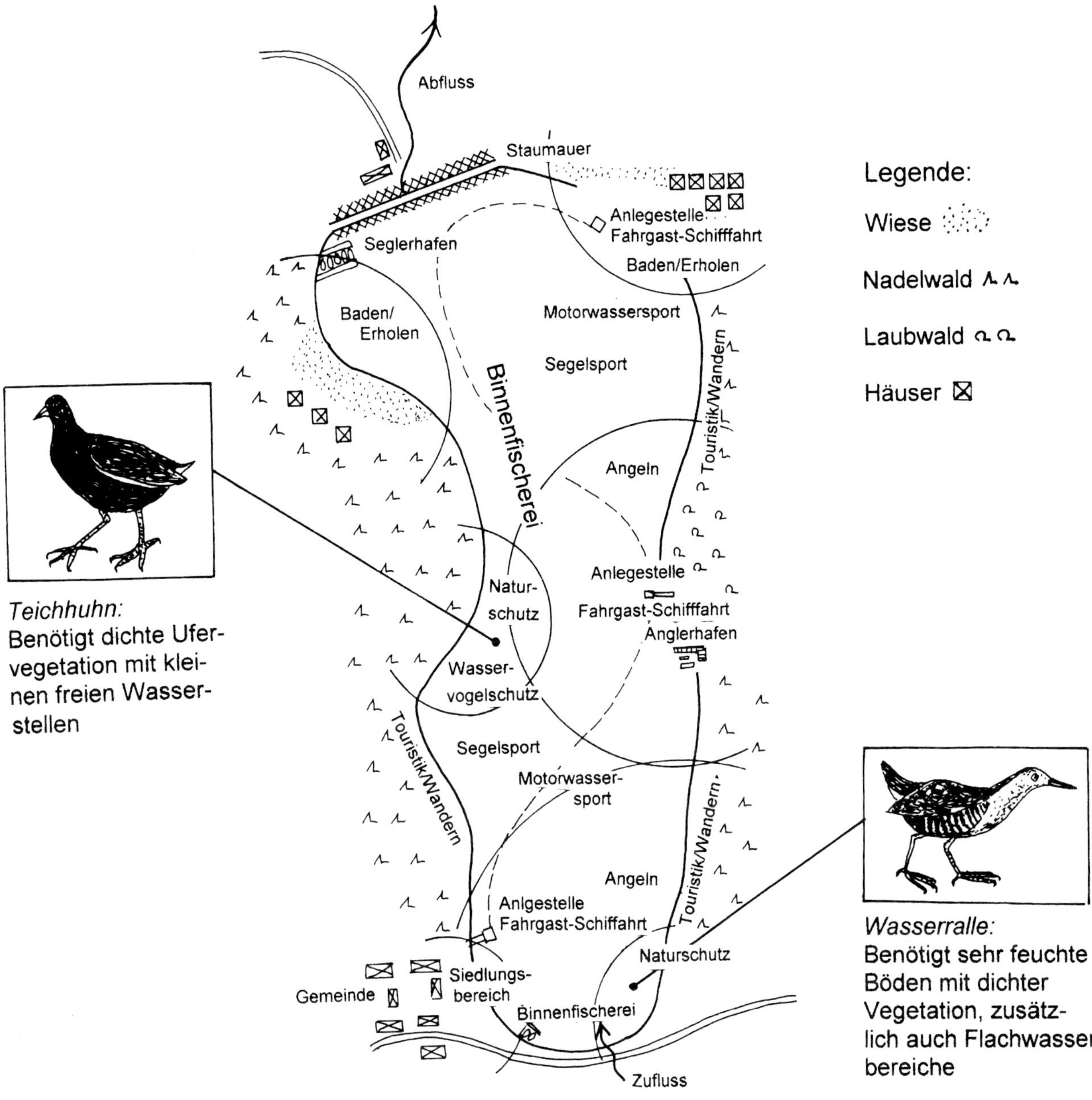

Quellen: Karte: Ökologie der Wasservögel. A. Ziemgen Verlag S. 103
Vögel: Schmidt: Ökosystem See I. Quelle u. Meyer S. 173

Aufgabe:

a) Nenne die vielfältigen Nutzungsmöglichkeiten des Gewässers durch den Menschen!
b) Welche Beeinträchtigungen bzw. Veränderungen dieses Lebensraumes können aus solchen Nutzungen erwachsen?
c) Durch welche Beeinträchtigungen bzw. Veränderungen könnte das Vorkommen der beiden (und möglicherweise auch anderer) Vogelarten gefährdet werden?

VI./M 6	... dann geht es einem Hecht gut	Materialgebundene AUFGABE

Arbeitsmaterial:

A. Für ein stehendes Gewässer mit Karpfen, Schleien und Hechten lässt sich ermitteln, welche Werte die einzelnen Gewässerfaktoren (Temperatur, Sauerstoffgehalt, Nitritgehalt u. a.) annehmen müssen, damit die genannten Fische gut gedeihen und sich fortpflanzen:

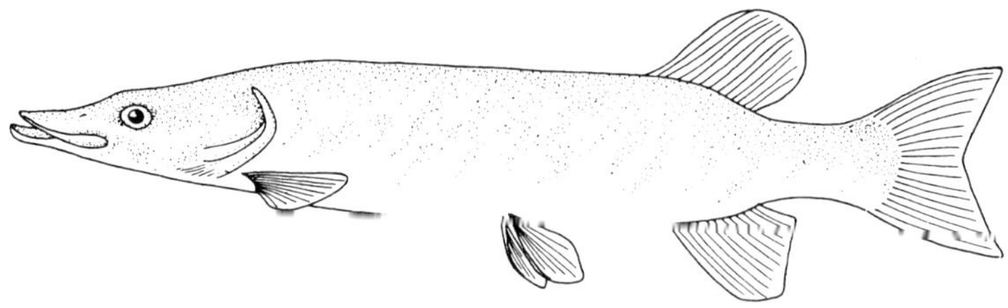

	ideal	noch akzeptabel	kritisch	gefährlich	tödlich
biologische Untersuchung	1	2	2,5	3	3,5
Sauerstoffgehalt in mg/l	> 8	6	3	2	< 1
pH-Wert, wenn alkalisch	7	8	9	10	> 10,5
pH-Wert, wenn sauer	7	6,5	6	5	< 4,5
Ammoniakgehalt (NH_3) in mg/l	0	0,01	0,02	0,1	> 0,15
Nitritgehalt in mg/l	0	0,05	0,15	0,2	> 0,5
Kohlensäuregehalt in mg/l	0	20	40	> 100	> 200
Schwefelwasserstoff in mg/l	0	0,002	0,01	0,2	> 0,5
Eisengehalt in mg/l	0	0,1	0,2	0,5	> 1,5
Wassertemperatur in °C	20	25	28	30	> 32
Biochemischer Sauerstoffbedarf in 5 Tagen in mg O_2/l (BSB_5)	< 2	3	6	10	> 15

Quellen: a. Abb.: *H. Wiedermuth*: Lebensraum Wasser, Schroedel Schulbuchverlag, 1991, S. 26
b. Tabelle: *H. Baur*: Gewässergüte bestimmen u. beurteilen. P. Parey 1987, S. 127

Der *Biochemische Sauerstoffbedarf* ist ein Maß für den Gehalt des Wassers an organischen Stoffen (Stoffen aus Lebewesen), die unter Sauerstoffverbrauch abgebaut werden können. Ein hoher Wert bedeutet, dass dem Wasser viel Sauerstoff entzogen wird, um die organischen Stoffe abzubauen.

B. Futtermittel wie Gras, Rübenblätter und Mais werden in der Landwirtschaft siliert d. h. in großen Silos gelagert.Dabei kommt es unter Luftabschluss zu Gärungsvorgängen, bei denen u. a. Milchsäure entsteht. Diese macht die Futtermittel haltbar, so dass sie bis in das nachfolgende Jahr hinein gelagert und verfüttert werden können. Während der Silierung treten Sickersäfte aus. Diese Säfte enthalten einen hohen Gehalt an Säuren (verändern den pH-Wert in Richtung kleiner Zahlen), einen hohen Gehalt an organischen Stoffen und auch große Mengen von Stickstoffverbindungen (die von Bakterien in giftiges Ammoniak umgewandelt werden können, das zudem den pH-Wert auf hohe Werte von über 12 schrauben kann).

Aufgabe:

a) Nenne die Werte, die die einzelnen Gewässerfaktoren annehmen müssen, damit Fische wie Hechte, Karpfen oder Schleie gut in einem Gewässer gedeihen!

b) In der Nähe eines kleinen Sees ist eine Leitung, die Silo-Sickersaft in ein Sammelbecken führt, undicht geworden. Sickersaft tritt aus, versickert in das Erdreich und gelangt von dort in den See. Nenne mögliche Auswirkungen dieser Gewässerverunreinigung auf das Gedeihen der drei Fischarten und anderer Lebewesen! Begründe deine Ausführungen!

VI./M 7	„... ich will doch nur am See spazierengehen.“ Streitgespräche rund um den See	EXPERIMENT/SPIEL

Arbeitsmaterial:

Die Gemeinde Seehausen hat 5560 Einwohner. Sie liegt, umgeben von landwirtschaftlichen Nutzflächen und ausgedehnten Waldgebieten, an dem 1,2 km^2 großen Hirschsee. Seit die Futtermittelfabrik ihre Tore geschlossen hat, ist der Anteil der Arbeitslosen in diesem Ort auf über 16,5 % angestiegen und liegt damit deutlich über dem Landesdurchschnitt. In der Gemeindeversammlung ist ein Ausschuss ins Leben gerufen worden, der sich mit der Problematik der hohen Arbeitslosigkeit und speziell mit Möglichkeiten einer Senkung der großen Zahl an Arbeitslosen auseinandersetzt. Nach 6 Wochen intensiven Nachdenkens, Befragens von Experten und ausschussinterner Diskussionen kann der Ausschuss ein Papier vorlegen, in dem Vorschläge unterbreitet werden, Arbeitsplätze zu schaffen und somit die Zahl der Arbeitslosen zu senken. Zur Erörterung dieser Vorschläge sind die Mitglieder des Gemeinderates, Vertreter der Kirchen, der Gewerkschaften, der Vereine, der Naturschutzverbände, der Geschäftswelt und der Landwirtschaft eingeladen worden. In Kleingruppen sollen die einzelnen Vorschläge auf ein Für und Wider geprüft und dann abschließend bewertet werden („ empfehlenswert“ – „nicht zu empfehlen“) ...

In der nachfolgenden Tabelle werden die 7 Vorschläge, die in Zusammenhang mit dem Hirschsee zu sehen sind, und zusätzlich stichwortartig einige (unvollständig) der für die Bewertung des jeweiligen Vorschlags bedeutsamen Gesichtspunkte zusammengestellt:

Vorschlag zur Behebung der Arbeitslosigkeit	**Gesichtspunkte, die bei der Bewertung des Vorschlags von Bedeutung sein könnten**
1. Verbreiterung der Badezone von 50 m auf dann 90 m	Touristen; Verlust von Uferzone; Lärm; größere Zahl Personenkraftwagen; Parkplatzbedarf; Abfall
2. Verpachtung des Sees an Berufsfischer	Störung von Wasservögeln; Überfischung
3. Einrichtung eines Campingplatzes	Touristen; Lärm; Verlust an Hinterland; Belastung des Sees durch Abfälle; Erfordernis zusätzlicher Wege
4. Einrichten eines naturkundlichen Wanderweges rund um den See	Touristen; Störung der Tierwelt (besonders in der Brutzeit); Trittschäden; Umwelterziehung
5. Einrichtung einer Surfschule	Touristen; Lärm; Störung der Tierwelt; Bedarf zusätzlichen Uferbereichs
6. Werben für Investoren, die Ferienhäuser und -wohnungen errichten	Touristen; Bedarf an zusätzlichem Land für Gebäude, Parkplätze, Wege, Geschäfte; Lärm, Abfall
7. Südufer des Sees wegen seiner vielfältigen Vogelwelt unter Naturschutz stellen lassen	Touristen; Naturschutz; Artenschutz

Je drei bis vier Schüler/innen finden sich in einer Diskussionsgruppe zusammen, wählen eine der sieben beschriebenen Maßnahmen aus, ergänzen gegebenenfalls die Liste der zu berücksichtigenden Gesichtspunkte und beginnen dann mit einem Streitgespräch über das Für und Wider der Maßnahme. Abschließend wird die Maßnahme bewertet („empfehlenswert“ – „nicht empfehlenswert“).

Aufgabe:

a) Fertigt ein Protokoll über das Streitgespräch und die abschließende Bewertung an!

VI.2.3 Lösungshinweise zu den Aufgaben der Materialien

VI./M 1

a) Fische, Amphibien, Reptilien, Vögel und Säugetiere.
b) Es fehlen Vertreter der Säugetiere.
c) Eine intensive Nutzung der Uferregion für touristische Zwecke könnte die beiden Vögel des Röhrichts verjagt und die Ablaichmöglichkeiten für die Geburtshelferkröte und die Knoblauchkröte verschlechtert haben. Um weitere Gründe nennen zu können, müsste mehr über die Biologie der gefährdeten Tiere in Erfahrung gebracht werden.

VI./M 2

a) Der Phosphatgehalt und damit die Düngesalzkonzentration im See ist in allen Tiefen relativ hoch. In den oberen Schichten ist die Algenkonzentration relativ hoch, im Tiefenwasser finden sich wenige Algen, stattdessen jedoch Schwefelwasserstoff. Der Sauerstoffgehalt ist im ganzen See durchweg sehr niedrig.
b) Der hohe Phosphatgehalt begünstigt das Wachstum und somit die Vermehrung von Algen. Beide Vorgänge werden zudem beschleunigt durch die gleichmäßig hohen sommerlichen Temperaturen.
c) Die sommerliche Gut-Wetter-Lage begünstigt eine starke Vermehrung der Algen. Deren Abbau durch Konsumenten und Destruenten benötigt viel Sauerstoff. Es kommt zu einem Sauerstoffmangel, der sich zudem dadurch verschärft, dass sich bei den hohen sommerlichen Temperaturen weniger Sauerstoff im Seewasser löst als bei niedrigeren Temperaturen. Unter Sauerstoffmangel haben solche Bakterien eine Chance, die unter Sauerstoffmangel Stoffe abbauen und dabei giftigen Schwefelwasserstoff freisetzen. Die Bedingungen im See werden lebensfeindlich, d. h. unerträglich für die meisten Pflanzen und Tiere. Der See ist umgekippt.

VI./M 3

a) Die Wassermenge steht für das Pflanzenwachstum, die Höhe jeder einzelnen Daube ist ein Maß für die Konzentration des jeweiligen Salzes, das auslaufende Wasser ist als Abnahme des Pflanzenwachstums für den Fall zu verstehen, dass ein Salz in nur sehr geringer Konzentration vorliegt.
b) Die Vermehrung der beiden Algenarten ist damit zu erklären, dass 1950 die Phosphat-Konzentration nicht optimal und somit das Wachstum und die Vermehrung der Algen nur mäßig war. In den folgenden 15 Jahren nahm die Phosphat-Konzentration zu, so dass 1965 eine optimale Konzentration dieses Salzes vorlag. Damit waren die Voraussetzungen für eine explosionsartige Vermehrung der Algen gegeben.
c) Es ist möglich, dass Eintrag von Dünger (durch Oberflächen- und Grundwasser) oder Abwassereinleitungen zu einem Anstieg der Phosphat-Konzentration geführt haben.

VI./M 4

a) a → 4; b → 5; c → 3; d → 8; e → 9; f → 1; g → 10; h → 11; k → 6; 1 → 7; M → 2; p → 12.
b) Die Wasserrose ist eine schöne Pflanze, an deren Anblick sich viele Menschen erfreuen können (anthropozentrisches Argument). Auf der Wasserrose bzw. von der Wasserrose leben viele Organismen. Gefährdet man den Bestand der Wasserrose, könnten auch diese Organismen gefährdet sein (ökologisches Argument). Der Mensch hat kein Recht, guten Wissens Arten in ihrem Bestand zu gefährden (ethisches Argument).

VI./M 5

a) Segelsport; Motorbootfahren; Baden; Schifffahrt zum Zwecke des Personentransportes; Angeln; Fischen; Spazierengehen; Wandern.
b) Verunreinigung des Wassers; Brandung an Uferbereichen, die sonst keine Brandung erleben; Unruhe durch Bewegung und Lärm; Zerstören von Gelegen; Zerstören der Ufervegetation; Turbulenzen im Wasser; Gefährdung von Tieren durch Hunde und Katzen.
c) Teichhuhn: Hier könnte die Zerstörung der dichten Ufervegetation durch Touristen, Motorboote oder Segelschiffe zu einer Gefährdung führen. Wasserralle: Es könnte sein, dass der Anteil feuchter Böden durch Trockenlegungsmaßnahmen im Hinblick auf Tourismus und Wassersportanlagen zurückgeht und somit diese Art gefährdet ist.

VI./M 6

a) Sauerstoffgehalt: ca. 8 mg/l; pH-Wert: 7; Ammoniakgehalt: gering (0); Nitritgehalt: gering (0); Kohlensäuregehalt: gering (0); Schwefelwasserstoffgehalt: gering (0); Eisengehalt: gering (0); Wassertemperatur: 20 °C; biochemischer Sauerstoffbedarf: gering (weniger als 2 g/l).

b) Durch Sickerwasser gelangt Ammoniak in den See und kann dort den pH-Wert auf über 12 erhöhen. Beide Veränderungen, hoher pH-Wert und hoher Ammoniakgehalt, können zu für die Fische tödlichen Werten führen und somit deren Bestand im See gefährden.

VI./M 7

In den Streitgesprächen wird es zu vielfältigen Meinungsäußerungen und Bewertungen kommen. In jedem Fall sollte herausgearbeitet werden, dass es auf der einen Seite beschreibende Argumente gibt, die jedes für sich zu keiner Entscheidung in der Sache führen können. Dazu benötigt man so genannte normative Argumente, die auf der moralischen bzw. ethischen Ebene angesiedelt sind.

VI.3 Medieninformation

VI.3.1 Audiovisuelle Medien

FWU-Dia-Reihe 1002571: Wasser – Gewässergüte, 12 (f)

Annotation: *An konkreten Beispielen werden Gewässer unterschiedlicher Güte (I - IV), eine Gewässergütekarte (Rhein und Nebenflüsse), limnologische Kennlinien, oligo-, meso- und eutrophe Seen, Sauerstoff- und Temperaturkennlinien bei Eutrophie und anderes mehr in Realbildern und Graphiken gezeigt.*

Anmerkung: *Die die Eutrophie betreffenden Realaufnahmen können einen hinreichenden Eindruck von dieser Form der Gewässerbelastung vermitteln gerade für den Fall, dass die reale Begegnung nicht möglich ist.*

FWU-Dia-Reihe 1002925: Wasserinsekten (Käfer u. Wanzen stehender Gewässer) 12 (f)

Annotation: *Manche Insekten verbringen ihr ganzes Leben im Wasser. Sie zeigen eine besondere Anpassung an diesen Lebensraum.*

FWU-Film 3203962: Konzert am Tümpel

Annotation: *Der Film zeigt die artenreiche, vielerorts bereits gefährdete Lebensgemeinschaft eines Tümpels. Im Verlaufe eines Frühsommertages werden die einzelnen Solisten vorgestellt. Den Höhepunkt bildet das Froschkonzert zur nächtlichen Stunde.*

Anmerkung: *Mit Hilfe dieses Films kann zur Gefährdungsthematik hingeführt werden.*

FWU-Film 3244266: Ein See kippt um, 19 min (f)

Annotation: *Der Film zeigt den See als variables Beziehungssystem und macht die Abhängigkeit des Lebens im See von den abiotischen Faktoren deutlich. Dadurch, dass der See im Wandel der Jahreszeiten gezeigt wird, versteht der Zuschauer den Vorgang des Umkippens als Ereignis abiotischer, biotischer und anthropogener Einflüsse. Die Schüler sollen möglichst vorher die physikalischen Gegebenheiten des Wassers kennen lernen und die Weitergabe von Energie und Nährstoffen in den Nahrungsketten verstehen.*

Anmerkung: *Das komplexe Geschehen des Umkippens wird altersgerecht (Sek. I) dargestellt. Dabei wird u.a. deutlich, dass während der Sommerstagnation die Gefahr des Umkippens besonders groß ist. Anhand von Luftbildaufnahmen werden das Vordringen eines dichten Pflanzengürtels bis zur Seemitte (Federsee) sowie die Trübung durch planktische Organismen aufgezeigt. Auch die zusätzliche Nährstoffzufuhr (Phosphate) aus Industrie, Haushalten und Landwirtschaft kommt zur Sprache.*
Positive Akzente werden dadurch gesetzt, dass im letzten Teil des Films Möglichkeiten der Reinhaltung der Gewässer aufgezeigt werden: Eine Kläranlage mit chemischer Reinigungsstufe und eine Abwasserringleitung werden vorgestellt.

FWU-Film 3203896: Das Hochmoor: Wachstum, Zerstörung, Regeneration, 18 min, f

Anmerkung: *Dieser Film beschäftigt sich vorrangig mit der Besonderheit des Lebensraumes Moor. Eine kurze Sequenz verdeutlicht die Entstehung eines Moores aus einem verlandenden Binnengewässer.*

FWU-Film 3203642: Der Hecht, 14 min, f

Annotation: *Realaufnahmen in freier Natur und im Aquarium stellen den Hecht vor. Der Film zeigt neben seinem Lebensraum die Lebensweise des Tieres, seine Fortpflanzung und die Jungfischentwicklung. Besonders eindrucksvoll sind die Aufnahmen vom Beutefang und beim Laichakt.*

WBF-Film: Lebensgemeinschaft im Garten, 15 min (f), 16 mm

Annotation: *Am Beispiel der Blattlaus sowie ihre Feinde und Nutznießer führt der Film in wichtige Begriffe und Probleme der Ökologie ein. Der Schwerpunkt liegt beim ökologischen Gleichgewicht und den Folgen menschlicher Eingriffe.*

Anmerkung: *In diesem Film gelingt es beispielhaft anschaulich, das Prinzip ausbalancierter Nahrungsbeziehungen und ihre Störanfälligkeit zu verdeutlichen.*

FWU-Film 3203586: Die Erdkröte – Laichwanderung und Schutz, 13 min (f)

Annotation: *Der Film beginnt damit, dass Erdkröten während der Laichzeit von ihrem Lebensraum zu ihrem Geburtsgewässer wandern, dort ablaichen und zurückkehren (Gefahr beim Überqueren von Straßen). Außerdem sieht man: Kröten bei der Paarung, beim Beutefang und Kaulquappen.*

Anmerkung: *Besonders der erste Teil des Films erscheint gut geeignet, die Gefährdung einer Art durch Einwirkung des Menschen beispielhaft zu belegen.*

VI.3.2 Zeitschriften

Bade, L.: Ethische Aspekte des Naturschutzes. Unterricht Biologie, 1985, Heft 108, S. 37 - 41, Friedrich Verlag

Anmerkung: *In diesem für Kurse der Sekundarstufe II konzipierten Unterrichtsgang werden interessante Quellen ausgebreitet, die unterschiedliche Aussagen zum Umgang mit der Natur treffen.*

Bruhn, M.: Schilf zur Abwasserreinigung und Biomasseproduktion. Unterricht Biologie, 1995, Heft 206, S. 43 - 46, Friedrich Verlag

Anmerkung: *Hier wird ein biologisches Reinigungsverfahren vorgestellt, das zugleich die Produktion von Biomasse erlaubt.*

Ehrensberger, R.: Entscheidungen im Naturschutz. Unterricht Biologie, 1985, Heft 108, S. 33 - 36, Friedrich Verlag

Anmerkung: *Hier ist ein Rollenspiel geplant, in dem sich die Schüler und Schülerinnen mit den unterschiedlichen Positionen zum Ausbau eines Baches auseinander setzen sollen.*

Graf, E.: Stickstoff aus der Landwirtschaft. Unterricht Biologie, 1994, Heft 199, S. 42 - 46, Friedrich Verlag

Anmerkung: *Die ökologischen und auch gesundheitlichen Probleme der Stickstoffeinwaschung in Gewässer und in das Grundwasser werden in einer Unterrichtsanregung didaktisch-methodisch aufbereitet und in einem Rollenspiel auf verantwortliches Handeln hin überdacht.*

Jordan, C.: Das „Blauflechenproblem" am Bodensee – ein Planbeispiel mit historischem Hintergrund. Praxis der Naturwissenschaften-Biologie, 1985, Heft 1, S. 9 - 19, Aulis Verlag Deubner & Co KG

Anmerkung: *Dieses gut gelungene Beispiel handlungsorientierten Biologieunterrichts mit umweltpädagogischen Akzenten ist sehr gut in der Sek. II einsetzbar, in didaktisch reduzierter Form aber auch für den Biologieunterricht in der Sek. I heranzuziehen.*

Klahm, G.: Eine Sandgrube wird unter Schutz gestellt. Unterricht Biologie, 1985, Heft 108, S. 23 - 26, Friedrich Verlag

Anmerkung: *Hier wird ein Naturschutz-Projekt vorgestellt, das etliche fächerübergreifende Momente aufweist.*

Krischke, N.: Eine Tierart stirbt aus. Unterricht Biologie, 1985, Heft 102, S. 50- 52, Friedrich Verlag

Anmerkung: *Beispielhaft wird die Gefährdung der Flussperlmuschel analysiert. Maßnahmen zum Schutz dieser Muschel werden aufgezeigt.*

Schaumberg-Krapf, R.: Fische und Amphibien – Konflikt im Naturschutz. Unterricht Biologie, 1986, Heft 113, S. 22 - 27, Friedrich Verlag

Anmerkung: *Die Überlebenschancen von Amphibien in einem Mastteich, der zunächst unbewirtschaftet war und dann mit Regenbogenforellen besetzt wurde, werden untersucht. Aus der Untersuchung werden Handlungskonsequenzen für eine umweltverträgliche Fischmast abgeleitet.*

Stichmann, W.: Naturschutz. Unterricht Biologie, 1985, Heft 108, S. 4 - 13, Friedrich Verlag,

Anmerkung: *In diesem Basisartikel zum gleichnamigen Themenheft geht der Autor auf die vielfältigen Aspekte des Naturschutzes ein und legt dann dar, wie Naturschutz in der Schule thematisiert werden könnte.*

Uth, M.: Tiere und Pflanzen zeigen die Gewässergüte an. Unterricht Biologie, 1988, Heft 131, S. 18 - 21, Friedrich Verlag

Anmerkung: *Es wird ein einfaches, auch für SuS der Sekundarstufe I gut handhabbares Bewertungsverfahren der Gewässergüte vorgestellt.*

VI.3.2 Bücher

Baur, W. H.: Gewässergüte bestimmen und beurteilen. Paul Parey Verlag, Hamburg 1987

Anmerkung: *Dieser reichlich bebilderte Band geht sehr ausführlich auf die Grundlagen bei der Beurteilung der Gewässergüte ein, abschliessend werden dann auch Hinweise zur praktischen Gewässeruntersuchung gegeben.*

Engelhardt, W.: Umweltschutz. Bayerischer Schulbuch-Verlag, München 1984

Anmerkung: *In diesem 240 Selten umfassenden Band sind in dem Kapitel „Wasser und Gewässer“ mehr als 30 der Gefährdung des Lebensbereichs bzw. Mediums Wasser gewidmet. Dabei werden zentrale Sachverhalte durch z. T. ganzseitige Schemata und zahlreiche Tabellen verdeutlicht bzw. dokumentiert.*

Jäkel, U.: Umweltschutz. E. Klett Schulbuchverlag, Stuttgart 1992

Anmerkung: *In diesem für die Sek. II konzipiertem Band finden sich interessante Informationen und Überlegungen zur Problematik der Wasserbelastung.*

Miegel, H.: Praktische Limnologie. Verlag Moritz Diesterweg-Otto Salle Verlag-Verlag Sauerländer, Frankfurt u. a. 1981

Anmerkung: *Im Anhang findet man zahlreiche Abbildungen (real und gezeichnet) vieler Organismen unterschiedlich belasteter Gewässer.*

Philipp, E. u. a.: Mensch und Umwelt. Schroedel Schulbuchverlag, Hannover, 1985

Anmerkung: *Dieses knapp 65 Selten umfassende Bändchen in der Reihe „Wahlpflichtunterricht Biologie“ widmet dem Ökosystem Wasser (Bach und Teich) immerhin fast 20 Selten. Als wertvolle Hilfe können die zahlreichen Versuchs- bzw. Untersuchungsanleitungen bewertet werden.*

Reichelt, G.: Der Bodensee. Cornelsen-Velhagen & Klasing, Berlin 1974

Anmerkung: *Im 4. Kapitel (Der See ist krank) werden Symptome und Ursachen eines stark belasteten Sees auf 12 Selten ausführlich dargestellt.*

Schwoerbel, J.: Binnengewässer. Deutsches Institut für Fernstudien an der Universität Tübingen, Tübingen 1978

Anmerkung: *In dem 5. Kapitel (Ökosystem See – Auswirkungen menschlicher Eingriffe) werden in sehr knapper Form und beispielhaft diesbezügliche Probleme aufgezeigt.*

Tschumi, P. A.: Umweltbiologie. Verlag Moritz Diesterweg, Frankfurt, 1980

Anmerkung: *Dieser für Leistungskurse der Sek. II konzipierte Band liefert wertvolle Hintergrundinformationen gerade aus dem Bereich aquatischer Ökosysteme. Dabei werden auch quantitative Befunde vorgestellt und Berechnungen angestellt.*